中國學術思想 研究輯刊

二一編

林慶彰 主編

第 16 冊

王門後學工夫論研究

許珮玟 著

花木蘭文化出版社

國家圖書館出版品預行編目資料

王門後學工夫論研究／許珮玟 著 -- 初版 -- 新北市：花木蘭文
化出版社，2015〔民 104〕
目 4+192 面：19×26 公分
（中國學術思想研究輯刊 二一編：第 16 冊）
ISBN 978-986-404-056-8（精裝）
1. 陽明學
030.8   103027158

ISBN-978-986-404-056-8

中國學術思想研究輯刊
二一編　第十六冊　　　　　　ISBN：978-986-404-056-8

王門後學工夫論研究

作　　者　許珮玟
主　　編　林慶彰
總 編 輯　杜潔祥
副總編輯　楊嘉樂
編　　輯　許郁翎
出　　版　花木蘭文化出版社
社　　長　高小娟
聯絡地址　235 新北市中和區中安街七二號十三樓
　　　　　電話：02-2923-1455 ／傳真：02-2923-1452
網　　址　http://www.huamulan.tw 信箱 hml 810518@gmail.com
印　　刷　普羅文化出版廣告事業
封面設計　劉開工作室
初　　版　2015 年 3 月
定　　價　二一編 27 冊（精裝）台幣 50,000 元

王門後學工夫論研究

許珮玟　著

作者簡介

許珮玟，桃園縣人，臺灣師大國文系學士、碩士，目前為師大國文系博士候選人。獲得科技部103年度，獎勵人文與社會科學領域博士候選人撰寫博士論文獎學金，研究領域為宋明理學，著有相關論文。

提　要

　　從黃宗羲《明儒學案》中可知，明代整體學術實以陽明學術為代表，此派不止代表了宋明理學的理論高峰，陽明「門徒徧天下，流傳逾百年。」更影響了明代中晚期的整體學風，是以欲了解明代整體的學術風貌，必從陽明學入。陽明良知教可說是明代的顯學，在陽明歿後，王門諸子對於良知教，不論是在本體或工夫上，都有相當的歧見，彼此間曾進行多次的論難，以致於派別繁多，一分為多，因此，陽明後學的研究，實為極待開發的研究領域。

　　從陽明學思歷程來說，有學前三變與學後三變，而後學中分別視默坐澄心與致良知二者為陽明學定論，並分別以此展開對致良知教的詮釋，以致心上之知與致良知於事事物物體貼良知教法，故王學分流的源頭，其因即在陽明工夫進程的不同，及其隨機點撥的教法，而造成王門諸子的良知異見。

　　若從體用上來分析後學諸子的異同，諸子對於體用一源可謂同聲肯認，然因體證良知的教法有所不同，分別有即用見體，與立體達用的差異，主即用見體者，認為格物有工夫義，即是致知的工夫在格物上作，相較之下，主立體達用者，將格物視為吾人良知之功化，發用只是本體效驗，是以雙方在格致論題上，已有相當大的不同。

　　在貞定了各家對體用的思考後，必須說明王門後學各家的工夫進程。分別有龍溪的先天正心、後天誠意之學，以四無之說開出了良知學的理論高峰，而緒山的悟本誠意，與龍溪後天誠意之學，則是同將工夫論的核心概念從致知轉向誠意。南野的循良知之學與東廓主無欲戒懼，都是先作本體的工夫後，再以格物的工夫向外推擴。近溪為王門第三代學者，對工夫的思考已從心性工夫轉向日用工夫，將良知學實踐於日常生活。另外，雙江的歸寂工夫與念菴的識本保聚，則是在二子對本體為未發的思考下，強調在心上作工夫，是一後返的工夫路向。

　　本文亦從諸子學脈取徑的觀點，作為詮釋諸子學問的另一向度，「溯濂洛以達洙泗」實為後學的共識，但是雙江與念菴特尊白沙，認為陽明學從白沙主靜說而來，二子以歸寂說來思考王學，因此本文認為此思考型態，或許是心學另一型態的可能說法。

　　另外，整體檢討目前學界對後學分派的三大進路，分別為調合與判教、朱陸異同、矛盾說三者，除以調合與判教為判準的說法，能夠如實的展現後學的學問外，朱陸異同以性學與心學分判後學，另一說則以本體與工夫之間存在矛盾為觀察角度，此二進路皆在分判標準上有理論效度的問題。最後本文嘗試進行重新分派，站在工夫論的角度，分後學為外推派的龍溪、緒山、近溪，收斂派的雙江與念菴，以及工夫具有中介性質，綜合派的南野與東廓。以上即為重新分派的嘗試，本文期望能從各家工夫論的不同，看到王門後學體貼陽明學的差異，進而展開整體王門後學的思想面貌。

目

次

第一章　緒　論

第一節　研究動機

　　黃宗羲（1610～1695）〈明儒學案發凡〉一文提及：「嘗謂有明文章事功，皆不及前代，獨於理學，前代之所不及也，牛毛繭絲，無不辨晰，眞能發先儒之所未發。」〔註1〕黃氏對整體宋明理學發展的評價，認爲明代在義理細微處的討論，超過宋代。然而明代可說自陽明（1472～1529）良知教出，即取代了程朱理學的地位，成爲明代中晚期學術風尙，是以吾人想要掌握明代學術，必先理解王門學問。陽明學一言以蔽之，即良知教，但是在陽明歿後，門下學生對於陽明學說，因各自體證不同，以其性之所近，工夫入路亦異，在此情形下，陽明學則各有其說，產生詮釋上的歧異，並且相互論難，是以王門後學〔註2〕的思想，風姿各異，蔚爲大觀。

　　早期學界因爲陽明後學文獻取得不易，或收錄不全，在資料取擇上，多以黃宗羲的《明儒學案》爲主，但因黃宗羲編纂之時，免不了有個人的取擇的角度。是以《明儒學案》所輯之資料，已有所剪裁，非第一手資料，倘若

〔註 1〕 見〔清〕黃宗羲，沈芝盈點校《明儒學案》（臺北：華世出版社，1987 年 9 月），頁 17。

〔註 2〕 學界對於陽明後學的界定，有廣義與狹義的兩種說法，本文所指涉陽明後學則取其狹義，即是陽明門下及其再傳弟子，對於此界定可見於吳震〈陽明後學概論〉，《中國文哲研究集刊》（臺北：中央研究院文哲所，2002 年 9 月），頁 105。
另外本文所提及王門後學、陽明後學、陽明學派等，因行文不同而有異稱，但皆指《明儒學案》中王門的思想。

無法完整搜羅王門後學各家文獻，即無法窺其全豹，導致在研究上受到限制。另外，就黃宗羲以地域畫別王門後學而論，王門諸子思想各有不同，實無法完全以地域化約之，故若僅憑藉其學案體例，實不能完全掌握陽明後學的思想特色。而近二十年來，學界對於陽明後學的研究，使用資料已不再侷限於《明儒學案》，並且積極整理王門諸子之文獻，希望能夠奠基在文獻的完整性上，更進一步對王門後學進行深入的探討，補足學界前輩們，僅以《明儒學案》爲基底研究下的偏疏。

王門後學思想上產生的差異性，提供了研究上的不同思考向度，是以欲釐清王門後學的思想脈絡，必就王門後學的分化問題，加以討論。然而其間的義理衡定，吾人需如何簡別，重點就在本體與工夫之間的問題〔註3〕。目前學界對陽明後學的處理，多集中在專家研究，此類研究雖能窮盡一家之學說，相對的也侷限於一家的視域之中，無法從同一論題對王門後學進行檢討與反省。再加上目前尚未有學者以工夫論爲討論核心，來展開王門後學的圖象，職是之故，本文即以王門後學的工夫論爲論題，期藉由同一視角的考察，能夠對王學分化有更進一步的理解。

陽明後學社群廣大，本文欲就王門弟子中，以王畿（1498～1583）、錢德洪（1496～1574）、聶豹（1487～1563）、羅洪先（1504～1564）、歐陽德（1496～1554）、鄒守益（1491～1562）、羅汝芳（1515～1588）〔註4〕等人爲探討中

〔註3〕 牟宗三即開宗明義的指出：「自宋明儒觀之，就道德論道德，其中心問題首在討論道德實踐所以可能之先驗根據（或超越的根據），此即心性問題是也。由此進而復討論實踐之下手問題，此即是工夫入路問題是也。前者是道德實踐所以可能之客觀根據，後者是道德實踐所以可能之主觀根據。宋明儒心性之學之全部即是此兩問題。以宋明儒詞語說，前者是本體問題，後者是工夫問題。……而且他們首先所注意者勿寧是工夫問題，至于本體問題則是由自覺地作道德實踐而反省澈至者，澈至之以成全其道德實踐者。」見《心體與性體》冊一（臺北：正中，1999 年），頁 8。

〔註4〕 王門後學分化的圖象考索，就在「良知異見」之下，於工夫上有所分別。王龍溪於《王畿集・撫州擬峴臺會語》中提出：「凡在同門，得於見聞之所及者，雖良知宗說不敢有違，未免各以其性之所近，擬議攙和，紛成異見。」（江蘇：鳳凰出版社，2007 年 3 月，頁 26）是以因其性之所近，後學對於良知學的體會自有不同，相互論難，異說紛紜。本文所擇取的對象，則是以今人畫分王門後學派別中的代表人物，但今人對於歸派的標準不一，是以無法對於王門後學的分化有一正確的理解。又，適逢江蘇鳳凰出版社對此七家文獻進行重新整理，故本文所引證之文獻即以《陽明後學文獻叢書》爲底本，期盼在豐厚的文獻基礎上，能夠對王門後學的工夫論作出更進一步的研究成果。

心，期望能透過以工夫論爲討論重心的思考方式，呈現出良知學分化的不同面向，進而董理出王門後學的思想脈絡及其分派的內在根據。

第二節　文獻探討

目前學界對於王門後學的研究，可以 1980 年代爲一分水嶺〔註5〕。在 1930年代到 1980 年代之間，對於王門後學的論著，計有：嵇文甫《左派王學》、容肇祖《明代思想史》、呂思勉《理學綱要》、岡田武彥《王陽明與明末儒學》、島田虔次《中國近代思維的挫折》、侯外廬《宋明理學史》、牟宗三《從陸象山到劉蕺山》、唐君毅《中國哲學原論：原性》、《中國哲學原論：原教》等，此期作品不多。大陸學者同期的著作則受到馬列主義影響，以唯物史觀詮釋儒家學問，與王門後學並不相應。是以陽明後學研究在日本以及臺灣有相對豐碩的成果〔註6〕。

1980 年代之後，可視爲陽明後學研究的繁榮期〔註7〕。綜觀王門後學的相關研究，以下先分爲專書及單篇論文二類，各類再依其研究進路，各分三類討論：

一、專書

（一）王門後學分化的研究

此類研究研究進路有三：第一，「矛盾說」，以楊國榮〔註8〕、錢明〔註9〕、

<hr>

〔註5〕 此時代之畫分見錢明〈陽明後學的回顧與瞻望〉，《寧波黨校學報》（浙江：寧波黨校，2004 年第 1 期），頁 84。

〔註6〕 此期臺灣代表陽明後學研究高度的著作，首推牟宗三《從陸象山到劉蕺山》、唐君毅《中國哲學原論：原教》、《中國哲學原論：原性》。唐、牟二位著作在七十年代後期，就時代畫分，應歸入三十年代至八十年代，但本文依其學術高度及對研究陽明後學方法進路，是以置後討論。

〔註7〕 此說法見錢明〈陽明後學的回顧與瞻望〉，《寧波黨校學報》，頁 84。但其文又將二十一世紀視爲一斷限，在此本文則不從，仍以八十年代爲斷。自八十年代起，學界對於宋明理學的研究已跨及陽明後學，並且其中相關研究學者，對於陽明後學的研究，持續不輟，是以不採用錢明的三段分期法。

〔註8〕 楊國榮於《王學通論》（上海：華東師範大學，2009 年 9 月，頁 133）中指出：「王陽明致良知說的二重性導致了王門後學的分化，而後者又將這種二重性進一步開展了。從總體上看，現成派（王龍溪、泰州派）對先天本體的作用作了較細致的考察，但同時卻由強調本體的見在性及誇大見在本體的制約性而表現出取消理性工夫的傾向，并由此將自覺等同於自發，從而導向了非理

鮑世斌〔註 10〕等爲代表，對於王門後學之分派的觀點，皆以本體與工夫矛盾的論點，來分疏陽明後學之不同。就本體與工夫之間的關係，必是就個人對本體的體認有別，而有其工夫的不同路向。然若是本體、工夫之間有矛盾處，則道德實踐如何可能？是以此說並沒有掌握住宋明儒學的核心所在，更無法

性主義；歸寂派（聶雙江、羅念菴）肯定致知工夫的必要性，並強調本體非見在，明覺非自發，但由此卻割裂了寂然之體與後天的感應過程，從而走向主靜歸寂、反觀内聽的神秘主義；工夫派（錢德洪、歐陽南野、鄒東廓）則從不同方面對工夫的作用及致知過程作了深入的考察，將致知活動理解爲工夫與本體相互作用的動態統一過程，後者既展開爲個體認知的前進活動，又表現爲類的認識之歷史進展。」此即爲楊國榮分疏陽明後學之三派，但此一分類方式有分類基準不同之問題，其所說現成派與歸寂派，亦有其工夫。王門後學的爭論重點，不只是對良知體證不同，更是在工夫異路，是以楊國榮在此之分派穩不住。

〔註 9〕錢明對於王門後學分法說爲「兩系統五派說」即現成系統與工夫系統，現成系統下分虛無派（王龍溪）、日用派（王心齋、羅近溪），工夫系統分爲主靜派（聶雙江、羅念菴）、主敬派（鄒東廓）、主事派（錢德洪、歐陽南野）。認爲現成系統爲從體到用，工夫系統爲從悟到修，此種分類方式，則無法適當歸範王門後學，見《陽明學的形成與發展》（南京：江蘇古籍，2002 年 9 月），頁 156。然若以聶雙江爲例，錢明歸在工夫系統，但雙江主寂說下的工夫論，則是主靜該動，以未發之本體主已發之情，是以此處之分類不洽。
錢明更針對陽明後學的學派進行討論，於《王陽明及其學派論考》（北京：人民大學出版社，2009 年 4 月）一書中，分爲上篇〈陽明史實辨考〉、下篇〈陽明學派論考〉，上篇分別討論了陽明的家譜、家教、字輩、家事、世襲、形象、藝能等方面，下篇則是從陽明學的地域傳播與其特徵出發，分別討論的粤、黔、閩、徽、浙、贛等地陽明學的流衍與學風，此從地域出發的分派，可清楚得知各地學風大要，但本文認爲陽明後學無法由地域粗略的畫分之。
另外，錢明於 2009 年出版《浙中王學研究》一書中，先總論浙中王學可分爲浙東、浙西，浙東王學可分爲王學激進派，以王畿、萬表、周汝登、陶奭齡與浙西的董澐父子、管志道爲主要代表。穩健派爲徐愛、季本、錢德洪、孫應奎、程松溪、王宗沐等。修正派爲黃綰、張元忭、劉宗周、潘平格等人。而浙西分爲湛王折衷派與王學反對派。見《浙中王學研究・浙中王學形成與發展的人文地理環境》（北京：中國人民大學出版社，2009 年 10 月），頁 31。在此可見對浙中王學的分派，其時代範限已跨至晚明，所討論的内容爲後人研究浙中王門指點一路向，錢氏是分章討論徐愛、錢德洪、董澐等人，並未總體展開浙中王學，略爲可惜。此書雖未從整體王門分派上考論，但對王門分判標準仍同於前書，故置此。

〔註 10〕鮑世斌已注意到王門後學的研究，必以本體與工夫之間的關係爲討論重心，但該論文的呈現方式是以諸家分說，並沒有針對各家工夫論做一統攝，並且以現成派、工夫派、歸寂派等三分，此分類法同於楊國榮，將本體與工夫之間的關係對立，進而分疏各家不同。見其博士論文《明代王學研究》（北京師範大學博士論文，2001 年），頁 58～66。

準確的掌握王門後學的思想脈絡。第二，以「朱陸異同」的義理間架理解王門後學，並據此分派。此以日人岡田武彥〔註11〕為代表，區分王門後學為三派：現成派（左派）以王龍溪、王心齋為代表；歸寂派（右派）以聶雙江、羅念菴為代表；修證派（正統派）以鄒東廓、歐陽南野為代表〔註12〕。此分判的態度是以朱陸異同來討論陽明後學的分派問題。雖然陽明學從朱學轉出，但其門弟子之分派是否能以朱陸異同而區分，實有待商榷。另外吳震《陽明後學研究》則是不直接處理分派問題，而以各家〔註13〕分論展開，但其中的思考脈絡則是隱然有岡田武彥的分判影子〔註14〕。第三，以「調和與判教」的進路，前者以唐君毅為代表，後者以牟宗三為代表。唐君毅對於王學分派問題，在於「悟本體即工夫」與「由工夫悟本體」，前者以王龍溪、王心齋、羅近溪為代表，後者以錢德洪、鄒東廓、聶雙江、羅念菴為代表〔註15〕，並以此為分疏之重點所在。牟宗三則是以陽明學說為判準，對王龍溪、羅近溪、聶雙江、羅念菴四家，做一判教之工夫〔註16〕，乃是以對陽明學說的相應與否做為衡定之標準〔註17〕。

（二）主題式研究

著重研究王門後學彼此思想具有承接相關者，如：林月惠《良知學的轉折——聶雙江與羅念菴思想之研究》，此書是聶雙江與羅念菴思想研究的代表

〔註11〕其分期應為三十年代至八十年代，但對於陽明後學分派影響目前學界甚大，是以置此討論。

〔註12〕見〔日〕岡田武彥著，吳光、錢明、屠承先譯《王陽明與明末儒學》（上海：上海古籍，2000 年 6 月），頁 103～104。

〔註13〕吳震處理的人物計有錢緒山、聶雙江、羅念菴、陳明水、歐陽南野、王龍溪、耿天台等人。

〔註14〕吳震〈陽明後學概論〉一文中明確指出「筆者仍然傾向贊同岡田所提出的基於龍溪之說基礎上的『王門三派』說」，見該文頁 110。
吳震另有《泰州學派研究》（北京：中國人民大學出版社，2009 年 11 月）一書，此書分章說明王艮、王襞、王棟、顏均、何心隱、羅汝芳等人的學問，雖然涉及陽明後學分派，但本文以為其基本態度仍是同於岡田武彥，故在此一並說明之。

〔註15〕見唐君毅《中國哲學原論：原教》（臺灣：學生書局，2004 年 10 月），頁 365～391。

〔註16〕見牟宗三《從陸象山到劉蕺山》（臺灣：學生書局，2000 年 5 月），頁 266～311。

〔註17〕此處分類為林月惠在《良知學的轉折——聶雙江與羅念菴思想之研究》（臺北：臺大出版中心，2005 年 9 月），頁 5～24 中所分疏。

作，先分說二家思想之架構，並建構兩家思想在本體與工夫之間的關係，進一步針對二人與王門諸子的論辯，以「已發未發」、「寂感」、「致知格物」、「見在良知」等論題展開陽明後學的不同詮解，並且說明二子與陽明思想之不同，還原二子在思想史上對於救正王學流弊的意義。溫愛玲《從聶雙江到羅念菴良知學之研究——以王門諸子「以知覺為良知」與「分裂體用」的論題為脈絡》一書則著重在「以知覺為良知」與「分裂體用」這兩個論題來演繹二家思想，先針對歸寂之學為「離感取徑」的良知學，後分論二家思想，進而討論二家思想的繼承與演進。朱湘鈺《平實道中啟新局——江右三子良知學研究》則是以地域畫分，以江右三子鄒東廓、歐陽南野、陳明水三子為論述中心，首先分論三家思想，再論三家在王學發展史上的地位，以及三家學說與陽明之間的異同。

另外對同一論題進行論難者，計有：劉桂光《王龍溪與聶雙江、羅念菴論辯之研究——以陽明學為判準》亦先分論三家思想，其後以龍溪與雙江、念菴之書信往來作為討論核心，此論法可從書信往來間，看出對同一論題的論辯。彭仰琪《良知學的兩個路向——王龍溪聶雙江致知議辯研究》同於劉桂光，亦先分立二家說法，但進一步在本體論與工夫論上對二家進行比較，展開論述，最後以陽明的良知學作一判教工作，並認為龍溪為良知學的正格，雙江為良知學的偏格。

（三）專家研究

1. 王龍溪

方祖猷《王畿評傳》、曾陽晴《王龍溪思想研究》、王財貴《王龍溪良知四無說析論》、林啟聰《王龍溪哲學思想之研究》、蔡家和《王龍溪思想的衡定》、呂政倚《王陽明「致良知」教之繼承與發展——王龍溪先天正心學之衡定》、孟曉路《儒學之密教——龍溪學研究》〔註18〕、高瑋謙《王龍溪「見在

〔註18〕孟曉路將儒學分為顯教與密教兩教法，而二者之分別，其論點如下：「第一、顯教以有為體，而密教以虛寂為體。普通儒學必對世間的真實性做某種程度的肯定，這就是以世間為有為實。而密教則不如此，其認為世間一切全是假合相、其體為空，此是以世間為虛為幻。」「第二，儒家顯教對生死問題存而不論，密教則認為生死乃是人生第一問題。」「第三、顯教之學主經世，密教之學主出世，也就是說顯教之學以治國平天下為核心，而密教之學以明心性了生死為核心。」「第四、顯教學者所做之工夫乃于日常生活中的誠意工夫，密教學者所作之工夫乃是明心見性工夫。」「第五、顯教教法與密教教法之最

良知」說研究》，以上對於王龍溪之詮釋皆重在龍溪四無及其先天正心之學。彭國翔《良知學的開展——王龍溪與中晚明的陽明學》、鄭洪曉《王龍溪心學思想研究》、陳利維《王畿心學思想探析》等，則是注意到了龍溪論工夫並非只言先天正心之學，亦有後天誠意之工夫，並從先天後天之學展開論述，另外，彭書亦以龍溪思想展開王門後學中的論辯。

2. 歐陽南野

凌超煌《歐陽南野心學思想研究》，先建構其思想體系，再關注到歐陽南野與明代朱學代表羅欽順的論辯，以及同為王門的聶雙江之間，對於良知本體的討論。顏瑞均《歐陽德及其思想研究》，以歐陽德之宦途與講學為中心，並同前書皆對於歐陽德與羅欽順、聶雙江之間的論辯為討論中心，但本文未建構出歐陽德之思想體系，是以無法對其思想有一核心的掌握。阮春暉《歐陽德良知學探析》，則是以本體工夫為主要論題外，再進一步討論到歐陽德思想中經世致用的觀點。

3. 羅近溪

吳震《羅汝芳評傳》，先介紹近溪的思想淵源，再進一步闡發其義理思想，但並未對本體與工夫之間的關係作一討論。黃漢昌《羅近溪學述》、李得財《羅近溪哲學之研究》、藍蕙瑜《百姓日用與聖人之道——羅近溪哲學思想》，以上三本論文皆著重在本體論與工夫論之展開，並藉此進一步申說近溪「破光景」的工夫義蘊。蕭敏材《羅近溪思想研究》、李沛思《從工夫論看羅近溪思想之特色》、魏月萍《羅近溪「破光景」義蘊》，再更進一步藉由「破光景」的論題而旁涉儒佛交涉。另外李慶龍《羅汝芳思想研究》，則是以「易理」、「神理」為論文中心，然未能彰顯出近溪之思想特色。

4. 聶雙江

周知本《聶雙江思想析論》、簡凡哲《陽明學的異質發展——聶雙江「歸

高境界不同。前者最高能至徹悟，當禪宗之第二句禪；此之以往，即入密教矣。儒家密教最高能至忘悟，當禪宗之末後句。」並認為龍溪在儒家中的地位以及與禪學之間的關係是：「蓋龍溪所著力闡揚者實為儒家本有之密教，此種教法本即暗合于禪宗；故雖然龍溪之學與常途儒學不同，而與禪宗極為類似；然不能因此即說龍溪之學非儒學，判其為儒學之密教顯說最為的當也；亦不能說其流入禪去，說其多受禪宗之啟發則可矣。」以上即是該文認為龍溪為儒家之密教之主要觀點，見《儒學之密教——龍溪學研究·導言》（中國人民大學博士論文，2000 年），頁 11～12。

寂說」之研究〉、陳儀《聶雙江歸寂思想研究》、吳疆〈論聶雙江「歸寂」思想〉，皆以本體與工夫之間的關係爲討論重心，並旁涉雙江與王龍溪對於致知問題的討論，但其研究成果及論文的觀照高度，都不能超過林月惠《良知學的轉折》一書的見解。

5. 羅念菴

張衛紅《羅念菴的生命歷程與思想世界》從生活與歷史、工夫與體知兩個向度進行討論，將念菴的生活與思想結合，可清楚看出念菴各時期學問的變化。

二、單篇論文

（一）觀照整體陽明學派

此類計有：黃文樹〈陽明後學之社會作用與歷史影響〉、黃文樹〈陽明後學的成員分析〉、黃文樹〈陽明後學講學內容之探討〉、吳震〈陽明後學概論〉、錢明〈陽明教法與王學之裂變〉、林月惠〈陽明後學「克己復禮」解及其工夫論之意涵〉、錢明〈陽明學派的門戶特徵〉由於篇幅限制的關係，此類文章不多，並且上述作者皆有專著作爲討論的依據。

（二）主題論辯

此類文章計有：方祖猷〈王畿與聶豹關於本體良知之辯——兼論牟宗三先生《致知議辯》一文的補充和商榷〉、林月惠〈論聶雙江「忽見心體」與羅念菴「徹悟仁體」之體驗——一種「現象學的描述」之理解〉、高瑋謙〈「明儒學案・浙中王門學案」中錢緒山與王龍溪思想之述評〉，同於前一類之理由，此類型文章不多。

（三）專家研究

就單篇論文的數目來說，此類研究居多，以下將針對各家進行說明。

1. 王龍溪

楊祖漢〈王龍溪對王陽明良知說的繼承與發展〉以龍溪學說對陽明思想的承繼展開。彭國翔〈王龍溪的「中鑑錄」及其思想史意義：有關明代儒學思想基調的轉換〉、張九海〈「無工夫中眞工夫」——論王龍溪工夫說對王學的發展〉、方國根〈王畿心學思想的走向和發展——兼論王畿與王陽明後學的異同〉，以上三篇則是觀照龍溪學說在明代思想史上及王門中的特色。王財

貴〈儒學判教之基型——有關王龍溪四無圓教義之探討〉、方祖猷〈「自然爲宗」：王畿哲學的基本特徵——兼論中純夫先生王門三派說質疑〉、方祖猷〈王畿的心體論及其佛老思想淵源〉、鄧克銘〈王龍溪之虛寂說的特色〉、董素琴〈論王畿工夫論的三個層次〉、董平〈王畿哲學的方法論與本體論〉、高瑋謙〈王龍溪「見在良知」說析論〉、高瑋謙〈王龍溪「見在良知」說下對良知本體的特殊洞見〉，以上諸篇著重討論龍溪學說本身的內部問題。

2. 鄒東廓

鄭曉偉〈論鄒守益的戒懼說〉、劉姿君〈鄒東廓「愼獨說」之衡定——以王陽明「良知教」爲理論判準的說明〉，此兩篇論文皆以工夫論出發，後者則是以陽明的思想分判東廓之學說。

3. 羅近溪

吳震〈羅近溪的經典詮釋及其思想史意義——就「克己復禮」的詮釋而談〉，是就近溪在對於經典的詮釋問題〔註19〕進行討論。周群〈從陽明到卓吾的中介——論羅近溪思想的定位〉，是以陽明學派與泰州學派的歷史脈絡爲考察定位。張克偉〈羅汝芳理學思想析述〉、古清美〈羅近溪悟道之義涵及其工夫〉、蔡家和〈從羅近溪分別「體仁」與「制欲」之工夫進路見心學與理學之不同〉、季芳桐〈論羅近溪仁學思想與道德修養論〉、蔡世昌〈羅近溪的格物說——從「格物」之悟談起〉、李沛思〈復以自知——羅近溪的體證工夫〉、周群〈論近溪對明道「一體論」的遠祧與變異〉，以上重在近溪本身思想內容中的問題。

4. 聶雙江

劉麗華〈王門別支——論聶雙江歸寂之學在王學中的地位〉、鍾彩鈞〈聶雙江心體觀探究——以《幽居答述》爲中心〉討論雙江的重點，仍然偏重在其歸寂說。

5. 羅念菴

劉桂光〈論江右王門羅念菴之思想〉、曾明泉〈姚江之學，惟江右得其傳乎？——以羅念菴爲例〉、謝金林〈論羅洪先思想發展進程〉、陳寒鳴〈羅洪先的儒學思想及其生命精神〉、夏傳仕〈羅念菴致虛主靜思想探析〉，對於念

〔註19〕楊祖漢於〈心學的經典詮釋〉，《興大中文學報》（臺中：中興大學，2007年6月，頁67～72）亦討論近溪對於經典詮釋的問題。

菴的討論，仍是不出其歸寂主靜說。

統整以上所述，目前學界對於陽明後學的取徑，以專家研究為多，並且其研究對象首先集中在王門二溪，居次者為聶雙江、羅念菴，至於鄒東廓、歐陽南野、錢德洪的專論，則不論是在質與量上，皆尚待開發。由此可知，在陽明後學的研究成果上，不僅以專家研究為多，並且對各家研究比重有所參差。

第三節　研究類型及各章內容概述

承前所論，目前學界對於陽明後學的研究成果，有整體觀照、主題研究、專家研究三大類的研究進路，此處再稍作評論：其一，以王學分化為研究取向者，乃是站在觀照整體王門後學的思想脈絡與發展下，對各家思想做一衡定。但是若從本體、工夫的「矛盾說」及以「朱陸異同」的兩類分判，則無法客觀還原王門後學的思想特色，更是範限了王門諸子的思想特色。以「調合、判教」為思考進路者，則是站在王門諸子思想的不同，再論王門諸子，在調合的觀察視角下，看見對陽明學理解的不同層面，與其用心所在。另外，在判教的層次安排下，對於諸子理解陽明學的相應與否，而作出判教，並據此評斷其思想與陽明的遠近，以上即為目前對陽明後學分化研究的情形。又專論雖有對王門後學作出分派的判斷，但仍以各家分論的方式呈現，無法同時展現出各家學說的異同。其二，以主題式為研究取向者，乃是以二至三家圍繞同一主題進行討論，此種研究方式可以對於單一論題有清楚的認識，但無法觀照王門後學的整體思想面貌。其三，專家研究，可就單一專家作深入的探討與研究，但細考王門諸子之間，相互唱和、論難者兼有之，是以此種類型論及他人意見處，該如何評斷，即其困結點，亦無法顯出與他者的不同。

以上是此三種研究進路的優點及其難處。然而就王門後學的研究，必定是以本體與工夫為討論核心，故本文欲藉各家對於本體的體會不同，進而梳理各家工夫論的差異，並在此基礎之下，期能對王門後學的分化的脈絡有清晰的掌握，更進一步從工夫論的角度，嘗試對王門後學的分派作一新的詮釋。

本論文第一章先對前人的研究成果作一述評的工作，並交待本文預期達到的目標。

　　第二章概述陽明學的義理間架，先討論陽明學中良知與致良知的兩大論題，說明本體與工夫之間的關係。衡定良知的義理性格爲心即理的學問傳統後，更進一步說明良知的道德判斷力，再分說陽明致良知的確義。致良知，實可分爲致心上之知與致良知於事事物物，但陽明所指點「致」的工夫，必以致良知於事事物物爲完成。順此，正因陽明以隨機的方式點撥諸子，並且陽明有工夫歷程的不同，是以造成王門諸子對於良知的異見，故本文試圖從陽明教法三變中，找出造成後學分化的原因。

　　第三章是從體用關係來分析後學的異同。諸子對於體用一源沒有歧見，但是對於體用之間是即體即用，或是立體達用，則是爭論不休。此論題關涉到良知異見，即是認爲寂感不二，抑或先寂後感，故本文必先衡定各家對於良知的體認，並藉各家對於「已發未發」、「寂感」問題的討論，對後學的體用進行分判。也因爲對於體用問題的看法不同，進而在理解陽明四句教中的格物致知產生了意見相左，是以最後將針對格致論題，進行總體比較。

　　第四章在貞定了各家對體用的理解後，分說王門後學中工夫進程的不同。由於對本體體認不同，各家在工夫上亦有區別。於是提出了龍溪的先天正心、後天誠意之學，緒山的悟本誠意，南野的循良知，東廓無欲戒懼，近溪的日用工夫，雙江的歸寂工夫與念菴的識本保聚。

　　第五章評騭各家工夫論的意義與價值，工夫雖然相同，但位階則有別。另外，再進一步探究諸子學脈的取徑與態度，後學們在稱述陽明學時，或有意或無意的分別以陽明爲起點，向前取徑，試圖爲己身學說尋求一脈絡，是以在此順著後學對學脈的取徑路向，找出後學分歧的另一種詮釋的面向。

　　第六章首先檢討目前學界對後學分派的三大進路，企圖藉由分析前人分派的觀點與本文對後學諸子體用、工夫的分析，能夠重新以工夫論衡定各家思想，進而分派。最後是本文對後學重新分派的嘗試，分後學爲外推派的龍溪、緒山、近溪，收斂派的雙江與念菴，以及工夫具有中介性質，綜合派的南野與東廓。

　　第七章總括全文，對整體王門後學作述評的動作，並提出本文的限制與不足，以及未來可能的研究方向。

　　本文期透過以上對於目前陽明後學研究的現況分析，以及在新的文獻基礎上，找到新的研究方向，也希望透過以工夫論的角度，能夠對王門後學有較爲整體的掌握。

第二章　陽明學述要

　　有明一代，自陽明指點良知學後，使「人人有個作聖之路」〔註1〕，一時風動天下，進而取代了宋代以來高標程、朱理學的學風，扭轉了「此亦一述朱，彼亦一述朱」〔註2〕的風氣。是以本章說明陽明學說之梗概，先討論陽明良知與致良知的意義，即是本體與工夫的問題，再進一步探討陽明學問何以造成後學分歧的原因。以上問題乃探討王學的基礎，故必先闡明之，後文關於後學諸子的相關討論才得以展開。

第一節　良知與致良知

　　陽明學說的核心，即良知教，然而陽明良知教法中，實可分為良知與致良知〔註3〕，即本體與工夫，職是之故，以下將說明二者的義理分際與關係。

一、良知說

　　陽明提出良知二字，實源於《孟子・盡心上》：「人之所不學而能者，其良能也；所不慮而知者，其良知也。孩提之童，無不知愛其親者；及其長也，無不知敬其兄也。親親，仁也；敬長，義也。無他，達之天下也。」〔註4〕

〔註1〕 黃宗羲《明儒學案・姚江學案》，頁179。
〔註2〕 黃宗羲《明儒學案・姚江學案》，頁179。
〔註3〕 「先生承絕學於詞章訓詁之後，一反求諸心，而得其所性之覺，曰『良知』。因示人以求端用力之要，曰『致良知』。」見黃宗羲《明儒學案・師說》，頁7。
〔註4〕 〔宋〕朱熹《四書集註》（臺北：鵝湖出版社，2003年9月），頁353。

此處孟子所提出的良知、良能，是指涉人的道德本心，親親敬長乃是根源於此本心而發，其言不學不慮，意即此心為一先驗的概念，並非假於見聞而後有，固可知此心並不囿限於現實的經驗〔註5〕，與見聞乃是不同層次的概念。

陽明的學問性格，乃是從與朱子學的對話中轉出，而回歸到孟子學〔註6〕。陽明提出的良知說內容，可概述如下：

（一）心即理

陽明對良知本體的理解，與朱子最大的差異處，即在心即理，良知即理，其言曰：「諸君要識得我立言宗旨。我如今說箇心即理是如何？只為世人分心與理為二。故便有許多病痛。……故我說箇心即理。要使知心理是一箇。便來心上做工夫。不去襲義於外。便是王道之真。此我立言宗旨。」〔註7〕在此可以從兩方面進行分析，其一，此處所說的心與理是一，明確點出了心即是理，求此心即是求此理，此心人人皆有，故此理亦是人人皆有。在此即可順推至陽明所提出的成色分兩的問題〔註8〕。其二，此心即理，便在

〔註5〕孟子曾提出：「舜之居深山之中，與木石居，與鹿豕遊，其所以異於深山之野人者幾希。及其聞一善言，見一善行，若決江河，沛然莫之能禦也。」（見朱熹《四書集註》，頁353）此處乃說明吾人之道德本心，並非假於見聞，乃是天所予我者。

〔註6〕此說參見牟宗三《從陸象山到劉蕺山‧王學之分化與發展》，頁216。

〔註7〕〔明〕王陽明著，陳榮捷詳註集評《王陽明傳習詳註集評》（臺北：學生書局，1998年2月），頁372。

〔註8〕陽明曾以成色分兩說明人人成聖的根據，其言曰：「聖人之所以為聖，只是其心純乎天理，而無人欲之雜也。猶精金之所以為精，但以其成色足而無銅鉛之雜也。人到純乎天理方是聖。金到足色方是精。然聖人之才力，亦有大小不同。猶金之分兩有輕重。堯舜猶萬鎰。文王孔子猶九千鎰。禹湯武王猶七八千鎰。伯夷伊尹猶四五千鎰。才力不同，而純乎天理則同。皆可謂之聖人。猶分兩雖不同，而足色則同，皆可謂之精金。以五千鎰者而入於萬鎰之中，其足色同也。以夷尹而廁之堯孔之間。其純乎天理同也。蓋所以為精金者，在足色，而不在分兩。所以為聖者，在純乎天理而不在才力也。故雖凡人，而肯為學，使此心純乎天理，則亦可為聖人。」（見陳榮捷詳註集評《王陽明傳習詳註集評》，頁119）在此陽明點出人人成色皆同，是在說明道德的普遍性，此道德價值是凡聖皆同，所不同者只在分兩上說。分兩則是在說明現實中功業大小的問題，成聖在成色而非分兩。是以此說解決了道德的普遍性，為眾人立一實踐可能之根據，以及現實中人人對道德實踐的表現不同，提出說明。

另外，就說明良知的普遍性，陽明亦有：「自聖人以至於愚人，自一人之心，

心上做工夫，不去襲義於外，是認為天理即內在於吾心，在心上做工夫之意，在此或可理解為，吾人對事物的判斷，即是在吾心良知，是道德判斷，即是天理的判斷。故道德判斷，是從內而發，而非以外在的準則來規範吾心，更點出：「身之主宰便是心，心之所發便是意，意之本體便是知，意之所在便是物。」〔註9〕故可知吾人之主宰便是心，而心所發為意，意所對者為物，而此意必以良知為其主宰，良知具有主動性，與物之間的關係是良知對物進行判斷，而非外物規範良知甚明。

（二）道德判斷

陽明對良知的理解，除了理解為此心即理之外，在說明道德的根據之後，點出道德實踐並非只是單提本體，必定關涉工夫，故良知除了本體義外，此心還具有道德判斷的能力。並且陽明工夫論的展開，就在道德判斷力上說，其言曰：「良知原是完完全全。是的還他是，非的還他非。是非只依著他。更無有不是處。這良知還是你的明師。」〔註10〕在此可知，良知具有道德判斷的能力，又點出除了知是知非外，若依著良知的判斷做工夫，則無有不正，故良知實為吾人行為判斷的準則，依此良知，必有成聖的可能。在此先不論如何能依良知判斷的問題，此屬於工夫的層次，但是就良知本體來說，良知即為道德判斷力之根本。

陽明以良知具有知是知非的能力，是在孟子四端之心〔註11〕的架構上進行闡發，其言曰：「孟子云：『是非之心，知也。』『是非之心，人皆有之。』即所謂良知也。孰無是良乎？不能致知之耳。」〔註12〕既從孟子點出的四端之心來說，何以陽明特別重視是非之心？其著重者在於是非之心具有道德的判斷能力，而非執著是非之心而非議其他〔註13〕。然而，孟子四端之心，其餘三者應如何安排？陽明是以良知收攝仁、義、禮三者，林月惠對此有詳盡

以達於四海之遠，自千古之前以至於萬代之後，無有不同。是良知也者，是所謂『天下之大本』也。」見王陽明《王陽明全集·書朱守乾卷》，頁279。
〔註9〕　陳榮捷詳註集評《王陽明傳習詳註集評》，頁37。
〔註10〕　陳榮捷詳註集評《王陽明傳習詳註集評》，頁325。
〔註11〕　「惻隱之心，仁之端也；羞惡之心，義之端也；辭讓之心，禮之端也；是非之心，智之端也。」見朱熹《四書集註》，頁238。
〔註12〕　王陽明《王陽明全集·與陸原靜二》，頁189。
〔註13〕　「良知只是箇是非之心。是非只是箇好惡。只好惡，就盡了是非。只是非，就盡了萬事萬變。」見陳榮捷詳註集評《王陽明傳習詳註集評》，頁341。

的說明，其言曰：「陽明將『知』（智）冒上來而通徹於仁義禮中，而言良知之知於決定，實使心之全德乃至全體大用一時俱活，而知善知惡，爲善去惡之致良知工夫始有下手處。……由於陽明之良知特顯道德決斷，故與吾人具體的道德生活能密切相連接。如是，當吾人作道德實踐時，當下便有個入路著力處，不致於茫然無所從。故陽明之揭『良知』，一語而本體、工夫當下俱透，所謂『體用一源』也。因此，黃宗羲云：『自姚江指點出『良知人人現在！一反觀自得』，便人人有個作聖之路。』誠有所見也。綜上所述，陽明之前，對於道德實踐所以可能之根據的分解，『仁』居於根源性的地位。然陽明之『良知』一出，不僅綜括了四端之心，……陽明之『良知』取代了『仁』之重要地位。」〔註 14〕在此認爲陽明以良知取代了自孔子以來的仁說，不從仁體而從良知上說，更能顯現出其道德的決斷力，加之陽明不論本體或是工夫，皆是以良知作爲出發點，故從良知上說，不只是說明了人之所以爲人的尊嚴與價值，且兼具指導工夫入手處，使人人有個作聖之路。

二、致良知

陽明的本體爲良知，其工夫就在如何致良知上說，陽明的致良知工夫，可從兩處說，一爲致心上之知，一爲致良知於事事物物，但此二者在陽明教法中實有輕重，吾人該如何理解？以下即分別說明之。

（一）致心上之知

致心上之知，可以說是後返的工夫，在求復吾人之本體，陽明對此工夫的指點爲：「人心是天淵。心之本體，無所不該。原是一箇天。只爲私欲障礙，則天之本體失了。心之理無窮盡。原是一箇淵。只爲私欲窒塞，則淵之本體失了。如今念念致良知。將此障礙窒塞，一齊去盡。則本體已復，便是天淵了。」〔註 15〕此處點出，吾人之本體若爲私欲所窒塞，則必須將此障礙去除，復其本體，便是致良知。故此處所說的致良知，即是復良知本體，可理解爲致心上之知，透過做工夫以回歸本體，但此處「復」的工夫，或可說「致」的工夫，仍必須從整體陽明學衡定之。牟宗三對於復與致的工夫，曾提出說明：「『復』必須在『致』中復。復是復其本有，有後返的意思，但後返之復

〔註 14〕林月惠《陽明「內聖之學」研究‧道德實踐之所以可能之超越根據——良知》（國立臺灣師範大學國文研究所碩士論文，1988 年），頁 97、98。
〔註 15〕陳榮捷詳註集評《王陽明傳習詳註集評》，頁 300。

必須在向前推致中見，是積極動態地復，不只是消極地靜態地復。」〔註 16〕可知「復」的工夫，仍是在「致」的進程中以復吾人之良知，而非單顯一本體，或是單純的一後返工夫的工夫路向。

（二）致良知於事事物物

就陽明對致良知擴充義的解釋來說，其言曰：「夫學問思辨篤行之功，雖其困勉至於人一己百，而擴充之極，至於盡性知天，亦不過致吾心之良知而已。」〔註 17〕在此明確點出，擴充之極，即是致吾心之良知而已，陽明所說的致良知之致，即是推擴之義。牟宗三對陽明「致」的工夫，說明為：「陽明言『致』字，直接地是『向前推致』底意思，等於孟子所謂擴充。『致良知』是把良知之天理或良知所覺之是非善惡不讓它為私欲所間隔而充分地把它呈現出來以使之見於行事，即成道德行為。」〔註 18〕是以就陽明的致良知工夫，乃是擴充吾人之良知於事事物物，進而作一格物的動作。陽明又說：「若鄙人所謂致知格物者，致吾心之良知於事事物物也。吾心之良知，即所謂天理也。致吾心良知之天理於事事物物，助事事物物皆得其理矣。致吾心之良知者，致知也。事事物物皆得其理，格物也。」〔註 19〕故可知致知與格物的關係，並非是斷絕的，吾人必推擴此良知以格物，才是致良知工夫的完成，格其不正以歸於正，若能時時如此，「則吾之全部生命便全體皆是良知天理之流行」〔註 20〕。在此思考之下，陽明之致良知應以致良知於事事物物為其主要工夫無疑。

若統整上述陽明致良知工夫的兩個面向，並非是相對的兩個路向，就致心上之知來說，是一後返的復性工夫，但此復性工夫必在致良知於事事物物

〔註 16〕牟宗三《從陸象山到劉蕺山・王學之分化與發展》，頁 229。
對於復與致的工夫，林月惠亦贊同牟宗三的看法，提出：「此『復』雖有後返之意，但後返之『復』須在良知向前『致』中見，此是積極動態地復；而不是另立一個『寂然不動』之體，而求歸寂以立體。……吾人即就時時呈露之良知，念念致良知，毫不間斷，以印證良知寂然不動，感而遂通之本體體用。並且在不斷地『致』中，操存良知之本體，勿使放失，此方是致知以復本體。」見林月惠《陽明「內聖之學」研究・如何成聖之實踐工夫——致良知》，頁 191。
〔註 17〕陳榮捷詳註集評《王陽明傳習詳註集評》，頁 174。
〔註 18〕牟宗三《從陸象山到劉蕺山・王學之分化與發展》，頁 229。
〔註 19〕陳榮捷詳註集評《王陽明傳習詳註集評》，頁 172。
〔註 20〕牟宗三《從陸象山到劉蕺山・王學之分化與發展》，頁 229。

的外推工夫上作，是以此二工夫，乃是相成相助，並非是相對。林月惠亦同持此論點，並對陽明致良知工夫有一精闢的理解，摘錄如下，其言曰：「至於陽明所謂『致知』工夫，重點不在良知本體已淪喪，如何『致』得良知上思考。也不是指良知本體的呈露，需要一套覺前工夫。更不存在著知是知非之良知道德實踐動力不足，需要向內返求而擴充本體之問題。因此，『致知』工夫，在於肯認良知本體，時時呈現發用，著重良知之念念不息的呈現發用，蓋『良知愈思愈精明』。再者，相應於儒家道德實踐之創造精神，良知之發用不離物而應物，故『致知』之本義，乃是貫徹吾心良知之天理於事事物物上，使事事物物各得其理。據此，『致知』（致良知）之『致』，並非意謂著去擴充呈現不完全、力量薄弱的一點靈明；而是吾心之一點靈明要不間斷地顯現發用，『擴充至』事事物物上。為此，就良知之不離事事物物而發用言，良知之『致』，其方向是向前的；當良知發用至事事物物上而印證其天理時，良知之『致』是復其本體。良知之擴充到底，即良知之時時保任，其義一也。」〔註21〕在此點出陽明工夫主腦為致良知於事事物物無誤，並愈致此良知，則復性之工夫愈明，故此二工夫乃是相輔無疑。以上所述，乃是針對陽明本體與工夫之間的問題，作一簡要的說明。

第二節　陽明教法三變造成後學分歧

有明一代，自陽明學一出，學風從此轉變，可說整個明代中晚期都籠罩在陽明學風之下。但陽明後學之諸子間並非眾口同聲，對陽明的學問有一致性的理解，相反的，後學諸子往往各有所得，家家不同，何以陽明過世之後會造成此一現象？本節在此即希望從陽明學出發，試圖探究陽明學說何以造成後學眾說紛紜的現象。

就陽明學問的歷程來說，可從緒山〈刻文錄敘說〉中見其端倪，其言曰：「先生之學凡三變，其為教也亦三變：少之時，馳騁於辭章；已而出入二氏；繼乃居夷處困，豁然有得於聖賢之旨：是三變而至道也。居貴陽時，首與學者為『知行合一』之說；自滁陽後，多教學者靜坐；江右以來，始單提『致良知』三字，直指本體，令學者言下有悟：是教亦三變也。」〔註22〕以此可

〔註21〕林月惠《良知學的轉折・聶雙江、羅念菴與陽明思想的異同》，頁541。
〔註22〕王陽明《王陽明全集・序說、序跋・刻文錄敘說》，頁1574。

知，陽明自身的學思歷程有學三變、教三變。其中陽明學思歷程轉折的重點，必在「居夷處困，豁然有得於聖賢之旨」後。而從緒山對陽明悟道後的記述來看，有教法三變，是分說陽明在不同時期，因實踐與工夫有生熟的不同，指點學生的教法亦不同，故有此三變。

　　然而對陽明學說歷程的看法，歷來皆以黃宗羲《明儒學案·姚江學案》中的說法爲代表，其言曰：「先生之學，始泛濫於詞章。繼而遍讀考亭之說，循序格物，顧物理吾心終判爲二，無所得入，於是出入于佛老者久之。及至居夷處困，動心忍性，因念聖人處此更有何道？忽悟格物致知之旨，聖人之道，吾性自足，不假外求。其學凡三變而始得其門。自此以後，盡去枝葉，一意本原，以默坐澄心爲學的。有未發之中，始能有發而中節之和，視聽言動，大率以收斂爲主，發散是不得已。江右以後，專提『致良知』三字，默不假坐，心不待澄，不習不慮，出之自有天則。蓋良知即是未發之中，此知之前更無未發；良知即是中節之和，此知之後更無已發。此知自能收斂，不須更主於收斂；此知自能發散，不須更期於發散。收斂者，感之體，靜之動也；發散者，寂之用，動而靜也。知之眞切篤實處即是行，行之明覺精察處即是知，無有二也。居越以後，所操益熟，所得益化，時時知是知非，時時無是無非，開口即得本心，更無假借湊泊，如赤日當空而萬象畢照。是學成之後又有此三變也。」〔註 23〕此處對於陽明學問歷程的撰述，與緒山所述實有差異，其間較大的差別出現在對悟道之後的歷程不同。劉述先即討論過二者之差異，其言曰：「首先，緒山只說『先生之學凡三變，其爲教也亦有三變』，也就是說，陽明在龍場頓悟體證良知之後，基本思想并沒有改變，變的只是教法；梨洲卻說『是學成之後，又有此三變也』，在理解上已有滑轉。這兩中說法最重大的差別在於：緒山以陽明教法由『知行合一』到『靜坐』到『致良知』，這已經是最後的終教，再後面并沒有另一個階段；而梨洲卻不提『知行合一』，改以『默坐澄心』（即『靜坐』）爲第一階段，『致良知』爲第二階段，至於第三階段則僅只是一高妙的聖賢境界的描寫，對於陽明在聖學上的造詣固然推崇備至，在學理或教法上，則并沒有確定的內容。」〔註 24〕此處指出錢緒山與黃宗羲在陽明悟道後的說明不同，本文在此擬先不去探究其間差異背後的義理

〔註23〕黃宗羲《明儒學案·姚江學案》，頁 181。
〔註24〕收錄吳光主編《陽明學綜論·論王陽明的最後定見》（北京：中國人民大學出版社，2009 年 10 月），頁 3。

根據，以及黃宗羲的說法取捨的角度，詳可見劉述先該文。

吾人該如何理解此二說之間的差別？可分為幾個角度討論。其一，二者對悟後三變的纂述不同，緒山認為陽明的悟後三變為教法三變，即是工夫三變。在陽明悟後，不同時期有不同的教法轉折。但黃宗羲認為陽明悟道後是學後三變，以為陽明悟道之後，對良知的理解有三段進程，而此學後三變，是否可理解為不限於教法工夫上的轉折？故二者對陽明悟後的學問歷程，有此理解上的不同，即前文劉述先所言意義上的滑轉，但二者對陽明良知本體的理解，皆是一心即理的系統，並非在本質上有所差別，是同一心學方向〔註25〕無疑。其二，二子對陽明悟後之學三段轉折的理解有所差異，就緒山所說的教法三變，分別為知行合一、靜坐、致良知三者，而黃宗羲所言學後三變為：默坐澄心、致良知、良知學的化境〔註26〕。錢緒山所言的知行合一，黃宗羲亦不能反對，而黃宗羲所言陽明最後達到的化境，錢緒山亦不能反駁之，其間最大的差別即在對陽明學問歷程意見不同。

以上即是錢緒山與黃宗羲統括陽明的學思歷程，就緒山的觀點出發，認為陽明之悟道後，教法工夫有三變，是以重點放在工夫上，但就黃宗羲的評述來看，其所變者不只是在工夫教法的精進，更對陽明學後不同階段，進行本體與工夫變異的說明。但就劉述先對此二說的考察來看，黃宗羲的述評似有其關懷的角度，而本文對陽明學所持的態度是，陽明龍場悟良知後，其三變並非對本體的體證有異見，而是透過不同階段的工夫對良知的體證更加深化，故陽明悟後三變應從工夫上說。若從錢、黃二人對陽明悟後工夫出發來看，「知行合一」一說並未在後學之中造成歧異，但靜坐與致良知此二工夫則分別在後學中造成相當程度的工夫異路，而黃宗羲所述的陽明第三階段為一工夫境界，並沒有明確點出其工夫，在此暫且置下。因此後學諸子在陽明歿後，之所以會對良知產生異見，其原因可從兩方面來談。就後學而言，實肇因於各自對良知體證不同而有所差異。由於此為本文之重心所在，故在此暫不討論，容置後詳論。而就陽明本身而言，一則因陽明指點學生的教法隨機，有經權之變，二則是陽明本身教法有階段歷程的不同，故本節所討論者，即

〔註25〕參見劉姿君《陽明入聖二階八變研究‧入聖之學的發展期》（國立臺灣師範大學國文研究所碩士論文，2003年），頁59。

〔註26〕劉姿君從《傳習錄》下卷，得出陽明晚年對良知學乃是所操益熟、所得益化的圓熟時期，認為黃宗羲點出此階段實為必要。此說見《陽明入聖二階八變研究‧入聖之學的發展期》，頁59。

是從陽明學問的歷程出發，企圖董理出陽明教法造成後學異路的原因。

一、默坐澄心

　　依據前述錢緒山、黃宗羲所論，對於陽明悟道後的工夫，二子皆認為陽明通過默坐澄心的階段，以下將討論二子對陽明默坐澄心的理解為何。

　　先就緒山來看，其言曰：「自滁陽後，多教學者靜坐。」〔註27〕此是指點學生靜坐的工夫，若緒山言教法三變不言及本體的改易，如此，透過靜坐可以得道，即可求得吾人之本心良知。相較之下，黃宗羲則是提出：「自此以後，盡去枝葉，一意本原，以默坐澄心為學的。有未發之中，始能有發而中節之和，視聽言動，大率以收斂為主，發散是不得已。」〔註28〕此處黃宗羲所述，不同於緒山只從靜坐工夫上說，而兼有對本體的說明。陽明此階段對良知本體的體證為有未發之中，而後有發而中節之和。此處對陽明體用的理解，是一立體達用的思考型態，其未發已發實有先後次第，若無未發之中，則已發亦無中節之可能。故工夫重心乃在默坐澄心，以收斂為主，是一求放心的後返工夫。

　　若上述對二子說法的理解無誤，在此則出現一問題，從工夫上說，二子皆以靜坐工夫為此階段陽明的工夫特色，但對於陽明此時所體證的本體，其理解是否相同？此處即是劉述先所說黃宗羲理解上的滑轉。若是從緒山的角度出發，陽明悟後只在工夫教法的不同，並非對本體的理解有所改變，但黃宗羲此說，則是本體與工夫，皆不同於後來陽明專提致良知時所指點的良知教法〔註29〕。若仔細檢點陽明此時指點學生靜坐之工夫，即可得知陽明的態度，其言曰：「非欲坐禪入定也。蓋因平日為事物紛拏，未知為己，欲以此補小學一段收放心功夫耳。」〔註30〕在此可明確得知，陽明認為靜坐工夫乃是補小學一段收放心的工夫，因為常人平日多為外在事物所惑，反不見良知本

〔註27〕王陽明《王陽明全集・序說、序跋・刻文錄敘說》，頁1574。
〔註28〕黃宗羲《明儒學案・姚江學案》，頁181。
〔註29〕黃宗羲此處對陽明理解，若參之陽明後學中，可發現此體用的思考模式與工夫型態與聶雙江、羅念菴相同。而黃氏對陽明後學的批論，以江右諸子為王門正傳，筆者以為這或許顯示出幾個層次的原因：其一，黃氏對陽明此階段學問的理解，受聶、羅二子的影響，故以二子之思考模式理解之；其二，以陽明此階段特言靜坐工夫，以為聶、羅二子在陽明學找尋其理論的立足點；其三，以聶、羅的思考模式出發，有意以二子規範陽明此時的學問。在此因學力問題，無法詳細論證，僅提出以上幾種可能作為參考。
〔註30〕王陽明《王陽明全集・年譜一》，頁1230。

體,故指點靜坐的工夫,是要人收視反觀。陽明又云:「初學時心猿意馬,拴縛不定。其所思慮多是人欲一邊。故且教之靜坐息思慮。久之,俟其心意稍定。只懸空靜守,如槁木死灰,亦無用。」〔註31〕故知靜坐工夫是初學入門之工夫,其用意在使其心意稍定,並認為若執著靜坐的工夫,則有落入枯寂之病痛,則靜坐再久亦無用。以上可見陽明對靜坐工夫的態度,雖可以靜坐代表此階段的工夫,但仍是初學入門。

另外,黃宗羲對此時陽明良知本體的理解,是專主未發,而後有發而中節之和,但就陽明自身來說,並未將未發本體與靜坐工夫關連起來。然而吾人應如何理解陽明此階段本體與工夫之間的關係?可從兩路向理解之,其一,陽明言靜坐工夫,此工夫出發點雖在收其放心,但此心未必是以未發已發兩層理解之。其二,陽明本身言靜坐工夫,並不論及本體,在陽明悟道後,應是以不同工夫接引弟子,而非是本體與工夫上整體學問的改變,若此說無誤,則緒山對陽明悟道後的評論較切合實情。

二、專提致良知

錢緒山、黃宗羲論陽明,皆認為江右之後專致良知,在陽明年譜五十歲有此記錄:「是年先始揭致良知之教。……自經宸濠、忠、泰之變,益信良知真足以忘患難,出生死,所謂考三王,建天地,質鬼神,俟後聖,無弗同者。乃遺書守益曰:『近來信得致良知三字,真聖門正法眼藏。往年尚疑未盡,今自多事以來,只此良知無不具足。譬之操舟得舵,平瀾淺瀨,無不如意,雖遇顛風逆浪,舵柄在手,可免沒溺之患矣。』」〔註32〕從此處陽明與鄒東廓的書信來看,明確可知陽明經宸濠亂後,信得過此良知,以此為把柄,而後專以致良知為主,更可視致良知為陽明工夫論的完成。陽明年譜主要的編纂者,即為錢緒山,其對陽明悟後教法第三階段的記錄為:「江右以來,始單提『致良知』三字,直指本體,令學者言下有悟。」〔註33〕此言致良知教法,在使學者當下體悟,並且以致良知教法為聖門真工夫。

黃宗羲在《明儒學案》中對於陽明此階段的修持工夫記述〔註34〕,則可視為對陽明致良知教的總體評述。若與前階段的默坐澄心相較之,認為陽明

〔註31〕陳榮捷詳註集評《王陽明傳習詳註集評》,頁75。
〔註32〕王陽明《王陽明全集・年譜二》,頁1278。
〔註33〕王陽明《王陽明全集・序說、序跋・刻文錄敘說》,頁1574。
〔註34〕此段文字於本文16頁已引,在此不複引。

在本體與工夫上都進行了修正，從本體上說，認為良知乃是即寂即感，體用不二，不以未發已發思考良知，一時俱現，已和前期所言先有未發之中，後有發而中節之和不同。從工夫上說，則是默不假坐，心不待澄，求此心不待靜坐工夫而後得，就在吾人致良知於事事物物的當下體證之。故黃宗羲所錄陽明學的轉折，不論是在本體與工夫上，本階段皆與默坐澄心時相左。

若以上對緒山及宗羲記述陽明學思歷程的理解無誤，緒山在陽明學思歷程中，並沒有對本體進行討論，即不認為陽明所指點的本體有所變異，其言教法三變，只在工夫進程上的改變，認為陽明悟道後，其教法從知行合一、靜坐到致良知，為陽明工夫進程的完成。在此須注意，陽明雖在江右之後專提致良知，但並不以致良知而廢知行合一之旨與揚棄靜坐工夫，其間之輕重，就陽明學問來說，若真能體證良知，其致良知工夫已涵攝前二工夫，信得過此良知，可至默不假坐，心不待澄，良知不必在靜坐中求。

但就黃宗羲的敘述來說，認為陽明在本體與工夫上，具有三個階段的修正。所言默坐澄心與致良知兩階段，實在本體與工夫上有所變化，默坐澄心時，本體有未發已發之別，但致良知的工夫階段，則是無分未發已發，這實是兩種不同的思考模式。若是從黃宗羲此說來考慮陽明悟道後的變化，是否陽明悟良知後，其學問型態有所改變？其實並無不同，陽明龍場悟道後，乃是扭轉朱子格外物為格心上之物，為一心即理的學問路向〔註35〕，先有未發之中，而後有發而中節之和，與不分未發與已發，此明顯為兩體系的思考模式。但陽明龍場悟道後，其所體證的良知教，應為各個階段工夫的不同，

〔註35〕陽明年譜中對龍場一悟的敘述為：「先生始悟格物致知。……日夜端居澄默，以求靜一；久之，胸中灑灑。而從者皆病，自析薪取水作糜飼之；又恐其抑鬱，則與詩歌；又不悅，復調越曲，雜以詼笑，始能忘其為疾病夷狄患難也。因念：『聖人處此，更有何道？』忽中夜大悟格物致知之旨，寤寐中若有人語之者，不覺呼躍，從者皆驚。始知聖人之道，吾性自足，向之求理於事物者誤也。」（見《王陽明全集・年譜一》，頁1228）此處所述即是陽明悟道的經過，扭轉朱子學統，並在悟道後，陽明即著〈五經臆說〉。而在此臆說前有緒山的一段記錄，其言：「師居龍場，學得所悟，證諸五經，覺先儒訓釋未盡，乃隨所記憶，為之疏解。閱十有九月，五經略遍，命曰臆說。既後自覺學益精，工夫益簡易，故不復出以示人。洪嘗乘間以請。師笑曰：『付秦火久矣。』洪請問。師曰：『只致良知，雖千經萬典，異端曲學，如執權衡，天下輕重莫逃焉，更不必支分句析，以知解接人也。』」（見《王陽明全集・五經臆說十三條》頁976）雖未討論陽明對經學的態度，但可知陽明在龍場悟道之後，已有致良知之說法。

以及實踐的問題，並不如黃宗羲所論，在本體與實踐上皆有所改變。又承前節對陽明良知與致良知的疏解來看，陽明所體證的良知本體是不分未發已發〔註36〕，故在緒山與宗羲對陽明學問歷程的說明，宜從緒山之說較切合實情。

前已言，後學意見分歧之因，除諸子各自體證不同外，亦與陽明本身有關，即是其點撥學生的工夫不同，教法隨機，有經有權，並無定法〔註37〕，因此後學的不同處，必在陽明教法遞進，有階段側重的不同。

陽明致良知教在後學中造成分歧，從工夫上說，可歸結為以靜坐工夫為主，即認為陽明工夫為致心上之知，另一則是專提致良知。承前所論，陽明致良知的工夫雖有兩個路向，但最主要代表陽明教法者，則是致良知於事事物物，然而考論後學對良知的歧見，可說是從陽明工夫有各時期偏重的不同而產生。就陽明對默坐澄心的態度，認為是補小學一段工夫，並不以之為究竟工夫，可以此行之而無礙，對靜坐工夫的理解應為是一階段性工夫，不只在陽明自身的教法上說，也可在人人作實踐工夫的進程上說，最後必進至致良知於事事物物的工夫，才算是陽明良知教工夫的完成。但就後學來說，並

〔註36〕「蓋體用一源。有是體，即有是用。有未發之中，即有發而皆中節之和。今人未能有發而中節之和。須知是他未發之中亦未能全得。」（見陳榮捷詳註集評《王陽明傳習詳註集評》，頁83）在此可知陽明對本體的看法，加之此條錄於《傳習錄》上卷，即代表陽明早年說法，更可由此證得陽明對本體的體證，並不同於工夫有進程生熟的不同。

〔註37〕陽明並不以為自身學問為一定法，統一教路展開，其指點學生，隨機應變，此即可看出陽明學問的彈性，故而後學接引陽明教法會因當下應機的不同，而有所不同，由陽明對學生欲刻其言論的態度，即可看出此意，引述如下：「聖賢教人如醫用藥，皆因病立方，酌其虛實溫涼陰熱內外而時時加減之，要在去病，初無定說。若拘執一方，鮮不殺人矣。今某與諸君不過各就偏蔽箴切砥礪，但能改化，即吾言已為贅疣。若遂守為成訓，他日誤己誤人，某之罪過可復追贖乎？」（見徐愛收於《王陽明全集·序說·序跋·傳習錄序》，頁1567）可見陽明教法隨機圓轉，不執定一方，但也正因陽明此特色，造成後學理解紛紜，進而：「吾師既歿，……同志歸散四方，各以所得引接來學，而四方學者漸覺頭緒太多。執規矩者，滯於形器，而無言外之得；語妙悟者，又超於規矩之外，而不切事理之實。顧學者病焉。年來同志亟圖為會，互相劘切，各極所詣，漸有合異同歸之機。」（見錢德洪收於《王陽明全集·序說·序跋·續刻傳習錄序》，頁1584）在此緒山已點出後學頭緒繁雜，對於學問分歧的現象十分的警醒。不過對於其言「年來同志亟圖為會」，「漸有合異同歸之機」，本文以為後學終是收拾不住，最後並未道脈始歸於一。因此陽明並無意以一定萬，認為良知教法，隨機圓轉，後學對陽明學的理解，則是以其所接，執為定法，故造成分歧。

非人人皆認同，諸子對陽明工夫從靜坐到致良知的工夫進程，可大致分爲二，本節旨在由陽明學本身之特色，以說明造成後學分化之因，而後學如何理解陽明學問，後章將有詳細論述，故關於龍溪等五子如何理解陽明的本體與工夫，或聶、羅二子與其他諸子對致知問題的論辯，在此不重複討論。其一，視靜坐爲工夫的過程，最後必進至致良知之工夫，就本文所討論者，則是以龍溪、緒山、南野、東廓、近溪等人爲代表，上述諸子對陽明本體的理解，不從未發已發上分說，認爲良知無分未發已發，並且陽明之致良知爲致良知於事事物物。另一則是以陽明工夫以靜坐爲主，以聶雙江與羅念菴爲代表，這不只是在工夫上與上述諸子的理解不同，對於本體的理解，是由未發、已發的模式思考良知，亦不同於陽明。認爲陽明對本體的理解爲先求未發之中，後才有發而中節之和，理解陽明的致良知爲致心上之知，如此知二子對陽明學的理解不但在工夫上的不同，更對本體的思考有別於陽明。

承此而論，聶、羅二子對陽明悟道後的教法改變，理解爲整體學問的不同，並不只是在教法進程上的問題，更是對本體的理解有差異，或者可說，聶、羅二子以爲陽明學問的成熟，就在默坐澄心這一階段，並不以致良知於事事物物爲陽明教法。然而，其餘諸子認爲陽明致良知爲其學問成熟後的工夫，雖然不廢靜坐，但其態度同於陽明，只以此爲補小學一段工夫，最後必進至致良知於事事物物，才算是致良知的眞諦，若如此，對於本體的理解則不致於產生改變，因爲此進程是教法上的不同，並非對本體有所異解〔註38〕。

總體來說，後學對陽明學的理解出現歧異，可從其理解陽明的學問進程清楚看出，就靜坐階段，可說其致良知工夫爲致心上之知，但陽明工夫並非只停留在此，必進至致良知於事事物物上，才算是致良知工夫的完成，如此的致良知工夫，也才能代表陽明學的特色。從陽明的角度探討，其分歧的原因如上所述，但後學以其性之所近，在工夫體證上有所異見，或是對陽明學進程改變的理解有不同者，則不是陽明所能規範，亦非陽明願意規範者，而也因爲後學對陽明學的理解不同，才形成陽明後學豐富的義理面貌。

〔註38〕 錢明亦曾從陽明學問探究陽明後學分歧的原因，就其對陽明後學分派背後的義理依據出發，分後學爲現成派與工夫派，是以在討論陽明學何以造成後學分歧的原因時，亦是以此脈絡思考，故從現成與工夫兩分的角度出發，分別從流行與收斂、自然與主宰、事上工夫與心上工夫、本體上說工夫與工夫上說本體等主題，分別陽明後學。可見《陽明學的形成與發展‧分化異變的思想基礎》，頁116～131。

第三章　體用論

　　陽明後學對於體用之間的關係，所共同肯認者，爲體用一源〔註1〕，但其

〔註 1〕 林月惠針對朱子與陽明體用觀的不同，提出了三方面的說明：「一是以良知爲
　　　　主所發揮的體用關係，並非異質異層的區分，而是良知本身一體兩面的分析，
　　　　體用關係同質同層的概念。二是『體用一源』的意涵與朱子不同，朱子強調
　　　　『體用是兩物而不相離』，但陽明緊扣良知而言『體用一源』，意謂體用爲一，
　　　　體用意涵相同，體即用，用即體。三是陽明有感於體微（隱微）而難知，用
　　　　顯而易見，強調『因用以求其體』。」透過林氏的分析，可清楚得知陽明的體
　　　　用乃是同質同層，體用爲一，即用見體，在此已明白陽明對體用的觀點，本
　　　　文即可展開後學諸子各自良知體用的觀點。見林月惠《詮釋與工夫：宋明理
　　　　學的超越蘄嚮與內在辯證‧王陽明的體用觀》（臺北：中央研究院文哲所，2008
　　　　年 12 月），頁 152。
　　　　體用一源的說法，爲宋代儒者程伊川於〈易傳序〉中所提出，其言曰：「至微
　　　　者理也，至著者象也。體用一源，顯微無間。」見《二程集‧易傳序》（北京：
　　　　中華書局，2006 年 9 月），頁 689。
　　　　陽明對於體用一源的說法，可分見如下：《王陽明全集‧答汪石潭內翰》：「夫
　　　　體用一源也，知體之所以爲用，則知用之所以爲體者矣。雖然，體微而難知
　　　　也，用顯而易見也。」（頁 146）、《王陽明全集‧博約說》：「是所謂體用一源，
　　　　顯微無間者也。」（頁 266）、《王陽明傳習錄詳註集評》：「蓋體用一源。有是
　　　　體，即有是用。有未發之中，即有發而皆中節之和。」（頁 83）、《王陽明傳習
　　　　錄詳註集評》：「心不可以動靜爲體用。動靜時也。即體而言用在體，即用而
　　　　言體在用，是謂『體用一源』。」（頁 130）、《王陽明傳習錄詳註集評》：「體用
　　　　一源，體未立，用安從生！」（頁 134）、《王陽明傳習錄詳註集評》：「所謂動
　　　　亦定，靜亦定，體用一源者也。」（頁 219）。
　　　　陽明後學對於體用一源的說法，亦能肯認之，將分別引述如下：歐陽南野：「體
　　　　用一原，體之知即用之知，則亦本無二知，殆立言各有所當耳。」見《歐陽
　　　　德集‧答羅整菴先生寄《困知記》二》（南京：鳳凰出版社，2007 年 3 月），
　　　　頁 17。聶雙江：「感生於寂，和蘊於中，體用一原也。」見《聶豹集‧答王龍
　　　　溪》（南京：鳳凰出版社，2007 年 3 月），頁 328。羅念菴：「體用一源，顯微

中仍有各自不同的體證，可分判為二：其一，為即體即用，認為體用之間的關係乃是即用見體，體在用中，將體用皆收攝於吾人之良知心體。其二，則是立體達用，此種義理架構乃是以用為效驗，必先求本心不放失之後，心之發用乃能不逾矩，是以此說雖以體用為一源，但對於體用的詮釋，實有輕重。後學諸子皆認為自己的學問乃是陽明眞傳，但諸子對於體用的思考模式，實有兩向度的不同，其間的義理分際，不可不明。

第一節　即用見體

王門後學中認為體用的關係為即用見體者，以龍溪、緒山、南野、東廓、近溪等人為代表，上述諸子皆認為良知本體必在發用上現，因用見體，此發用即是良知的發用。諸子間對於本體的理解並不同，然而體用之間的關係，與良知的發用所指為何？雖同為即用見體，但因諸子各自學問的關懷面向而有所取捨，對即用見體的理解亦有所偏重，以下試針對各家學說進行說明。

一、王龍溪之即體即用

在陽明學中，已指出知行合一、體用合一的教法，而龍溪亦善紹之。對於體用明確指出：「戒慎恐懼若非本體，於本體上便生障礙；不睹不聞若非工夫，於一切盡成支離。蓋工夫不離本體，本體即是工夫，非有二也。」〔註2〕在此可知，本體與工夫並非二分，若以之為二而強為分別，就會產生離工夫而本體不明，或無本體則工夫為支離的病痛。但龍溪亦說：「自先師提出本體工夫，人人皆能談本體，說工夫，其實本體工夫須有辨。」〔註3〕雖然本體工夫是合一，然吾人對於本體與工夫該如何有一適當的理解，以下嘗試說明之。

（一）良知本有

龍溪體認本體即是良知本心，對於本體的指點，則曰：「良知者，是非之公，自聖人以至於途人，皆所同具，無是非之心，非人也。良知者，天地之

無間者，心之本然也；戒懼之念無時可息者，工夫也，所以復其本然也。」見《羅洪先集·答郭平川第五條》（南京：鳳凰出版社，2007年3月），頁260。
〔註2〕 王龍溪《王畿集·沖元會紀》，頁3。
〔註3〕 王龍溪《王畿集·沖元會紀》，頁3。

靈氣，原與萬物同體。」〔註4〕在此可以看出，龍溪先指點自聖人以至於途之人，皆所同具，此是就良知的普遍性展開，從人人都具有良知，來說明眾人皆具有能成為聖人的根據，也因為在根源上定住了人人皆有成聖的可能，所以其學說能夠推擴，而非只限於某些種性，其目的並非在成就一君子治人之學，非僅限於廟堂之上。

龍溪學的良知說中，「良知現成」的談法，曾在後學中引起討論與爭議，龍溪自言曰：「至謂『世間無有現成良知，非萬死工夫，斷不能生』。以此較勘世間虛見附和之輩，未必非對病之藥。若必以現在良知與堯舜不同，必待工夫修整而後可得，則未免於矯枉之過。」〔註5〕就良知心體說，當然是超越善惡相對，但此處引起討論則是「現成」二字，就龍溪的說法，此現成是從本體上說，對於良知當下呈現說現成，並無不可。但後學中對此說不滿者，則是從工夫上著眼，認為若言良知是現成，則工夫無有入手處，此為爭議所在。

又其他後學諸子曾有「良知本來無欲，直心以動，無不是道，不待復加銷欲之功」〔註6〕的說法，乃是誤以欲求為本心，不做工夫，任欲而動，即可用上述良知非萬死工夫不能生者的工夫對治之。但是至於必定認為現在良知與堯舜不同，則是失之矯枉過正。就惡的出現來說，並非在本體上有一個惡的根源，惡乃是在一經驗的表現中，過與不及即是惡，若認定經驗層次所為，皆是本心之動，則是有混淆之病。故龍溪此說，仍是站在良知是超越的，當下完足，若是言吾人本心與聖人不同，必須修整，則是認為心體非至善。如果吾人之心必待修整而後得，則如何保證通過修整後，必定回到至善？勢必形成理論的不完滿。

此處雖就根源上說明常人與聖人沒有不同，但是就現實層面來看，人世間卻實然有常人與聖人的分別，然此處的分別，並不是在良知本體上的不同，是以途之人若欲為聖人，則有工夫入路，和工夫徹不徹、熟不熟的問題。就著儒家的義理性格來看，是即著本體而言實踐工夫，是以在普遍義下說的工夫，正因為貞定了源頭的價值，才能夠保證了工夫的意義。

〔註4〕王龍溪《王畿集・太平杜氏重修家譜序》，頁360。
〔註5〕王龍溪《王畿集・松原晤語》，頁42。
〔註6〕王龍溪《王畿集・撫州擬峴臺會語》，頁26。

（二）即寂即感

良知本身當然是一活潑的、並非是只存有而不活動的但理，龍溪即藉由寂感不二來說明，其言曰：「良知者，本心之靈，至虛至寂，周乎倫物之感應，虛以適變，寂以通故，其動以天，人力不得而與，千聖相傳之秘藏也。世之儒者，不能自信其心，反疑良知憑虛滯寂，不足以盡天下之變，未免泥於典要，涉於思爲，循守助發以爲學，而變動感通之旨遂亡。」〔註7〕在此直接指出良知爲本心之靈，爲至寂者，是未發之中〔註8〕。然而良知並非只有這一面向，從寂必定說到感應，可見良知必包涵寂、感，兩者爲不可分，乃是「寂然不動者，先天之體，感而遂動者，後天之用。寂而感，即體而用行焉；感而寂，即用而體存焉，一也」〔註9〕，只是在陳述的時候，強爲分別，此只是因爲語言表達有所限制，但是最後仍要回到兩者不分，體用爲一。龍溪詩中亦說「寂中起感感歸寂，千聖傳來舊宗旨」〔註10〕。故可知寂感乃是爲一，若認爲良知只寂而不感，則在何處呈現良知，如何應物？此是偏看良知寂的一面，便是將良知的圓動無滯義刊落。若只有感而無寂，則感沒有源頭上的貞定，容易逐物而不返，是以良知就在即寂即感中顯。

若明白以上寂感不二的良知，龍溪更將寂感與已發未發關聯起來，此處所言的已發未發不分，並非如陽明是爲對治在當時已成爲官學的朱子學。朱子學的已發未發二分之說，是將寂感二分，但龍溪之說是承接陽明而來，討論的對象已從朱子學轉爲陽明後學，如聶雙江等，認爲「非夫子於〈咸〉卦特地提出虛寂二字，以立感應之本」〔註11〕。在後學中，大致上對於體認良知的寂處未有不同，但是對於寂、感是一是二則有爭論也因此而有不同的工夫入路。

龍溪直承陽明，爲對治此說，可以將其寂、感與已發未發合觀，其意更爲顯豁，其言曰：「良知無不知而無知，神感神應，即此是寂。若此知之前別有未發，便是守寂沉空；此知之外別有已發，便是緣情逐境。皆是落兩邊見

〔註7〕 王龍溪《王畿集・自訟問答》，頁433。
〔註8〕 「須見得寂體是未發之中，方能立大本，方能感而遂通天下之故。」見王龍溪《王畿集・過豐城答問》，頁78。
〔註9〕 王龍溪《王畿集・易測授張叔學》，頁418。
〔註10〕 王龍溪《王畿集・再用韻論學一首》，頁564。
〔註11〕 王龍溪《王畿集・致知議辯》，頁135。

解，非中道也。」〔註12〕在此明確指出，神感神應就是寂，若要在未發之前再另求本體，則是偏看寂的一面。但是良知教本是致良知於事事物物，非只講默坐澄心而「閉關多年，高臥不出」〔註13〕。即使吾人在默坐中可體認本心，不妄動，但並不能保證應物時，其心仍能保有其默坐時，不爲外物所障蔽的本心。從另一方面說，或認爲良知之外另有已發，則容易只見事不見體，若沒有本體上的貞定，則臨事難有不亂者，而容易逐物不返，這兩者都是偏看良知〔註14〕，所以龍溪提出良知即寂即感，未發已發合一，才不致落入偏寂而不應事，或偏感而逐物，是以只要落入一邊，則已經是二本〔註15〕，所以必定將此兩者合觀，才不失良知本意，也不會有偏看一邊的病痛。

（三）有、無

有、無的概念，在先秦時已爲老子所發，旨在闡發道的雙重性。但到了龍溪時，已以良知收攝道家有、無的觀念，並爲良知所用，在著名的「嚴灘之問」中即提到：「先生起行征思田。德洪與汝中追送嚴灘。汝中舉佛家實相幻相之說。先生曰：『有心俱是實，無心俱是幻；無心俱是實，有心俱是幻。』汝中曰：『有心俱是實，無心俱是幻，是本體上說工夫。無心俱是實，有心俱是幻，是工夫上說本體。』先生然其言。」〔註16〕陽明時已隱有將「無」收攝於良知教下之意，但到了龍溪時才直接說出。龍溪的有，當然是良知本心，但是無，則是將道家無的作用義爲良知所用。依牟宗三的看法，道家「無」的智慧是共法〔註17〕，並且龍溪與陽明都有「吾人只求日減，不求日增，若減的盡便是聖人」〔註18〕之工夫，孔子也有毋意、必、固、我的觀念，所以

〔註12〕 王龍溪《王畿集・書見羅卷兼贈思默》，頁472。

〔註13〕 王龍溪《王畿集・與羅念菴》，頁237。

〔註14〕 龍溪在《撫州擬峴臺會語》中提到：「有謂良知非覺照，須本於歸寂而後始得。……有謂良知從已發立教，非未發無知之本旨。」（頁26）即可看出在陽明死後，同輩論學對於良知教的紛歧，所以龍溪強調良知本是已發未發爲一，即寂即感，是有清正之必要。另外後人多據此處言陽明後學的分派，本文此處暫不處理此問題。

〔註15〕 「夫未發之中是太虛本體，隨處充滿，無有內外，發而中節處，即是未發之中。若有在中之中另爲本體，與已發相對，則誠二本矣。」見王龍溪《王畿集・答耿楚侗》，頁242。

〔註16〕 陳榮捷詳註集評《王陽明傳習詳註集評》，頁381。

〔註17〕 牟宗三《中國哲學十九講・道之「作用的表象」》（臺北：臺灣學生書局，2002年8月），頁151。

〔註18〕 王龍溪《王畿集・九龍紀誨》，頁57。

任何執定僵化的做法，都是眾所同去，此「減的盡」便是無爲的工夫。

從本體上說工夫，這是從實有層上說，本體即是良知，是以在良知本心的保證之下，道德的實踐是步步皆實。若沒有良知本心的保證，則在本體上定不住，其工夫即是虛假，沒有價值義，即所謂不誠無物。從工夫上說本體，則是從作用層來看，是由實踐的路回頭體證本心，在工夫上無心無爲，才能夠保證道德本心的純粹價值，若以有爲心，則是執定、執持，特別突出一套標準，此時的道德實踐已經僵化拘囿，而成爲教條義，模糊了良知的純粹價值。龍溪亦以爲「無心以化成，聖學之的也」〔註 19〕、「無用之用，其用始神；無功之功，其功始大」〔註 20〕，就在無心無爲上去保證其價值，此無心無爲只是工夫，必待良知俾定位。在本體上的核心觀念上，龍溪仍是以道德爲首出，此則無庸置疑，而儒家、道家之分際亦從此處說。

另外龍溪說到良知本體時，常用無〔註 21〕、虛〔註 22〕、空〔註 23〕等字稱說，在此須予以說明。其言從無而生有，則是說明在本體處，其無善無惡，是一至善之本體，是以無相，而其良知一發動應物，則是顯一有相，是以在有相無相之間，其機用無限定，是以甚神。其本體之無相，必定依於有而顯，而其有相，必定也是在無的保證之下，無有作好，無有作惡，其價值才不會異化，是以其良知教才能夠定住其價值，從此理解龍溪的有無，才能夠定住其教法。

另外，龍溪並非認爲良知本體在實有層上是無、虛、空，此處所稱說者，是一作用義〔註 24〕，在指稱良知本體的狀態，以其虛、空、無，才能夠照映萬物，而不是從某一方面執定良知爲一固定之有，若是斷然執定某一教法，或一特定發用以此非人，則良知教何以救正天下之人？必定以其不執，

〔註 19〕 王龍溪《王畿集·南遊會紀》，頁 757。

〔註 20〕 王龍溪《王畿集·督撫經略序》，頁 365。

〔註 21〕 「其本原自無而生有，其功行自有而歸於無，有無之間，其機甚神。」見王龍溪《王畿集·與宛陵會中諸友》，頁 315。

〔註 22〕 「呈露而實無也。不虛則無以周流而適變，不無則無以致虛寂以通感，不虛不無則無以入微而成德業。」見王龍溪《王畿集·白鹿洞續講義》，頁 47。

〔註 23〕 「一點虛明，空洞無物，故能備萬物之用。」見王龍溪《王畿集·南遊會紀》，頁 157。

〔註 24〕 侯外廬等編《宋明理學史下·錢德洪、王畿與浙中王學》（北京：人民出版社，2005 年 10 月，頁 283）提到：「王畿認本體爲無，爲虛寂，是明顯的禪學觀點。」此處將虛、空、無等視爲實體義，而非作用義，在此理解之下，自然以龍溪之學爲禪學，但龍溪實是作用義，不可誤解。

隨機發用，才是真正的良知。其亦言「見之小者泥於有，見之大者超於無」〔註25〕，常人多見到良知有相，是就著其體證良知的教路而現其有，「夫無可無不可者，良知也；有可有不可，意見也」〔註26〕，故可知若執定，則是執持意見，而常人易認定此意見即是良知，但是良知乃是圓應無方，若落入一見，只是見到一偏。若能不執定，則是能夠看到良知教法有經有權，不執著於任一面，得在無的保證下不起異化。但在此龍溪說其超於無，是以無為作用義，對著良知的實有而來，必定是就著良知本體而言無的作用，在實有中見其作用。因此作為實有的良知本體仍是優位於無的作用，因此龍溪所說的超於無者，應是此義〔註27〕。

二、錢緒山之心體事用

緒山與龍溪同為陽明座下教授師〔註28〕，但二子學問因其性之所近，體貼陽明之學已有參差〔註29〕。以下為緒山對於體用關係的說明，其言曰：「未發寂然之體，未嘗離家國天下之感，而別有一物在其中也。即家國天下之感之中，而未發寂然者在焉耳。此格物為致知之實功，通寂感體用而無間，

〔註25〕 王龍溪《王畿集・贈梅宛溪擢山東憲副序》，頁374。
〔註26〕 王龍溪《王畿集・與林益軒》，頁294。
〔註27〕 彭國翔在其書《良知學的開展・王龍溪的良知觀》（北京：三聯書店，2005年1月，頁49）提出：「無論對於陽明還是龍溪的良知觀而言，『有』與『無』均構成良知兩個不可分割的基本向度，前者是本質內容，後者是作用形式。也許將陽明與龍溪的良知觀念合在一起，我們應當可在一個連續的以有合無的過程中，看到一個均衡又飽滿的『有無合一』之境。而龍溪常言的『良知知是知非，而實無是無非』，也不過是『有無合一』的凝練表達。」其言有無構成良知學兩個不可分割的面向，此理解無誤，但是將有無平列，沒有優劣之分，則是有待商榷。細考龍溪對於有無的歸屬，仍是以本體的有為優位，而將道家無的作用以為良知之用。並且其言以有合無，此處之有是從有相回到無相，此時之無相是一無善無惡，超越善惡的良知本體。在此與道家的有、無雙重性一對照，更可以看出儒家與道家不同的型態。若是從彭國翔的平列之局，則龍溪之良知教反為道家型態所攝，在此不可不辨。所以此書提出龍溪的良知是有無合一，雖然有其灼見，但在兩者的分判上，仍是沒有將龍溪以良知為首出的型態，作一恰當的安排。
〔註28〕 「時四方之士來學於越者甚眾，先生與龍溪疏通其大旨，而後卒業於文成，一時稱為教授師。」見黃宗羲《明儒學案・浙中王門學案一》，頁225。
〔註29〕 「汝中此意，正好保任。不宜輕易示人。概而言之，反成漏泄。德洪卻須進此一格，始為玄通。德洪資質沉毅。汝中資性明朗。故其所得，亦各因其所近。」陳榮捷《王陽明傳習錄詳註集評》，頁361。

盡性之學也。」〔註30〕在此所指涉的未發，爲吾人之良知本心無疑，然而雖未直言已發爲家國天下，但是由其定義家國天下爲感來說，在義理上可推證其爲發用。若此處之理解無誤，則可明顯看出緒山將「用」規範在人情事物之上，更進一步說，格物爲致知之實功，若順緒山的語脈，其格物乃指家國天下之感。而致知不可直接等同於未發寂然之體，因爲寂然之體，是良知心體，但致具有工夫義，是以其致知之實功，乃是致吾心之良知於事事物物，是爲格物，若能如此，良知之學乃是體用無間，是能夠眞正盡吾人天命之性的學問。

承上所論，緒山對於發用的理解是家國天下，故其發用爲事，認爲「心事非二，內外兩忘，非離卻事物，又有學問可言也」〔註31〕。在此可知，緒山將體用規定在未發寂然之體與家國天下之事，並且認爲體用並非可二分。因此緒山雖分說內心體與外事用，但最後仍是要達到內外兩忘，但也因其言內外兩忘，則是必先有以心爲內，事爲外的概念而後言兩忘，此可明顯看出緒山對吾人本心之發用，已經推到跡上說。

另外，緒山對於動靜的看法，亦在此架構之下理解，其言曰：「但見得良知頭腦明白，更求靜處精鍊，是全體著察，一滓不留；又在事上精鍊，使全體著察，一念不欺。此正見吾體動而無動，靜而無靜，時動時靜，不見其端，爲陰爲陽，莫知其始：斯之謂動靜皆定之學。……離喜怒哀樂以求中，必非未發之中；離仁敬孝慈以求止，非必緝熙之止；離視聽言動以求仁，必非天下歸仁之仁。是動靜有間矣，非合內合外，故不可與語入道。」〔註32〕此可以分幾個層次說明，首先緒山提到，若欲吾人良知明白，必在靜處、事上精鍊，此處所說的靜，可理解爲工夫義，陽明曾言，靜坐乃是補小學一段工夫〔註33〕，又言事上磨練〔註34〕，故緒山所言之吾體不間於動靜，乃是言其工夫無間於動靜之意。其次，前述動靜之意乃是以工夫上的動靜來說，但是就

〔註30〕錢緒山《徐愛 錢德洪 董澐集・錢德洪語錄詩文輯佚・復周羅山》，收於《陽明後學文獻叢書》，（江蘇：鳳凰出版社，2007年3月），頁154。

〔註31〕錢緒山《徐愛 錢德洪 董澐集・錢德洪語錄詩文輯佚・答傅少巖》，頁151。

〔註32〕錢緒山《徐愛 錢德洪 董澐集・錢德洪語錄詩文輯佚・語錄》，頁137。

〔註33〕「德洪與王畿並舉南宮，俱不廷對，偕黃弘綱、張元沖同舟歸越。先生喜，凡初及門者，必令引導。俟志定有入，方請見。每臨坐，默對焚香，無語。」見王陽明《王陽明全集・年譜三》，頁1300。

〔註34〕「人須在事上磨，方立得住，方能靜亦定，動亦定。」見陳榮捷詳註集評《王陽明傳習詳註集評》，頁62。

緒山以心爲體，以事爲用，其動靜亦可以體用的概念來詮釋，故其言之未發之中、緝熙之止、仁體，乃是靜，因其有本體之意，故可稱之爲靜體，而喜怒哀樂、仁敬孝慈、視聽言動爲用。但此三者亦有分別，喜怒哀樂爲情感的層次，仁敬孝慈爲道德實踐的層次，視聽言動乃是感官的層次，此三者皆是緒山所謂用，此三者皆爲吾人良知之發用。然而前述對於緒山用的界定爲事用，是落到跡上說，亦爲其體用特色，故可將此三者收攝在事用之下，爲吾人良知本體之用。以上即是緒山對動靜的理解與體用的關係。

　　若對於緒山此處所言之動靜理解無誤，其雖言吾人之良知，動而無動，靜而無靜，但其所言之動靜，已不同於濂溪於《通書‧動靜》篇中所言之：「動而無靜，靜而無動，物也。動而無動，靜而無靜，神也。動而無動，靜而無靜，非不動不靜也。」〔註35〕濂溪在此所體證者，「是則天道誠體即是一寂感眞幾，引申而爲道德創造之實體，此實體確有能生能化之神用。就此神用言，如以動靜形容之，則是『動而無動，靜而無靜』者」〔註36〕。濂溪所言之動靜，是指道德實體之神用，而緒山所言之動靜，則已非指道德實體之神用，乃是以其體用觀來理解。故緒山所說的動靜不分之意，乃是因本體爲靜，事爲動，本體發用爲事，就在發用之事見其本體，而言動靜不二，時動時靜，因爲此二者乃是不可分者。職是之故，緒山必定特別注意事用，正因其本心必定就著事上體會，吾人不可不明，若是將動靜二分，即是外事以求體，或執體而無事用，皆是緒山所反對者，必言合內外之學，才是眞正的聖人入道之學。

　　緒山的體用關係，是有其思考特色的。就陽明學說而言，體用皆收攝在良知本體上說，然而錢緒山卻將發用推到事上，就著其思想架構而言，吾心之良知必定作用於事上，必求應世，故可知此種體用論的特色重在見跡〔註37〕。而緒山又言曰：「以人情事物之感應爲體；無人情事物之感應則無知也。」〔註38〕此處須先稍作簡別，在陽明後學中，聶雙江與羅念菴的思考型態與他人不同，就二子的思考模式來說，是先求寂體，而發用乃爲知覺的運動，故其用雖爲事用，但已爲情，是與良知不同層次，無法在發用上見吾

〔註35〕周濂溪《周敦頤集‧通書‧動靜》（北京：中華書局，2009 年 2 月），頁 27。
〔註36〕牟宗三《心體與性體‧分論一：濂溪與橫渠》，頁 347。
〔註37〕「本體有何可見，覺處即是本體。」見錢緒山《徐愛　錢德洪　董澐集‧錢德洪語錄詩文輯佚‧語錄》，頁 128。
〔註38〕錢緒山《徐愛　錢德洪　董澐集‧錢德洪語錄詩文輯佚‧語錄》，頁 141。

人之良知本體。而就緒山的思考，其發用雖爲跡用，但其體用觀仍是即體即用意即良知雖不可離事，但其發用乃是吾心良知所發，是以其雖言發用爲事，但並非與雙江、念菴爲同一思考模式。

緒山對於二子割裂已發未發的思考，亦在〈復周羅山〉一信中，對於雙江提出的體用觀加以評騭，其言曰：「良知本無善惡，未發寂然之體也。養此，則物自格矣。今隨其感物之際，而後加格物之功，是迷其體以索用，濁其源以澄流，功夫已落第二義。」〔註39〕認爲若是將體用二分，有兩個體段的不同，則容易陷落在無本源的工夫，乃是次一等的工夫。因爲就緒山的思考來說，其體乃在事用中顯，並非可以離用而求體〔註40〕，對於雙江先養未發之本體之說，認爲是不能理解良知學爲本體事用合一之學，更進一步說，若是：「離已發而求未發，必不可得。久之，則養成一種枯寂之病，認虛景爲實得，擬知見爲性眞，誠可慨也。」〔註41〕因此認爲雙江分別體用先後，離用而求體，則容易產生枯寂不應事之病，反而不見良知之大用也。就緒山之學問，必定認爲眞正得吾良知之本心者，不牽纏於事物，乃是順應無滯礙，即日用酬酢即本體〔註42〕。是以吾人必需細分二者之分際，不可混之〔註43〕。

錢明對陽明後學進行的分派，將緒山歸於主事派〔註44〕，此說法雖能掌握緒山重事用的特色，但是將緒山「心無體，以知爲體，無知即無心也。知無體，以感應之是非爲體，無是非即無知也」〔註45〕，理解爲「反對在心上

〔註39〕錢緒山《徐愛 錢德洪 董澐集・錢德洪語錄詩文輯佚・復周羅山》，頁154。

〔註40〕「殊不知未發寂然之體，未嘗離家國天下之感，而別有一物在其中也。即家國天下之感中，而未發寂然者在焉。此格物爲致知之實功，通寂感體用而無間，盡性之學也。」見錢緒山《徐愛 錢德洪 董澐集・錢德洪語錄詩文輯佚・復周羅山》，頁154。

〔註41〕錢緒山《徐愛 錢德洪 董澐集・錢德洪語錄詩文輯佚・復何吉陽》，頁155。

〔註42〕「此心無所牽累，雖日與人情事變相接，眞如自在，順應無滯，更無波蕩可動。……吾心本與民物同體，此是位育之根，除卻應酬，更無本體，失卻本體，便非應酬。」見錢緒山《徐愛 錢德洪 董澐集・錢德洪語錄詩文輯佚・復龍溪》，頁151。

〔註43〕轟雙江亦針對此問題，與錢緒山做過討論，摘錄如下：「致知云者，充滿吾虛靈本體之量，而不以一毫意欲自蔽，是謂先天之體，未發之中。故自此而發者，感而遂通，一毫人力與不得。一毫人力不與，是意而無意也。今不養善根，而求好色之好；不拔惡根，而求惡臭之惡，好謂苟且狥外而爲人也，而可謂之誠乎？」見轟雙江《轟豹集・答錢緒山》，頁302。

〔註44〕錢明《陽明學的形成與發展・陽明學的分化》，頁151。

〔註45〕錢緒山《徐愛 錢德洪 董澐集・錢德洪語錄詩文輯佚・語錄》，頁124。

言本體」、「無論本體還是工夫，最後都落實在『事』上」〔註46〕，此說法則是可以再討論的。緒山所言之心無體，以知爲體，並非反對在心上言本體。其心即是本體，良知即是吾人能夠自我省察，有感通的動力，是以無此動力則非吾人的良知，若不能夠知是知非，無道德判斷力，亦非良知。故緒山的說法在強調良知的能動性，及其能有一正確的道德判斷，因此直言緒山反對在心上言本體，乃是可以再商討的。就其言本體落實在事上之意，應是指即用見體，而工夫在事上乃是格物之工夫，二者層次仍有不同，須區別之。

緒山的發用雖爲事用，但並非緒山蕩越過意念的問題，其言曰：「須是認得良知面目，若不曾認得良知，只於一切念上屏絕，是心與念鬥。時起時滅，曷有窮已？良知原是生生不息，思念烏容屏絕？」〔註47〕意念本是吾人良知所發，若以爲念不可有，必去之而後得其本心，此則是將本心與意念對立起來。然而念念相續不斷，則本心何時可得？是以緒山並非不知意念，但其特別將發用定在事用上，或許是見到同爲王門的學者，離事用以求本體的病痛，故將發用定在家國天下，許是其用心所在。

三、歐陽南野之體用一源

歐陽南野爲江右王門代表人物之一，黃宗羲於《明儒學案》中提到：「先生以講學爲事。當是時，士咸知誦『致良知』之說，而稱南野門人者半天下。」〔註48〕南野致力於發揚良知學，並且位爲祭酒〔註49〕，對於陽明學說具有推波的作用。南野學說亦與諸子有深淺詳略之異，以下試說明之。

南野明白指出：「體用一原，體之知即用之知，則亦本無二知，殆立言各有所當耳。」〔註50〕肯認體用爲一，此處之知，即吾人所言之良知無疑，是以無論從體上說的知，或是從用上說的知，皆指良知而言，因其所指涉或爲體、或爲用，而有偏說。是以：「若夫知之感應變化，則體之用；感應變化之知，則用之體。」〔註51〕就著良知的眞實應感而言，則是吾人本體之發用，而其應感之本體，即吾人之良知，是以清楚可知，其本體與發用無二。

〔註46〕錢明《陽明學的形成與發展‧陽明學的分化》，頁153。
〔註47〕錢緒山《徐愛 錢德洪 董澐集‧錢德洪語錄詩文輯佚‧語錄》，頁131。
〔註48〕黃宗羲《明儒學案‧江右王門學案二》，頁360。
〔註49〕黃宗羲《明儒學案‧江右王門學案二》，頁359。
〔註50〕歐陽南野《歐陽德集‧答羅整菴先生寄《困知記》二》，頁17。
〔註51〕歐陽南野《歐陽德集‧答聶雙江二》，頁192。

南野更進一步的將體用與動靜問題關聯起來，其言曰：「靜而循其良知也，謂之致中，中非靜也；動而循其良知也，謂之致和，和非動也。蓋良知妙用有常，而本體不息。不息故常動，有常動故常靜。常靜常動，故動而無動，靜而無靜。故凡動而無靜，靜而無動者，物也。良知，心之神明，妙萬物者也，『體用一原，動靜無端』者也。知此，知致之之功矣。」〔註52〕此處需先注意到動靜與良知本體的關係，認為動靜是就表面的現象上來說，可見其有動靜之別〔註53〕。因此，其言靜而循其良知為致中來說，靜乃是指喜怒哀樂之未發，但吾人之體並非為一靜而無動之靜；相同的，就其言動，即喜怒哀樂之發，發而循吾人之良知，則此為致和。是以此處所言之動靜，乃是就喜怒哀樂未發與已發來說，並非指本體發用，其本體不因有事無事的牽引而有動靜，乃是靈動不滯，不落入動靜相對之相，因一落入或動或靜，此心則有所偏失與不及，即是南野所謂物的層次。是以若將體用與動靜合觀，則知體用並非以動靜對言，明乎此，若以靜言體，以動言用，則是落入了內外動靜之分〔註54〕，易有「喜靜厭動，如橫渠所謂『累於外物』者矣」〔註55〕，即良知以外物為累，則是心動於外，以外物而破裂心體。或是「若動靜上用功，則是見良知二字為二，不能合一矣」〔註56〕。以動靜分裂良知，但南野已明確指出良知不以動靜分，是以執著於動靜上求本體，則是分裂心體為動靜，甚至見跡不見體。南野更進一步指出：「今既得良知，更不須論動靜義。」〔註57〕若能真正體會良知，則必知良知乃超越動靜的相對相，論良知的動靜義，並非究竟。

南野對於本體與工夫的思考，亦是圓融為一，其言曰：「夫工夫本體，非有二也。……反之之謂工夫，性之之謂本體。其為循其良知，則一而已，非判然二途。」〔註58〕此處先對性之、反之做一說明，《孟子·盡心篇下》即提

〔註52〕歐陽南野《歐陽德集·答陳盤溪一》，頁4。
〔註53〕「夫心無動靜，動靜其應跡也。」見歐陽南野《歐陽德集·答周陸田》，頁9。
〔註54〕「無內外動靜，而渾然一體者也。以心照事，則未免有內外動靜之分，必以為非靜則不能照，非暇則不能靜，事煩則不得暇，而愛憎取舍展轉相尋為病矣。」見歐陽南野《歐陽德集·答王心甫督學》，頁140。
〔註55〕歐陽南野《歐陽德集·答陳盤溪二》，頁5。
〔註56〕歐陽南野《歐陽德集·答問五條》，頁27。
〔註57〕歐陽南野《歐陽德集·答陳盤溪二》，頁5。
〔註58〕歐陽南野《歐陽德集·答周陸田》，頁10。

出：「堯舜，性者也；湯武，反之也。」〔註59〕性者是指其行爲從容中道，從心所欲不逾矩，反之者，則是透過做工夫而中道。而南野言反之之謂工夫，性之之謂本體，並非將工夫與本體一分爲二，此處所言之反之是工夫義，「失而復循，是謂反之」〔註60〕，反之即是逆氣之意，即透過做工夫回到吾人不蔽於外物之本體。性之即是從天所賦予我之道德本心上說，吾人若能「循而弗失，是謂性之」〔註61〕。故反之與性之，皆是循吾人之良知，本體與工夫皆結穴於良知，故其言本體工夫不二。又更進一步指出：「合本體方是工夫，用工夫即是本體。」〔註62〕是以離本體則無工夫可說，不合本體則非工夫，「初學如此，深造亦如此，本無二也，生熟之間而已矣」〔註63〕，本體與工夫之間的關係遠近，並不因爲吾人初學或深造有所不同，一是皆以良知爲本，所差別者，只是在工夫生熟之間爾。

　　日人岡田武彥對南野此說提出的看法爲：「修證派之所以這樣強調本體工夫的渾一，是因爲把良知看作是本體自己用工夫，工夫自己用力於本體，渾然向上，復歸全體的一。因此，那裡沒有本體，只有生生不息的良知。」〔註64〕就南野的思考來說，吾人做工夫，必在良知的貞定之下，才不會產生根源不明的弊端，相同的，其工夫乃在使吾人不中節之行爲，能合於良知心體，故工夫乃是一復歸的工作，本體與工夫不二，此說在王門後學中，諸子皆肯認之，並非南野所獨有，故吾人以爲岡田此說可再思考。另外又提出：「修證派的工夫是本體的工夫，而不是與本體相對的工夫。所謂本體的工夫就是『用功於本體』上；所謂與本體相對的工夫，則可以說是『用功以求本體』。」〔註65〕對於此說，可以就以下的內容進行討論，其一，岡田分工夫爲二，一爲本體的工夫，即是用功於本體；一爲與本體相對的工夫，即用功以求本體。先就用功於本體來說，若以岡田的思考脈落討論其言本體的工夫，乃是指本體與工夫爲一，其言用功於本體，則易令人誤解，認爲吾人之心體並非純粹，是以須用工夫以去除吾人心體中之病痛，或可以復的工夫來說，

〔註59〕朱熹《四書集註》，頁373。

〔註60〕歐陽南野《歐陽德集・答周陸田》，頁10。

〔註61〕歐陽南野《歐陽德集・答周陸田》，頁10。

〔註62〕歐陽南野《歐陽德集・答曾雙溪二》，頁200。

〔註63〕歐陽南野《歐陽德集・答曾雙溪二》，頁200。

〔註64〕〔日〕岡田武彥《王陽明與明末儒學・王門三派》，頁153。

〔註65〕〔日〕岡田武彥《王陽明與明末儒學・王門三派》，頁152。

是後返的工夫，或許較爲表義。而與本體相對的工夫，就本體與工夫來說，並無有相對於本體之工夫，吾人之工夫教路，必決定於對於本體的體證，非有與本體相對之工夫可言，在名義上可再思考。

另外，吾人需注意到南野對於天理與人欲之間關係的衡定，就著宋明理學家的立場，皆有存天理，去人欲的共識，南野當然不自外於此〔註66〕。但是對於天理人欲的關係，其言曰：「性有七情，欲居一焉。欲也者，性之情，天之理也。循天之理，是謂『道心惟微』；動於意必，至於不節而縱，是謂『人心惟危』。」〔註67〕在此須先對性與情的概念作出區隔。其言性，乃是一道德義無疑，情爲氣性，南野的思考是：「猶之道心、人心非有二心；天命、氣質，非有二性；源頭、支流，非有二水。」〔註68〕天命與氣質並非對立，有兩個源頭，可理解爲理氣不分的思考，而不是南野混天理、人欲爲一。對於學者，南野亦提出需先辨乎天理與人欲的看法〔註69〕，其說法的詮釋應爲，就吾人應物之時，循吾人之良知而動，無有不中節，即是道心；反之，若夾雜人欲，任意欲流行，則是人心，故其言曰：「夫不從軀殼起念，雖富貴功名，何者非道？從軀殼起念，雖道德仁義，何者非私？」〔註70〕是以天理人欲之別，並非有二本存於吾人，乃是從其道心，即爲天理，順氣下滾，從其人心，即是人欲，對於天理人欲之別，並不是規範於外在的事物，就著事物本身來說，是中性義，而事體的價值，卻是爲吾人所決定。

由此可知，道心人心並非爲二，乃是順軀殼起念，即爲人心〔註71〕。對於軀殼起念的問題，可以對比陽明之說法，其言曰：「至善心之本體。本體上才過當些子，便是惡了。不是有一箇善，卻又有一箇惡來相對也。故善惡只是一物。」〔註72〕此處陽明即是說明惡的出現，並非在本體上有一個惡的根源，惡乃是出現於吾人的經驗之中，是以善惡並非爲二本相對，道德本心乃

〔註66〕「心有等殺者，天之理；意生分別者，人之欲。人欲淨盡，然後天理流行；寂然不動，然後能通天下之故。」見歐陽南野《歐陽德集·答王克齋三》，頁37。
〔註67〕歐陽南野《歐陽德集·答郭平川》，頁119。
〔註68〕歐陽南野《歐陽德集·答羅整菴先生寄《困知記》二》，頁16。
〔註69〕「學者知學，莫先於天理人欲之辨。」見歐陽南野《歐陽德集·答王克齋一》，頁36。
〔註70〕歐陽南野《歐陽德集·答王鯉塘》，頁93。
〔註71〕順軀殼起念非南野首出，陽明已嘗言道：「順軀殼起念，便會錯。」見陳榮捷詳註集評《王陽明傳習詳註集評》，頁123。
〔註72〕陳榮捷詳註集評《王陽明傳習詳註集評》，頁304。

是純粹至善，無有相對相。但需注意「善惡只是一物」的說法，陽明曾言曰：「若常人之心，如斑垢駁雜之鏡，須痛加刮磨一番，盡去其駁蝕。」〔註 73〕常人之心，雖本之於天，但是容易有後天染習，或是動於物欲，而不見其清明本體，並非吾人之本體已非純粹，加以工夫，則必復見清明之本體，是以陽明善惡一物，其意在此。透過以上的說明可知，南野對於陽明學問，實有其用力深切之處，可說爲善學者。

四、鄒東廓之體用合一

　　東廓學說的架構，是體用爲一。在此先說明東廓對於良知的界定，其言曰：「良知之旨，其天命之性乎！是性也，不睹不聞，無聲無臭，而莫見莫顯，體物不遺，不睹不聞，眞體常寂，命之曰誠；莫見莫顯，妙用常感，命之曰神；常寂常感，常虛常靈，有無之間，不可致詰，命之曰幾。」〔註 74〕良知爲天命之性，即是開宗明義，道破心即性即理的旨要，隨即從各方面對良知進行描述，其雖言性，但價值實與良知同位。就著其作爲吾人生命的根據，乃是不見其形體，其意同於陽明詠良知詩「無聲無臭獨知時，此是乾坤萬有基」〔註 75〕，是從根源上說，良知乃是吾人自證自體，不能以聲臭狀之，就在此處言誠，而此誠亦可稱之爲誠體。若是從作用上說，則說明其妙用感發，是以神用無方。進一步言良知乃是常寂常感，圓融無方，體用無間，而言其幾微。

　　是以可知，東廓認爲良知是一，不可以體用、寂感將之二分，「有指體而言者，寂然不動是也；有指用而言者，感而遂通天下之故是也」〔註 76〕，體用皆是收攝在良知上，乃是一整全不可分者，「寂感無二時，體用無二界」〔註 77〕。若謂先寂後感，則是落於時間序列上說，將有時間上的先後次序，

〔註 73〕王陽明《王陽明全集・答黃宗賢應原忠》，頁 146。
〔註 74〕鄒東廓《鄒守益集・再簡雙江》，收於《陽明後學文獻叢書》（江蘇：鳳凰出版社，2007 年 3 月），頁 103。
〔註 75〕王陽明《王陽明全集・詠良知四首示諸生》第四首，頁 790。
〔註 76〕鄒東廓《鄒守益集・復黃致齋使君》，頁 497。
〔註 77〕鄒東廓《鄒守益集・艮齋說》，頁 485。對於此說，張學智於《明代哲學史・鄒守益「戒懼」之旨及其家學》（北京：北京大學出版社，2003 年 6 月），亦有同樣的看法，擇錄如下：「用在感時即用在寂時，寂感體用不二，說一則另一自然包含其中。鄒守益反對以寂爲本來面目，以感應、運用爲寂體之效驗并因而專用功於寂，感上著不得工夫的觀點，認爲這種見解割裂寂感體用關係，倚於感則爲逐外，倚於寂則爲專內，均於本性之體用不二有弊。」見該

以之爲二，則是體用割裂。因此，東廓針對雙江之學，提出批評，其言曰：「心不離意，知不離物。而今卻分知爲內，物爲外，知爲寂，物爲感，故動靜有二時，體用有二界。分明是破裂心體，是以有事爲點檢，而良知卻藏伏病痛，有超脫事爲而自謂良知瑩徹，均爲之害道。」〔註78〕承著上述，東廓將體用介定爲體用無二界，在此須先說明東廓對於心、意、知、物之間的關係。其言心不離意，就陽明四句教言「有善有惡意之動」〔註79〕，意的出現乃是吾人對應經驗世界，意念或有善或有惡，此善惡是在經驗層次上說。而東廓指出的心不離意，心乃是一至善之本體，是純粹道德的概念，但意爲心之所發，是以二者不可離。吾人良知能知善知惡，具有道德判斷的能力，其判斷必就著行爲物。若將體用二分，則是將吾人良知以動靜二分，認爲良知有動的一段時間，有靜的一段時間，則良知已非動而無動，靜而無靜，因此體用也因之二分。

東廓在此立論點之下，對雙江的批評有以下三點，其一，對於雙江必先求立體，而後見良知之效用的主靜之說，認爲此是將良知化爲靜體，以外在事物爲應感，是沒有考慮到良知體用的整全性。其二，雙江的工夫在歸寂，是在心上做工夫，東廓則認爲雙江所言之良知，並非一純粹的心體，在本體上有雜染。其三，東廓認爲雙江歸寂之說，是在超脫於事物之後，而自言吾人之心體純粹明澈，謂之良知不雜，此皆爲害吾人之學。以上即爲東廓對雙江主靜之說所引發體用論上的問題，提出他的質疑。

另外，以下將就東廓論性、情之間的問題，加以簡別之，其言曰：「性即良知之體，情即良知之用，除卻情性，更無良知矣。」〔註80〕對於此說，需以東廓體用論的思考脈絡爲背景理解。承前所論，東廓之體用爲一，此處以良知之體爲性，即天命之性，就良知之發用而言情。可知東廓是將性與情皆收攝到良知上說，即是心統性情〔註81〕，但並非與朱子之心統性情〔註82〕

書頁162。另外，侯外廬主編《宋明理學史・江右王學正傳鄒守益的理學思想》中對於體用的看法亦同此說，其言曰：「鄒守益的上述觀點可以稱爲『寂感體用』合一說。」見該書頁295。

〔註78〕鄒東廓《鄒守益集・冲玄錄》，頁742。

〔註79〕陳榮捷《王陽明傳習錄詳註集評》，頁359。

〔註80〕鄒東廓《鄒守益集・答本固宗兄》，頁678。

〔註81〕「性者，心之性也；情者，心之情也。理氣渾然者也。」見鄒東廓《鄒守益集・答伍九亭請教語》，頁761。

〔註82〕「心，主宰之謂也。動靜皆主宰，非是靜時無所用，及至動時方有主宰與。

為相同之涵義。就朱子的思考來說是「性者心之理，情者心之動」〔註83〕，其所理解的心，並非一心即理之道德本心，其主宰仍從性上說，「性只是理，情是流去運用處。心之知覺，即所以具此理而行此情者也」〔註84〕，理從性上說，而流動在情，心只是認知此理，是以朱子雖言心統攝性情，但是情之流動是依性而動，並非是心，故朱子之心乃是氣之靈，不是具有主宰的道德本心義。但是就東廓的思考，雖言情為良知之用，但東廓仍是本心即理的思考，是以其言情為良知之用，乃是除卻性情，則不可言良知矣，可說是良知藉著吾人之情而展現，即在情上見性。是以良知並非求一寂然不動之本體，吾人良知必在情上用，並從情推擴應物，東廓此處之言情為良知之用，並非性情不分，而實是考慮到道與器之間的關係。

順此，東廓思考道器之間的關係，認為道器不可分離。其言曰：「盈天地皆形色也，就其不可睹、不可聞、超然聲臭處指為道，就其可睹可聞、體物不遺指為器，非二物也。今人卻以無形為道，有形為器，便是裂了宗旨。喜怒哀樂，即形色也，就其未發渾然不可睹聞指為中，就其發而中節、粲然可睹聞指為和。今人卻以無喜怒哀樂為中，有喜怒哀樂為和，如何得合一？人若無喜怒哀樂，則無情，除非是槁木死灰。」〔註85〕就喜怒哀樂之不可睹聞處言道，就其可睹聞處言器，是以道器並非為二物，乃是同體而異質，二者並無先後〔註86〕，道器並非以形體之有無分，若以有形無形區分，則是將道器隔斷。進一步，東廓以喜怒哀樂為形色，就著喜怒哀樂之未發謂之中，即前文所言之不睹不聞處，即道。就喜怒哀樂發而皆中節謂之和，即器。在此思考之下，吾人區分道器，並非以喜怒哀樂之有無。吾人可思考一問題，即道、器、情三者之間的關係，就東廓此處所論，乃是將道、情、器三者合一，就情之未發處言道，情之已發為器，是以道器皆是從情上說，但在此須注意，東廓的思考並非以情為首出，前文已說明東廓之心統性情義，東廓的思考仍是在成就吾人的道德生命，但此一說法可說明東廓對於道、器、情的思考，

言主宰，則混然體統，自在其中。心統攝性情，非儱侗與性情為一物而不分別也。」見黃宗羲《宋元學案・晦翁學案上》（臺北：華世出版社，1987年9月），頁1524。
〔註83〕黃宗羲《宋元學案・晦翁學案上》，頁1521。
〔註84〕黃宗羲《宋元學案・晦翁學案上》，頁1525。
〔註85〕鄒東廓《鄒守益集・浙游聚講問答》，頁768。
〔註86〕「未發是發的主宰，發而中節，是未發的流貫，更無先後。」見鄒東廓《鄒守益集・浙游聚講問答》，頁769。

已有合一的趨向。而此說的出現，吾人可思考一問題，自張載提出天地之性與氣質之性〔註87〕以降，宋明儒對於理氣之間的關係，多為二分的思考，就陽明對於理氣的思考，氣乃是一獨行的概念，而氣的價值在於吾人道德的參贊，理氣二分。但就東廓此說，實已正視吾人之生命並非可強分為理性與氣性，就生活的場域來說，二者實不可分，故此說是理氣合一不分的思考，並且正視吾人氣質生命的影響。

在此理解之下，以下將說明東廓思想中，本體與工夫之間的關係。其言曰：「故致良知工夫，須合本體做。不得工夫，不合本體；合不得本體，不是工夫。」〔註88〕即是說明了本體與工夫乃是不可分離者，並非可偏重一邊。故「本體工夫一時俱到」〔註89〕，就在工夫中見其本體，並以本體貞定吾人之工夫，無有偏差，並非可分一段為工夫，一段為本體。是以東廓對於同輩做工夫之弊端的批評，乃是「吾儕工夫，正坐見性未透，故分動分靜，分有分無，不是聖門正脉」〔註90〕，若能夠真正體證心體，則吾人致良知的工夫，就不會落入分動靜的工夫，若分動靜、寂感、內外，則是「倚於感則為逐外，倚於寂則為專內，其病於本性均也」〔註91〕。故不論是吾人之工夫偏重在應感，而有應感之弊，或是偏於主寂而只重視心體，此二者工夫的弊病，都是對本體良知的體證有所偏失，其害性一也。在此可以看出東廓對於本體與工夫的思考脈絡，仍是整全圓融。

五、羅近溪之泯平體用

近溪對於良知的體證為：「蓋論德性之良知良能，原是通古今、一聖愚，人人具足而個個圓成者也。」〔註92〕在此所論之良知良能，具有普遍性、內在性，吾人之良知與聖人、先賢同，人人良知皆是天生予我者，當下具足，是以此良知乃是「知者知之，不知者亦知之，則汝心之知，何等光顯，何等

〔註87〕張橫渠《張載集・正蒙・誠明篇第六》：「形而後有氣質之性，善反之則天地之性存焉。故氣質之性，君子有弗性者焉。」（北京：中華書局，2006 年 12 月），頁 23。

〔註88〕鄒東廓《鄒守益集・再答雙江》，頁 542。「故致良知工夫」一句原為「故至良知工夫」，至字疑誤，故改之，在此說明。

〔註89〕鄒東廓《鄒守益集・答馬生逵世瞻》，頁 557。

〔註90〕鄒東廓《鄒守益集・答朱以相》，頁 655。

〔註91〕鄒東廓《鄒守益集・再答雙江》，頁 542。

〔註92〕羅近溪《羅汝芳集・近溪子集・卷射》，收於《陽明後學文獻叢書》（江蘇：鳳凰出版社，2007 年 3 月），頁 93。

透徹，何等簡易直截！又何必盡知其所不知者，而後爲知也哉？」〔註93〕在此所謂知者與不知者，其所知的對象並非指吾人之良知，其對象乃是事理，而知者與不知者皆所同知爲良知。是以就吾人的良知而言，必不待見聞而後得，故吾人對於良知的體證，並非假於見聞，良知的價值並不定於外在知識，乃是求之於吾人本心，並非思慮所能得之〔註94〕，故雖不識一字，亦不害吾人良知之整全性，是以「聖人可學而易學也」〔註95〕。順此思考而下，近溪亦提出良知現成〔註96〕的看法，並從《孟子》「大人者，不失其赤子之心者也」〔註97〕來說，認爲「孟子此條，不是說大人方能不失赤子之心，卻是說赤子之心，自能做得大人」〔註98〕，即認爲人人皆能成大人，是在說明成聖成賢的根據。孟子立言是從大人說到赤子之心，相較之下，近溪乃是從赤子之心說到大人，除了說明實踐的根據外，更指出人人最後能夠達到大人的境界，而近溪此處所說的赤子之心，其義實等同良知〔註99〕。就良知而言，乃是「此

〔註93〕 羅近溪《羅汝芳集・近溪子集・卷禮》，頁18。
〔註94〕 「蓋良知心體，神明莫測，原與天通，非思慮所能及，道理所能到者也。」見羅近溪《羅汝芳集・近溪子集・卷御》，頁120。
〔註95〕 羅近溪《羅汝芳集・近溪子集・卷禮》，頁18。
〔註96〕 「今受用的，即是現在良知，而聖體具足。」見羅近溪《羅汝芳集・近溪子集・卷射》，頁105。
〔註97〕 朱熹《四書集註》，頁292。
〔註98〕 羅近溪《羅汝芳集・近溪子集・卷數》，頁196。
〔註99〕 對於近溪言良知爲赤子之心，近人亦多有此看法，以下羅列之。日人岡田武彥於《王陽明與明末儒學・現成派系統》中指出：「所謂赤子之心，就是先天的道德心情，即像親親長長那樣對于父兄的敬之心，他認爲，依此赤子之心，則良知現成的觀點就能更加簡易直截地被理解了。」見該書頁175。張學智《明代哲學史・羅汝芳的「赤子良心」之學》：「赤子良心，表現爲一種不學而知、不慮而能、當下即是的本能。這是人心未受到染污的原始狀態。赤子良心是人追求的最高境界。」見該書頁258。侯外盧等編《宋明理學史下・泰州後學的「異端」及其對理學的批判》：「人生下來是個赤子。赤子之心未經世俗影響，純是天理。知，不是慮而後知；能，不是學而後慮。所以赤子的知與能，是不慮不學的。」見該書頁461。吳震《羅汝芳評傳・哲學思想》：「赤子之心就是良知良能，換種說法，就是孩提良知。此正表明近溪是用赤子之心這一描述性說法，來指實孟子的本心、陽明的良知。」見該書頁229。近溪以赤子之心來說明良知，其義有二，其一，良知不待學慮而後得來說，就著赤子亦知愛長敬長，並非學而後然也。其二，乃是就吾人良知的最初狀態，不爲外物影響遮蔽者，即是良知原初最純粹的狀態。
　　另外，吳震對於近溪將赤子之心喻爲人之本心，提出另一思考觀點：「因爲從倫理學的角度看，赤子之心的那種『愛敬孝悌』，是一種自然的人倫之情，是否就能在性之本體的意義上，可以推論出人性皆善，則是不無疑問的。況且

心之體，其純乎仁時，圓融洞徹，通而無滯，瑩而無疑。恒人學力未到，則心體不免爲怒所遷，爲過所貳也」〔註100〕，吾人純粹無雜的良知心體，無有渣滓，乃是一整全的概念。近溪在此亦提及良知與過的問題，雖只言良知爲怒所遷，但此怒實爲七情之一，或者吾人可以此所言之怒，視之爲吾人之情發而未中節，即是惡的出現。就良知本體來說，是至善者無疑，但是吾人心體，則或有放失，故無法保證此心時時刻刻能有情而無累於情，若吾人工夫不熟，此心爲怒所遷引，則此心爲二。在此需注意一個問題，即其言心爲二，並非有另一心爲惡心，其爲二乃是指吾人之心爲惡所牽引，表現出來爲有過之心，但此有過之心，仍是同於吾人純乎仁時之心，並非有兩個根源。

近溪對於體用的看法，是以《中庸》爲其核心，其言曰：「竊謂『天命』一句，即是庸德之中，而『率性』一句，即是中德之庸。庸以中爲體，而其性斯達；中以庸爲用，而其命乃顯。」〔註101〕在此必先明白近溪對於中庸二字界定，其言曰：「蓋『中庸』即是平常二字也。」〔註102〕此處之平常之意，乃是吾人之良知「充滿於日用，發舒於性情」〔註103〕，是以其平常〔註104〕。

所謂赤子之心畢竟是渾然無別的原初狀態而『尚未有知』，亦即尚未形成道德判斷的自覺能力。」在此吳震認爲愛敬孝悌之行爲，並不可以之爲經過吾人道德判斷後的行爲，但以爲近溪所言赤子之心，乃是指吾人之良知乃是不學不慮而能，以說明其不待見聞知識，言赤子自能愛敬孝悌，以爲舉證說明其不待學後能。近溪言赤子之心，亦有工夫論上的意義，認爲吾人之心，「奈何後因耳目口體之欲，隨年而長，隨地而增，一段性情，初焉偏向自私，已與父母兄弟相違，及少及壯，則天翻地覆，不近人情者，十人而九矣」，言赤子之心，乃在言赤子未爲小體所牽引，是以其心「與天甚是相近」，故其言有求吾人之本心之工夫義。吳震此說乃是以朱子理解《孟子》的義理架構，來看近溪的思考，其直言：「正如朱子所指出的那樣，孟子所說的『四端』其實都只是『情』而不是指向性之本體。」若在此理解背景之下，對於近溪此說易有不當之處，即以分析的角度出發，不見近溪圓頓的思考模式。另外吳震提及倫理學上的意義，後文中有詳論，在此不做進一步的討論。吳震此說見《羅汝芳評傳‧哲學思想》，頁230。本注中所引近溪之語，見羅近溪《羅汝芳集‧近溪子集‧卷御》，頁124。

〔註100〕羅近溪《羅汝芳集‧近溪子集‧卷數》，頁192。
〔註101〕羅近溪《羅汝芳集‧近溪子續集‧卷乾》，頁236。
〔註102〕羅近溪《羅汝芳集‧近溪子集‧卷書》，頁149。
〔註103〕羅近溪《羅汝芳集‧近溪子集‧卷書》，頁149。
〔註104〕對於中庸的解釋，岡田武彥《王陽明與明末儒學‧現成派系統》中提到：「至於中與庸，他也是重視庸，并以此爲本體工夫的渾淪處。根據這一立場，他反對像羅豫章那樣求未發時氣象和陳白沙那樣在靜中養出端倪，并反對像程朱那樣輕庸主中或提倡主敬。近溪認爲，中庸就是天命。」見該書頁176。

故其言天命爲庸德之中，所謂庸德，即是吾人良知在日常生活中顯，其言率
性爲中德之用，乃是吾人必順此天之所予我之性，實踐於生活之中，是以其
言體用，乃是二者不可分別。

　　另外，近溪亦提出：「心之在人，體與天通，而用與物雜，總是生之而不
容已，混之而不可二者也。故善觀者，生不可已，心即是天，……不善觀
者，生不可二，心即是物，……便說『道心惟微』，果是心涵道體，神妙之難
窺；『人心惟危』，亦果是心屬人身，形跡之易滯。」〔註105〕就吾人之心體，
乃是天所明命，但此心必與吾人生活的場域作用，可知吾人之心並非一掛空
不應物，是以其言用與物雜。然而吾人之心或爲道心或爲人心，其重點即在
與物雜否，承前所論，良知乃是天所予我者，純一無雜，近溪亦肯認之。就
良知與物相接之時，吾人之心若能不順物下滾，雖與物接而不使吾人之行爲
背離良知，則爲道心。相反的，若吾人「不以我體乎物，而爲物所體；不以
我用乎我，而爲物所用，將何以尊崇德性」〔註106〕，吾人之良知若失去其主
宰的動力，爲外物所用，則此即爲人心，是故「爲不善者，性之浮用。體足
以運用，而用不能以遷體也」〔註107〕。然此處之體用，不同於前所言之體
用，此處之體爲良知，但其用則是浮用，已爲外物所動之用，屬於形下層
次，是以言用不足以遷體，其用雖有所偏失，但不因此而有分毫減損其本體
之靈明〔註108〕，吾人在此不可不辨。

　　就近溪思想來說，必承認體用之間的關係乃是即體即用，不可二分，但
其對體用的思考，可再進一步的推論。曾有問者提出：「先生以費隱指點中
庸，聽者無不欣喜，然則從前謂道有體有用，而兩端不容偏廢者，彼皆非
歟？」〔註109〕此問者對近溪《中庸》的詮釋有所疑問，認爲前賢多以體用詮

岡田對於中庸的理解，是以爲近溪對「中」理解爲本體、「庸」理解爲發用，
將中與庸分說。但是就近溪圓融的思考下，中庸實不應分說，並且將中庸只
理解爲天命，然此說未窮盡近溪之底蘊，近溪認爲中庸爲天命必無疑義，必
須進一層，將中庸理解爲日用即大道，即後文中所說「中庸即平常」之義，
筆者以爲此說才能突顯近溪對中庸的理解。

〔註105〕羅近溪《羅汝芳集・近溪子續集・卷乾》，頁245。
〔註106〕羅近溪《羅汝芳集・近溪羅先生一貫編》，頁341。
〔註107〕羅近溪《羅汝芳集・近溪子續集・卷坤》，頁267。
〔註108〕「良知原自明白，雖欲動情勝，亦有枉其是非，以作好作惡者，然其知毫髮
　　　　不能自瞞。可見性之發用，雖爲物遷，而明覺眞體，畢竟廓然無累。」見羅
　　　　近溪《羅汝芳集・近溪羅先生一貫編》，頁357。
〔註109〕羅近溪《羅汝芳集・近溪子續集・卷乾》，頁229。

釋中庸，而近溪不順此說，其故安在？近溪答曰：「分體用，析顯微，以求道語道。此是孔孟過後，宇宙中二千年來一的大夢酣睡，至今而呼喚未醒者也。蓋統天徹地，盡人盡物，總是一個大道，此個大道就叫做中庸。」〔註110〕就近溪的時代而言，已晚於前述諸子，就問者所言道有體有用，兩端不容偏廢，此乃前述諸子所不能反對的。然而近溪此處所言分體用、析顯微，在此可有兩說，一為批評將道體分裂，即是分裂體用二者，另一說即認為雖然是從道體上說，道體乃是體用為一，但若言體用為大道，仍是在語言上有所分，本文以為從後說較為恰當。然而就前文所引，近溪亦言體用，但吾人特立體用一語，雖其義為一，實已分別之，故其打掉體用二字。吾人之良知即是中庸，平常日用即是吾道，是以吾人「若盡性至命，而為天下之至誠至聖，則道即是他，他即是道」〔註111〕，良知天道乃是平平常常，「目擊而道存，言出而蘊盡，人之極而天之徒也」〔註112〕。在此或可思考近溪此說之深意，儒家的學問乃是一實踐的學問，不在口舌上爭勝，陽明之良知學，乃是在提點吾人心之靈明。就著吾人以哲學思考的角度出發，必求對於各個概念都能有一精確的掌握，但是從實踐的層次來說，揆之康德倫理學中，有此一說：「在道德領域中，人類理性（甚至在最通常的知性中）能輕易地達到最大的正確性和周詳性。」〔註113〕此處所說的最通常的知性，就是常識層次，即 common sense，此層次的判斷即能夠達到最大的正確性，是故常人不必求得道德本體之後，或是得到道德知識的概念後才能做一正確的道德判斷，此即是一般實踐哲學〔註114〕。但在此須注意，並非康德倫理學無法分辨道德本體與道德實踐之間的差別，其已明白指出，「我們可將一切立於經驗底基礎上的哲學稱為經驗的哲學，而將僅依先天原則闡明其學說的哲學稱為純粹的哲學。……倫理學亦然——雖然在這裡，經驗的部分可特稱為實踐人類學，而理性的部分可恰當地稱為道德學」〔註115〕。清楚的將倫理學分別為先天與經驗的兩個部

〔註110〕羅近溪《羅汝芳集·近溪子續集·卷乾》，頁230。

〔註111〕羅近溪《羅汝芳集·近溪子續集·卷乾》，頁230。

〔註112〕羅近溪《羅汝芳集·近溪子續集·卷乾》，頁230。

〔註113〕康德著，李明輝譯《道德形上學之基礎·前言》（台北：聯經出版社，2005年8月），頁6。

〔註114〕康德著，李明輝譯《道德形上學之基礎·前言》，頁5。

〔註115〕康德著，李明輝譯《道德形上學之基礎·前言》，頁2。另外，該翻譯稱實踐人類學為實用人類學，在此據譯者於2009年於東吳大學康德倫理學課堂說明改之。

分，可知康德並非將二者混而爲一，但此僅藉康德對於通常知性的說明來對照近溪思考的出發點。在此關懷之下，近溪對於體用的思考乃是：「今若欲計重輕、較長短，一段以言用，又一段以言體；一段以言顯，又一段以言微，此則總是葛藤不了。」〔註116〕從實踐哲學的思考出發，以體用、顯微詮釋中庸是徒增牽絆。順著思考，康德所說的一般實踐哲學，即是能以最通常的知性所判斷的道德實踐，在前述諸子對體用概念的分疏，已能將道德的實踐與先天根據分別開來，即清楚明白的體證道德本心與氣的不同，已能到達康德倫理學中所欲辨明純粹道德的層次〔註117〕。但近溪並非混淆道德的先天根據與經驗，此說乃是經過對道德問題的理解之後，回過頭來，以平常的方式來指點吾人的日常工夫，對於常人來說，其先天的道德根據乃是日用而不知，是以在此近溪化去體用，直言中庸的思考，乃是從常人的角度出發，就在人人日用的實踐之中，當下即是，亦不必求知而後用，竊以爲近溪泯平體用之意蘊在此〔註118〕。

〔註116〕羅近溪《羅汝芳集・近溪子續集・卷乾》，頁230。

〔註117〕今人張學智亦以康德哲學詮釋二溪與雙江、念菴對於道德理性與經驗的關係，其言曰：「王龍溪和羅汝芳是道德理性的直接顯示派，轟豹、羅洪先則在道德理性中加入了經驗的成分。他們所謂歸寂主靜就是使良知加入形下內容，使道德理性成爲先天本體與後天經驗的混合體。……二溪的理論，正與康德所論道德之所以爲道德、善之所以爲善的標準相符合，他們保持了道德理性的純粹與空明。」此說見《明代哲學史・羅汝芳的「赤子良心」之學》，頁264。在此有幾點可以進行討論，其一，雙江與念菴對於道德理性是否加入經驗的成分，此點可有討論的空間，後章將有討論。其二，在此以爲近溪思想符合康德道德理性的純粹與空明，此論點即是認爲近溪的良知本體等同於康德的道德理性，將道德理性與經驗分開，筆者以爲可以從另一個角度思考，就如論者所言，近溪之學並非只停在以良知爲純粹的先天道理性，其思想乃是著眼於道德實踐，必在經驗的層次上，而也必在經驗的層次上，吾人之道德實踐才有可能，康德亦認爲道德在實踐中才不落空。相對的，雙江與念菴求主靜歸寂，將良知之發用視爲效驗，則是明顯將經驗層次與先天層次分裂，故就整體道德實踐來說，以爲近溪更重視在實踐中將先天與經驗二者合一。

〔註118〕牟宗三《從陸象山到劉蕺山・王學之分化與發展》中指出：「順王學下來者，問題只剩一光景之問題：如何破除光景而使知體天明亦即天常能具體而眞實地流行于日用之間耶？此蓋是歷史發展之必然，而近溪即承當了此必然，故其學問之風格即專以此爲勝場。……近溪決不就每一概念之分解以立新說，他的一切話頭與講說皆就『道體之順適平常與渾然一體而現』而說，並無新說可立。……此一勝場乃不期爲羅近溪所代表。至于他個人作到什麼程度，那是另一問題，要之其特殊風格確在此則無可疑。」見該書頁291。另外，

　　近溪對於未發已發的問題，思考核心亦是以《中庸》為主，其言曰：「《中庸》原先說定喜怒哀樂，而後分未發與發，豈不明白有兩段時候也耶？況細觀吾人終日喜怒哀樂，必待物感乃發，而其不發時則更多也。感物則欲動情勝，將或不免，而未發時，則任天之便更多也。《中庸》欲學者得見天命性真，以為中正平常之極則，而恐其不知喫緊貼體也，乃指著喜怒哀樂未發處，使其反觀自得之，則此段性情，便可中正平常。」〔註119〕首先先說明喜怒哀樂之出現，喜怒哀樂即所謂情也，歸為氣的層次，並且說明情的出現，乃是感物而有，是以就情的出現與否，可將時間的概念與之關聯，故可知此處所言之已發未發乃是指情而言。又可思考心與情的關係，吾人之良知心體不因情之已發未發而有所減損，若情未發之時，則此心純粹，未有擾攘，任天之便更多，是以其言《中庸》欲學者見天命性真，乃指喜怒哀樂未發處，其意在此。

　　然而性與情的關係又當如何？承前，近溪對於體用的看法為不二，兩者不可相離，故其言欲觀喜怒哀樂未發之時，吾人不可認為近溪是分裂體用，若就著日用即道的圓融思考出發，此處所說者，為「天命之謂性」，在指點吾人生命的根源處，並非離情而求性。順此思考，近溪亦認為：「此心在人，原是天地神理，寂之與感，渾涵具在，言且難以著句，況能指陳而分析之也耶？」〔註120〕是以就吾人之心體而言，是不可以寂感二分，分寂分感，乃是分裂心體。對於動靜的看法，亦不外此，「至於心之動靜，則原說合一不測之謂神，又說動而無動，靜而無靜，尤彰彰甚者也」〔註121〕。近溪所體證之心體，乃是不可以動靜分，故對於分別動靜者，則有所批評，其言曰：「是因他先時預有個要靜定之主意，後面事來，多合他不著，以致相違相競，故臨時亦覺衝

　　蔡仁厚於《王學流衍‧羅近溪的造詣》（北京：人民出版社，2006 年 6 月，頁 100）中提出：「近溪決不就觀念的分解以立新說，他的一切話頭與講說，全都是就著『道體之順適平常與渾然一體而現』這個意思來說話，除此以外，并無新說可立。……陽明的致良知『四句教』，說得平實穩妥，龍溪又將四句教推到究竟處，而有『四無』之說。就義理境界的陳述而言，到此已無剩義，只看如何真實地使良知表現於日用生活而已。」此評論良知學自陽明、龍溪到近溪三者之間的勝義，認為近溪學說的特色與開展性，就在如何將良知表現於日用之中，此觀點與近溪化去良知體用之說、只說日用即道的思考相合，在此特標誌之。

〔註119〕羅近溪《羅汝芳集‧近溪子集‧卷禮》，頁 13。
〔註120〕羅近溪《羅汝芳集‧近溪子集‧卷數》，頁 198。
〔註121〕羅近溪《羅汝芳集‧近溪子集‧卷射》，頁 72。

動不寧也。」〔註122〕就良知心體而言，並非以動靜來分，若認爲吾人之良知乃爲一靜體，乃是預設心體，若至吾人應事，則無法合於吾人靜定之體，是以與相違而不寧，此則是「主意去當事，以主意爲心」〔註123〕，並非良知。近溪對於分動靜者的批評，不只言其分裂心體，還指出他們認爲良知並非吾人於心中存有一靜定的意見〔註124〕，若如此，則此非良知，而只是吾人之意見。良知必是：「隨動隨靜，皆是本心，皆當完養」〔註125〕。

　　近溪對於本體與工夫的關係的理解，試述如下：「蓋說做工夫，是指道體之精詳處；說做道體，是指工夫之貫徹處。道體人人具足，則豈有全無工夫之人？道體既時時不離，則豈有全無工夫之時？」〔註126〕本體與工夫乃是相即不離的。做工夫是道體精詳處，吾人眞能體證良知的底蘊時，從吾人之良知所發，其即爲工夫。若是說做道體爲工夫貫徹處，工夫必定是相應於良知本體，是以吾人能眞切的實踐之，正是發揚吾心之良知。是以若：「工夫不識性體，性體若昧，自然總是無頭學問。」〔註127〕對於無源頭貞定的工夫，則是無頭緒可言，其工夫亦無法在性體的保證之下，無有偏失，此處的偏失乃指法病，理論上即有缺陷，故「自然卻是工夫之最先處，而工夫卻是自然之以後處。」〔註128〕此即爲近溪本體與工夫關係的理解。

第二節　立體達用

　　王門中對體用的觀點雖同爲體用一源，但是對於體用的概念有所不同。除了前述諸子即用見體的型態外，後學中聶雙江、羅念菴對體用的思考，則是立體達用，體用並非同一個層次的概念，必先求體立，而後才有用的可能。

一、聶雙江之寂以主感

　　聶豹對於體用觀的看法，其言日：「然虛靈言其體，知覺言其用，體用一

〔註122〕羅近溪《羅汝芳集・近溪子集・卷射》，頁90。
〔註123〕羅近溪《羅汝芳集・近溪子集・卷射》，頁90。
〔註124〕「意是要心不動，只此要不動的意思，已是事未來而自己已先動矣。」見羅近溪《羅汝芳集・近溪子集・卷射》，頁90。
〔註125〕羅近溪《羅汝芳集・近溪子集・卷御》，頁112。
〔註126〕羅近溪《羅汝芳集・近溪子集・卷書》，頁171。
〔註127〕羅近溪《羅汝芳集・近溪子集・卷樂》，頁50。
〔註128〕羅近溪《羅汝芳集・近溪子集・卷樂》，頁50。

原，體立而用自生。」〔註129〕在此須先衡定雙江的體用一源說。雙江將「體」界定爲虛靈本體〔註130〕，「用」爲「知覺運動」〔註131〕，並且直言「即體而用存於體，即用而體主乎用」〔註132〕。在此思考模式，發用乃是存於本體，並且有一本體主宰之，是以體是優位於用，將體用畫分爲形上形下兩層，其雖言體用一源，但此一源乃是立足在「用生於體」〔註133〕上，故在雙江思想體系之下，如何求吾人之本體，則是其工夫中心所在，在求得本心不放失之下，進而「立體以達用，歸寂以通感」〔註134〕。

再看雙江對於寂感的問題的分疏，其言曰：「蓋天下之感皆生於寂，而其應也必本之虛，無有遠近幽深而易之受命如響。」〔註135〕其以寂爲主體，感應由寂而生，並且以寂爲主。可知對於寂感問題的主從關係，仍是等同於用由體出的思考脈絡，並且進一步拈出：「蓋感應者，吾心之妙用；虛寂者，立本云者，言立感應之本也。感應之本既立，則必變化云爲，其出無窮，而乃謂於感應處別有工夫，不知所謂豫者，豫何事？」〔註136〕應感變化，是吾心之妙用，而寂體乃是應感之本。吾人良知面對現實的人生場域，必落在特定的時空中，感必以時言，但其純粹的本體價值仍是定在寂上說，因爲感爲不定，不能以此定良知的價值，在雙江的脈絡中，感從寂生，工夫必定落在歸寂上，若是從感上說工夫，則是落空而定不住。

順此義理間架，雙江對於已發未發的思考，吾人亦須簡別之，其言曰：「『執中』一語，萬世心學之源也。中者，何也？天地之心也，人得之而爲人之心。其未發也，五性具焉，天下之大本也，本立而天下之能事畢矣。惟夫不知中之爲未發也，索之於念慮，探之於事爲，遂逐焉役於外以襲之，而天德王道之幾於是焉息。」〔註137〕須說明未發已發與心體的關係，在此

〔註129〕轟雙江《轟豹集・答松江吳節推》，頁277。

〔註130〕「心，一也，以言乎體，寂然不動是也。寂然者，未發之中，千變萬化皆由此出，故曰『道心』。」見轟雙江《轟豹集・道心堂序》，頁121。此處原文斷爲「故曰道心名堂者，殆有見於此乎？」本文以爲有誤，故改之。

〔註131〕轟雙江《轟豹集・答戴伯常》，頁355。

〔註132〕轟雙江《轟豹集・答戴伯常》，頁355。

〔註133〕轟雙江《轟豹集・答歐陽南野太史三》，頁247。

〔註134〕轟雙江《轟豹集・答歐陽南野太史三》，頁247。

〔註135〕轟雙江《轟豹集・刻夏遊記序》，頁59。

〔註136〕轟雙江《轟豹集・寄羅念菴太史六》，頁287。

〔註137〕轟雙江《轟豹集・復古書院記》，頁133。「遂逐焉役於外以襲之」本句文中爲「逐逐焉役於外以襲之」以爲有誤，改之，在此說明。

雙江明確指出，中爲心體義無疑。但在此處須仔細檢點其未發之說，就中體未發來說，乃是天下之大本，是可以知道的，心體乃是指未發之中，若不能知中體爲未發，而求吾人之心於念慮思維，乃是求在外者，並非心體，其意甚明。在此思考之下，其言曰：「故未發之時也，言乎心之體也；喜怒哀樂之發，知之用也。」〔註138〕未發已發以時而言，未發之時，乃是心之體也，而喜怒哀樂等之發動，乃是吾人良知之效用，是以雙江以「未發之中是喜怒哀樂的天則，當喜怒哀樂時，渾是未發之前氣象，便是情順萬事而無情也」〔註139〕。在此雙江並非以喜怒哀樂爲吾人之病，若是吾人之已發以未發之中爲準則，即便就著喜怒哀樂之發動，仍是發而未發，無有偏失，如同有情而無累於情。是以可知，雙江的未發已發說，實指心體的狀態。若更進一步考論與動靜之間的關係，則可分爲兩個層次來說明，其一，可分別從心體與意念來談，從意念的角度出發，心體爲靜，而意念爲動，因爲就雙江的思考來說，其已發爲良知本體之效用，本體不涉及意念、經驗，是以就從意念上來看，吾人會以爲其心體爲靜，意念爲動，但此說並未窮盡雙江思考的底蘊。其二，必定立足於心體，以此角度出發，才能眞正廓清雙江的思考，其言曰：「變化云爲而本體寂然，發猶未發也；事物既往，念慮未萌，烱然在中，而一無所主，未發猶發也。故覺不可以言中，覺而無所著者爲中。」〔註140〕就著本體來說，則是不可以動靜名之，是以變化萬端而吾人之本體寂然，則同於未發之氣象。相反的，就算意念未萌，而中無所主，則雖意念未起，但其未發並無價値意義。順此，動靜必在意念上說，故吾人見其或動或靜，並非爲本體之動靜，主宰動靜者，則爲吾人之心體〔註141〕。

　　雙江的體用義，以本體爲心，即其未發之中，而心體之發用爲情〔註142〕。在此思考之下，雙江心的活動意義不顯，是以其言心體，多以寂體〔註143〕稱

〔註138〕聶雙江《聶豹集・答歐陽南野太史三》，頁243。

〔註139〕聶雙江《聶豹集・答戴伯常》，頁366。

〔註140〕聶雙江《聶豹集・答戴伯常》，頁370。

〔註141〕「未發之中，太極也。未發無動靜，而主乎動靜者，未發也。」見聶雙江《聶豹集・辯神》，頁595。

〔註142〕「因情可以見性，故性其情者，發而未發也。」見聶雙江《聶豹集・答戴伯常》，頁350。

〔註143〕「蓋寂者性明之源，神應之樞，原無一物，而無物不備；一無所知，而無所不知。」見聶雙江《聶豹集・答唐荊川太史一》，頁273。

之。故雙江雖言體用一源，但在其思想脈絡下，實有輕重。

以下試說明雙江體用觀的義蘊，在其思考脈絡中，偏重本體的思考，「未發之中，是堯舜相傳正法眼藏真正脉絡」〔註144〕，故認爲龍溪之說是：「謂寂感無二界，動靜無二時，此說惑人，久矣。」〔註145〕此是以其二分之思考理解龍溪，認爲龍溪在情上求體，乃是不可得者。然而就龍溪的體用觀而言，其用並非如雙江界定的知覺運動，乃是一良知的當下呈現，就在應事上覺察其本體。二子對於體用的義理間架不同，以自身的思考模式來理解對方，進而造成了互相理解上的間距，也正因如此，雙江必以爲龍溪之說爲惑人久矣。

另外，對於雙江屢稱寂體，吾人須思考之，其對已發的理解爲情，故認爲吾人發顯於外之行爲，皆是定不住，必有一內在的未發之中爲之主，對於本心以寂體稱之，乃在提點吾人求之於內，已發之情皆是知覺，此或爲雙江之深意乎？

但吾人仍須注意一點，雙江明言「二者不可廢一，故常寂常感，常應常止，守靜制動之方」〔註146〕，只要其寂體常在、常明，其感應亦是隨機而動，不因靜而廢動，但感由寂發，體用之間實爲一主從關係，其間義理分殊，不可不明〔註147〕。

二、羅念菴之主靜制動

念菴爲學有三階段〔註148〕，細繹其學說的分水嶺，見於〈困辨錄序〉、〈困辨錄後序〉、〈讀困辨錄抄序〉三篇，其言曰：「昔者聞良知之學，悅之，以爲是非之心人皆有之，吾惟即所感以求其自然之則，其亦庶幾有據矣。已而察

〔註144〕聶雙江《聶豹集‧辯心》，頁567。

〔註145〕聶雙江《聶豹集‧答胡青厓》，頁293。

〔註146〕聶雙江《聶豹集‧答戴伯常》，頁356。

〔註147〕錢明於《陽明學的形成與發展》一書中提到：「由于主靜派把認識活動和道德修養識爲純粹『向裡』的『歸寂』過程，使本來『活潑潑』的王陽明的良知本體還原爲『寂然不動』、『隱而未發』、毫無生命力和創造力的虛幻道德本體。」見該書頁148。指出雙江在本體上因強調其爲未發，是以屢稱寂體，但對於錢書以爲雙江之本體爲毫無生命力與創造力的虛幻道德本體，則是以爲過當，就雙江之學來說，心體活動義易不顯，但其心亦能應外，是故以爲此說可再商榷。

〔註148〕「先生之學，始致力於踐履，中歸攝於寂靜，晚徹悟於仁體。」見《明儒學案‧江右王門學案三》，頁388。

之，執感以爲心，即免於爲感所役，吾之心，無時可息，則於是非者，亦將有時而淆也。」〔註149〕並且更進一步說，其言曰：「予嘗從此用力，竟無所入，蓋久而後悔之。」〔註150〕無法就良知的當下呈現見其本體〔註151〕，並認爲此種工夫手段，容易導致吾心逐於感，無有止息，故念菴自省其心曰：「昔之役役者，其逐於已發；而今之息者，其近於未發乎？」〔註152〕是以就念菴思想歷程而看，可說是始信龍溪而後疑之〔註153〕。在此之後，念菴學說，已有所轉向，與雙江契合，其二人對於主靜之說，則是「此處與兄幾番商量，幾番勘驗，暫合而復離，已然而復否，經十數年，齟齬而後定」〔註154〕。故吾人衡定其學，應以與雙江勘驗後定之。

　　念菴自言曰：「蓋自良知言之，無分於發與未發也。自知之所以能良言之，則固有未發者以主於中，而或至於不良，乃其發而不知反也。」〔註155〕就良知本體來說，無未發已發相對之相可言，但在此仍是以未發、已發的義理間架理解良知，故認爲：「夫未發之中，自不睹不聞中戒懼養成，到無不中時，即是致知，即是達道。」〔註156〕必先求未發之中無不中，而後致知無有不正，並以水爲喻〔註157〕，先求本體之清正，其發用才有無不中節之可能；念菴於《困辨錄》中論《易》的批注中，更直言「今混寂感體用而一之者，

〔註149〕羅念菴《羅洪先集·困辨錄序》，頁472。

〔註150〕羅念菴《羅洪先集·甲寅夏遊記》，頁81。

〔註151〕「此心果是一體，更何內外去取之別？大段但不屬見，都是實用，便自條理。」見羅念菴《羅洪先集·與胡正甫》，頁219。「寂感無二時，體用無二界，即使周、程復生，何以易此？」見羅念菴《羅洪先集·答陳明水》，頁197。「無內外可指、動靜可分，上下四方，往古來今，渾成一片，所謂無在而無不在。」見羅念菴《羅洪先集·答蔣道林》，頁298。「此心原無內外可言，以內外分，原是俗見。有內外，便有動靜。」見羅念菴《羅洪先集·與李石岡》，頁351。以上諸條皆可證明，其思想前期同意龍溪良知乃寂感一體、即寂即感之說。但念菴後期同意雙江之學，故吾人在衡定念菴思想時，應以後期思想定之，不可混清。

〔註152〕羅念菴《羅洪先集·困辨錄序》，頁472。

〔註153〕林月惠《良知學的轉折·羅念菴思想的中心課題與其思想的發展》，頁265～289。

〔註154〕聶雙江《聶豹集·答寄羅念菴太守十六首二》，頁284。

〔註155〕羅念菴《羅洪先集·困辨錄序》，頁472。

〔註156〕羅念菴《羅洪先集·答馬鍾陽都憲》，頁309。

〔註157〕「譬之於水，良知，源泉也；知覺，其流也。流不能不離於物，故須靜以澄汰之，與出於源泉者，其旨不能以不殊。」見羅念菴《羅洪先集·讀困辨錄抄序》，頁474。

不知何以**觀此書**」〔註158〕，在此則可知念菴是極力主張明分寂感體用。

另外，念菴對於良知本體的體證如下：「夫天地之化，有生有息，要之於穆者，其本也；良知之感，有動有靜，要之致虛者，其本也。本不虛，則知不能良。知其發也，其未發則良也。事物者，其應理者，其則也；應而不失其則，惟致虛者能之。故致虛者，乃所以致知也。」〔註159〕就其本體而言，乃是無分於動靜，但就良知之知，則是理解成知覺，為本體所發。認為良知是「常寂常虛，可卷可舒，全體廓如」〔註160〕，若能掌握其本源，則發用無有不當。

如上所述，雙江與念菴學問的思考脈絡近似，皆是以良知為未發純粹之本體，而已發為情，已經與未發層次不同，是將道器兩層隔斷〔註161〕。但念菴學說雖自證雙江之說後，有一轉向，但他在自我修持體證之後亦有所修正，並非被動全盤接受雙江之說〔註162〕。

念菴修正雙江之說，在於「心主乎內，應於外，而後有外，外其影也」〔註163〕及「未發，非體也。於未發之時，而見吾之寂體」〔註164〕二處，可知是對於雙江的未發本體進行修正。雙江嚴分寂感，未發已發，念菴亦同，但就心體本身，是無內外可言，其言曰：「夫未發，非時也；寂無體，不可見也。見之謂仁，見之謂知，道之鮮也。余懼見寂之非寂也，是故自其發而不出位者言之，謂之寂；自其常寂而通微者言之，謂之發。」〔註165〕心之已發未發，

〔註158〕聶雙江《聶豹集・辨神》，「易有太極，是生兩儀」句下批注，頁596。

〔註159〕羅念菴《羅洪先集・困辨錄後序》，頁473。

〔註160〕羅念菴《羅洪先集・書萬曰忠扇》，頁669。

〔註161〕張學智於《明代哲學史・羅汝芳的「赤子良心」之學》中提出：「聶豹、羅洪先則在道德理性中加入了經驗的成分。他們所謂歸寂主靜就是使良知加入形下內容，使道德理性成為先天本體與後天經驗的混合體。後天加入的東西破壞了道德理性自身作為立法者的尊嚴。」（頁264）以為雙江、念菴之良知乃是混形上形下為一。但筆者以為雙江、念菴的體用思考，以發用為形下，乃是對於經驗層次並非先天道德的問題特別警醒，就雙江與念菴多與主體用相即論點者，如龍溪、南野等人的多次論難可知，以為若言體用合一，乃是以見聞為良知，將經驗知識歸為良知，故不當言雙江與念菴是混先天與經驗為一。

〔註162〕「余始手箋是《錄》，以為字字句句無一弗少當於心。自今觀之，亦稍有辨矣。」見羅念菴《羅洪先集・讀困辨錄抄序》，頁474。

〔註163〕羅念菴《羅洪先集・讀困辨錄抄序》，頁475。

〔註164〕羅念菴《羅洪先集・讀困辨錄抄序》，頁475。

〔註165〕羅念菴《羅洪先集・讀困辨錄抄序》，頁475。

並非對著其時間先後來說。在此念菴思考的重點在於，雙江言未發之時言見吾人之體，則仍是以時言本體，若落於時中，則吾人所見之寂體，則是仍有爲外所牽引之慮，是以念菴認爲，就其本體而言，本來無已發未發可說，對於本體之「心無時，亦無體，執見而後有可指也」〔註166〕，念菴認爲有所可見者，皆是「言固不盡意也」〔註167〕，若將心體分爲內外，「果聖人之意哉」〔註168〕。

考索聶、羅二人對於體用之說法，其核心思想皆在寂感一源二分，但對於寂處，二子稍有不同。就雙江思想體系言之，其以未發爲本體，先求復吾心本然，而其所發之情，則無有不正，是以心爲未發，情爲已發，情仍是心應於外而發動者，故心仍有未發已發時動靜之別。但念菴進一步修正雙江之說，認爲心體本無歷時可言，心體乃是一整全而不可分的，因此不可用未發已發將心體分爲二。復次，念菴此說，吾人不可視之爲對龍溪學說的回歸，就本體處言，龍溪與念菴皆同意心體爲一，但就體用之關係，龍溪之體用皆收攝在良知上說，但念菴之體用仍是有形上形下之別，故念菴對龍溪的體用觀，仍然持一批評的態度，其言曰：「持原頭本體之見解，遂一任知覺之流行，而於見在工夫之持行，不識淵寂之歸宿，是以終身轉換，卒無所成。」〔註169〕以爲無工夫入路可言。故就體用關係論之，念菴認爲「良知愈致，其凝聚融結愈備。良知愈虛，知覺愈精，此非合內外乎？既合內外，則凡能致虛者，其必能格物，而自不落內外見解」〔註170〕，是以念菴之無分內外，不只是在本體上言，更是進一步就著本體與知覺之相合無間。以上乃是說明此三子對於體用之間的關係，不可不辨。

第三節　未發已發、寂感與格致義疏

本文所探討陽明後學七子體用觀，有兩大思考脈絡，除羅近溪時代略後於其他六子，其餘六子之間對於良知問題多有論難。黃宗羲於《明儒學案》中即言：「當時同門之言良知者，雖有淺深詳略之不同，而緒山、龍溪、東廓、

〔註166〕羅念菴《羅洪先集・讀困辨錄抄序》，頁475。
〔註167〕羅念菴《羅洪先集・讀困辨錄抄序》，頁475。
〔註168〕羅念菴《羅洪先集・讀困辨錄抄序》，頁475。
〔註169〕羅念菴《羅洪先集・答王龍溪》，頁209。
〔註170〕羅念菴《羅洪先集・答王龍溪》，頁210。

洛村、明水皆守『已發未發非有二候，致和即所以致中』。獨聶雙江以『歸寂為宗，功夫在於致中，而和即應之』。故同門環起難端，雙江往復良苦。微念菴，則雙江自傷其孤另矣。」〔註171〕此說已注意到王門後學中，對於體用問題的看法已有兩大系統的不同，一者即守著陽明體用為一，未發已發不可以時二分的教法，就在已發中見吾人之良知本體，其代表為緒山、龍溪、東廓、南野，在此雖未言及近溪，但就近溪對於體用的思考模式，同於前述四子。另一系統即是以雙江與念菴為代表，體用雖為一源，然因二子採取未發已發的思考模式，對於體用的理解是必先求體，而後才有用之可能，是以二子雖言體用一源，實已不同於上述諸子。職是之故，就著雙方體用觀的不同，彼此對於致知格物的問題，也就有不同看法，進而「有相同而相助者，有相異而相發者」〔註172〕就各自體證之所得而論。

本文在此擬從諸子間的書信往來，分疏各家對致知的看法，以下將分別從未發已發、寂感以及致知路向三者進行討論：

一、未發已發

王門後學中，因著對良知的體證不同，進行過多次論難，而已發未發的論題，乃是針對《中庸》：「喜怒哀樂之未發，謂之中；發而皆中節，謂之和。」〔註173〕而來。其中諸子於良知是未發之中一說，並無異見〔註174〕，但是就著

〔註171〕黃宗羲《明儒學案・江右王門學案二》，頁361。
〔註172〕歐陽南野《歐陽德集・答聶雙江二》，頁191。
〔註173〕朱熹《四書集註》，頁18。
〔註174〕諸子說法如下：「何謂良知心之本體？良知者，性之靈，性無不善，故知無不良，良知即是未發之中，只此二字，足以盡天下之道。」見王龍溪《王畿集・答吳悟齋》，頁251；「未發是發的主宰，發而中節，是未發的流貫，更無先後。」見鄒東廓《鄒守益集・浙游聚講問答》，頁769；「先師所謂未發在已發之中，而未嘗別有未發者存，無前後內外，而渾然一體者也。」見歐陽南野《歐陽德集・答聶雙江三》，頁131；「今只慮子心未必能坦蕩耳，若果坦蕩，到得極處，方可言未發之中，既全未發之中，又何患無中節之和耶？」見羅近溪《羅汝芳集・近溪子集・卷御》，頁137；「蓋良知者，未發之中也，不學不慮，自知自能。」見聶雙江《聶豹集・復古書院記》，頁133。「自知之所以能良言之，則固有未發者以主之於中。」見羅念菴《羅洪先集・困辨錄序》，頁472；並且，就主張良知為即體即用者，亦肯定雙江、念菴主張良知是未發之中的說法，但良知並非只是如此，此說法以下以龍溪回復雙江的書信為代表：「伏誦教言及所致緒山書，知我丈之學日造精身，洞悟未發之旨以為發用之根，謂良知自能知能覺，而不以知覺為良知，故孩提之愛敬，令人於未發處體驗。師門正法眼藏，得我丈一口道破，當下便有欛柄入手，不犯道理知

體用之間的關係，以及已發的界定，則有紛歧。此論題主要多見於諸子論學書信之中。對於良知未發已發的問題，龍溪、南野、東廓、緒山四子，皆與雙江進行論辯，以下分別就四子與雙江的論辯進行討論。

（一）未發已發為一

王門後學中，對於良知未發已發的問題，相互論難，其中對於體用思考為即體即用者，皆認為未發已發為一，並將未發已發皆收攝在良知上說。以下嘗試分別說明之。

就著體用合一的觀點來說，未發已發皆是指吾人之良知，未發言其體，已發言其用，並非可離用而求體，此為思考重心之所在。執此說者，有龍溪〔註175〕、南野〔註176〕，認為良知不可分前後內外，故而對於持良知有未發已發之分別者，提出了批評。

對於分裂未發已發者的批評，可分為二：其一，認為是在良知之前求未發，此說法有龍溪：「若良知之前別求未發，即是二乘沉空之學。」〔註177〕南野：「蓋即喜怒哀樂而求其未發之中，念念必有事焉，而莫非行其所無事，時時見在，刻刻完滿，非有未發以前未臨事底一段境界、一種工夫。」〔註178〕就吾人之良知而言，並非在良知之前有未發、未曾臨事的境界，此即陽明空鍋之喻〔註179〕，若是良知之前別有未發，此乃是無頭空性之學問，故龍溪批評為沉空之學，追逐光影〔註180〕，故提出質疑，認為未臨事之前的工夫，並

解分疏，有功於師門大矣！」見王龍溪《王畿集·答聶雙江》，頁199。

〔註175〕「良知即是未發之中，即是發而中節之和，此是千聖斬關第一義，所謂無前後內外、渾然一體者也。」見王龍溪《王畿集·致知議略》，頁130。

〔註176〕「先師所謂未發在已發中，而未嘗別有未發者存，無前後內外，而渾然一體者也。」歐陽南野《歐陽德集·答聶雙江三》，頁131。

〔註177〕王龍溪《王畿集·致知議略》，頁130。

〔註178〕歐陽南野《歐陽德集·答聶雙江三》，頁131。鄒東廓對於此說亦同聲贊許，與雙江論學的書信中，也以南野此處之論點質疑雙江，「南野子之簡，詳盡而周密。其曰：『致知之功，致其常寂之感，非離感以求寂也；致其大公之應，非無所應以為廓然也。時時見在，刻刻完滿，非有未發臨事前一段境界，一種工夫，免得臨事揣摩，入於義襲者也。』」見鄒東廓《鄒守益集·再答雙江》，頁542。

〔註179〕「今卻不去必有事上用工，而乃懸空守著一箇勿忘勿助。此正如燒鍋煮飯。鍋內不曾漬水下米，而乃專去添柴放火。不知畢竟煮出箇甚麼物來。吾恐火候未及調停，而鍋已先破裂矣。」見陳榮捷《王陽明傳習錄詳註集評》，頁266。

〔註180〕關於破光影的問題，羅近溪的工夫論重點即在此處顯，後文將有詳細說明。

非眞正的良知本體。其二，與求良知之前相對，認爲是在良知之外求已發，此說見龍溪：「良知之外別求已發，即是世儒依識之學。」〔註181〕若吾人在良知之外別去求一已發，龍溪則是批評爲世俗所謂的依識心了別，無有保證，故此非眞正良知之學，並且不可以之爲良知，在此立場之下，認爲求良知於已發，乃是格外物之義〔註182〕，龍溪直言：「或攝感以歸寂，或緣寂以起感，受症雖若不同，其爲未得良知之宗，則一而已。」〔註183〕不論是收攝吾人應感以回到未發之寂然本體，或是因寂體而起吾人之應感，皆非良知之眞旨。

（二）未發之時見良知

雙江對於良知的理解爲良知在未發之中見，是站在捍衛自身學說的立場，與龍溪等人進行論辯。先針對未發立言，雙江於〈致知議略〉中即開宗明義地針對未發已發進行說明：「先天之學，即養於未發之豫。豫則命由我立，道由我出，萬物皆備於我，故曰『先天而天弗違』。感於物而動其中，動而七情出焉，乘天時行，人力不得而與，與則助，助則去天遠矣，故曰『後天而奉天時』。……先天言其體，後天言其用。」〔註184〕其言先天之學乃是指吾人致良知之學，工夫是養於未發之豫，即是指致知工夫在吾人喜怒哀樂未發之前，故其言未發，乃是指良知〔註185〕。若能如此，則是從心所欲而不逾矩，吾人之心與天同體。而與先天相對者，即是後天之用，就其發用已是感於物而後動，乃是屬於情的層次，但就雙江言其七情若能乘天時行，即不違先天之體，則發用雖在情的層次上說，仍是無累於良知。在此需進一步考論雙江未發非體的意涵。承前所論，良知是未發之中，乃是諸子所肯認者，然而雙江此說，其意何在？在此是以未發已發說明心體的狀態，而其心體即是未發之中，或吾人可以中體稱之。而已發，並非指吾人心體所發者皆能中節，必先求吾人之寂體，在貞定了寂體的前提之下，萬事萬感也在寂體的保證之下，

〔註181〕王龍溪《王畿集·致知議略》，頁130。
〔註182〕此論題是在批評朱子學格物窮理之弊。將學術路向由格外物轉向求吾人心上之知，乃是陽明良知學對朱子學的一大扭轉，也是宋明理學史上的一大轉向，此說第一章已說明，可參。
〔註183〕王龍溪《王畿集·致知議略》，頁130。
〔註184〕聶雙江《聶豹集·致知議略》，頁375。
〔註185〕「愚謂未發非體也，於未發之時而見吾之寂體；發非和也，言發而吾之體凝然不動，萬感因之以爲節，故曰中也者，和也。」見聶雙江《聶豹集·答歐陽南野太史三首三》，頁246。

才能有發而中節之和，否則「發斯妄矣」〔註186〕。故在此思考之下，雙江對於未發已發的論點，則是指吾人的心體狀態，在已發之時，心體已有應感於外，可得見其未發之前，寂然不動之本體。若明此，南野對於雙江的批評，則是對於雙江以未發已發來說明心體狀態，是在未發之前別有一段工夫，其出發點在此。

在此思考之下，雙江對於以良知爲不分未發已發者，是「夫以知覺爲良知，是以已發作未發以推行爲致知，是以助長爲養苗」〔註187〕，良知是未發之中，雙方皆肯認之，但雙江認爲已發非良知，乃是屬於知覺，是一意識活動，致知於事事物物之上，乃是情用，已非本體，則龍溪等人所言致知，乃是致此知於發用流行上，如此必非致吾人之良知。並且良知若眞如龍溪所言之未分，則是混性情爲一。雙江即以龍溪曾言良知是未發之中質問之〔註188〕，顯示無法贊同龍溪等人未發已發不分之思考。

透過以上的說明後，將針對雙方對於未發已發思考的差別，從幾個論題進行梳理。

其一，對於未發已發的界定不同，各有脈絡。龍溪等人皆認爲未發已發均在良知上說，而未發爲體，已發爲用，是以其體用皆收在良知上說，是一道德本體的思考。但從雙江的思考出發，未發已發乃是指情的出現與否，故未發已發都不在良知上說，乃是情的狀態，是以龍溪、南野等人與雙江的書信中，皆直指雙江之良知本體，不應在未發之前求之。就龍溪等所言未發是指本體，即雙江所言未發之中，但雙江所強調未發之中，並非未發。就著雙江將體用分爲形上形下兩層次而言，必定明分性情，故認爲龍溪等人將未發已發合一，乃是混淆良知的純粹性，雙江體證之良知，道德形上本體的意味重，重視良知作爲根源的純粹性。

〔註186〕聶雙江《聶豹集・答歐陽南野太史三首二》，頁239。

〔註187〕聶雙江《聶豹集・答歐陽南野太史二》，頁239。

〔註188〕「以爲『良知是未發之中』，先生嘗有是言。先生曰：人只要成就自家一個心體，則用在其中，自然有發而中節之和，自然無施不可。若曰良知亦即是發而中節之和，詞涉迫促。」見聶雙江《聶豹集・致知議略》，頁376。龍溪此語可見龍溪〈答吳悟齋〉一書，但吾人衡定一家學說，必以其整體思想言之，不可抓住一話頭即非難之，於同一書中稍後之處，即可見龍溪以爲良知乃不可分裂爲未發已發。其文如下：「良知者，性之靈，性無不善，故知無不良，良知即是未發之中，只此二字，足以盡天下之通。……所謂未發在已發之中，而已發之前，未嘗別有未發在，無前後內外而渾然一體者也。」見王龍溪《王畿集・答吳悟齋》，頁251。

其二，對於「情」此一概念的歸屬不同，此一概念在雙方體用脈絡下，置於形下層次無疑，但是在雙江處是直接以已發爲情，龍溪等人則是未發已發皆收攝於良知之上，故雙方論學時，站在自身體證的背景之下，雙江必以爲龍溪等將未發已發收攝於良知上的說法，乃是混見聞、情識於吾人之心體，此心必非良知。龍溪等則必不以爲已發爲情，其已發乃是良知的能動性，是以不認同雙江的批評，反而認爲雙江爲割裂良知，解消良知的能動性。

然而，在此就雙方論學的異處，不可只以雙方對未發已發理解不同，即輕鬆帶過，就南野回應雙江的書信中，直言曰：「忖測尊意，必以知是知非者，心之用也；感物而動，莫顯莫見者也。心體貞靜隱微，所謂未發之中，不可以知是知非者也。體立用行，靜虛動直，而是是非非各中其節，不得其體而從事於用，則末矣。」〔註189〕南野此處即直接說明對雙江體用的理解，認爲雙江對良知的道德判斷力，乃是良知之發用，道德判斷必定對應到經驗層次。然而在雙江的思考，只要涉及經驗層次，即非純粹的道德。良知知是知非的能力，並非雙江工夫首出的觀念，因爲當保證吾人良知之純粹至善之後，其發用乃是各中其節，無有偏失，故認爲不得其本體，而專致良知於事事物物上的道德判斷，則已是工夫之末矣。就此處南野的理解，可說是能夠體貼雙江體用論的精微處，但南野等人對雙江的質疑，則是在於如何保證未發之中應物仍是無有偏失，並且就雙江減殺良知的道德判斷義，實已與陽明良知學有所不同，故仍是無法認同之。

二、寂感

順著未發已發的論題思考，雙方對於寂感的討論也大異其趣。雙江與念菴多以寂體稱說良知本體，而以應感爲良知之效用，寂與感乃是分屬不同層次。但順著龍溪、緒山、東廓、南野等人對未發已發的思考，皆是以良知收攝之，其未發已發都從心體上說，故認爲寂感皆是吾人良知，並非可二分。雙方對於寂感問題亦多次相互論難，以下將分析說明之。

（一）即寂即感

龍溪認爲：「良知者，無所思爲，自然之明覺，即寂而感行焉，寂非內也；即感而寂存焉，感非外也。」〔註190〕對於寂感問題的思考，是即寂即感，並

〔註189〕歐陽南野《歐陽德集・寄聶雙江一》，頁129。
〔註190〕王龍溪《王畿集・致知議略》，頁131。

非可以寂為內，感為外，因為就吾人良知呈現之時，寂感是同時呈現，當下即是，並非可以內外、時間先後分說。「感生於寂，寂不離感。捨寂而緣感謂之逐物，離感而守寂謂之泥虛。夫寂者，未發之中，先天之學也。未發之功，卻在發上用，先天之功，卻在後天上用」〔註191〕。感雖由寂而生，但是吾人本心之呈現，必在事事物物上，此事物指行為物，若是不能真正體會良知為寂感不離，偏看感的一面，則是中無所主，逐物而不返；若離感守寂，則是將良知架空，易有不應事之病。龍溪對於寂體的理解是未發之中，先天之學無疑義，但是吾人良知必在後天之發用上顯，「良知是寂然之體，物是所感之用」〔註192〕。在此明顯可見，龍溪將寂感皆歸在良知，而物為感之用，此處之用並非發用之義，物乃是統攝在良知之下，為良知所主宰，由良知賦予其價值意義。另外，對於心與意的關係，「先天是心，後天是意」〔註193〕，意乃是後天之發用，已屬於經驗層次，但是吾人之心體並不可單提一本體，而不應事，是以良知必作用於意。

　　南野對於寂感的問題，也提出了他的見解：「夫良知者，常寂常感，常應常廓然。未能寂然，則其感必不通；未能廓然大公，則其應必不順。故致知之功，致其常寂之感，非離感以求寂也；致其大公之應，非無所應以為廓然也。」〔註194〕認為寂感皆為吾人之良知，並非可二分，若強分二者，並不能真正得良知之本義。但相較於龍溪將寂感皆收攝於良知上，南野所謂寂指良知本體無誤，然對於感來說，龍溪仍是指吾人本心的發動力，南野所謂感應指形而下的情〔註195〕。承前所論，南野思考體用的重點在於道器之間的關係，對於未發已發的思考為「即喜怒哀樂而求其未發之中」〔註196〕，是以對於感的說明，已將感歸於喜怒哀樂的層次。故南野雖仍以寂感為一，但其寂感的歸屬，已明顯不同於龍溪，則南野此處所言寂感之間的關係，乃是寂必在感中求，是即器求道，與其道器合一的體用觀相合。另外東廓亦討論寂感的問題，其言曰：「先師之旨，亦曰致吾心之良知於事事物物之間，寂感內外，通

〔註191〕王龍溪《王畿集‧致知議辯》，頁133。
〔註192〕王龍溪《王畿集‧致知議辯》，頁133。
〔註193〕王龍溪《王畿集‧致知議辯》，頁133。
〔註194〕歐陽南野《歐陽德集‧寄聶雙江三》，頁131。
〔註195〕「夫良知之應感變化，如視聽言動、喜怒哀樂之類。無良知，則感應變化何所從出？然非感應變化，則亦無以見其所謂良知者。」見歐陽南野《歐陽德集‧答聶雙江二》，頁186。
〔註196〕歐陽南野《歐陽德集‧寄聶雙江三》，頁131。

一無二，故庸德之行，庸言之謹，便是聖門致知格物樣子，即此是集義，即此是致中和。寂然不動者，未發之中；感而遂通者，發而中節之和。」〔註197〕對於寂感的思考，東廓雖也以之為不二，不可分別。但就東廓對體用的思考來說，其寂感之思考模式，仍是近於南野。

上述諸子雖皆以寂感為一，但是其中仍有所別，其一即是以龍溪為代表，將寂感皆收攝在良知上說，其二即是以南野為代表，雖然認為寂感為一，並且就寂的一面來說，與龍溪無有分別；但是就感的理解不同，龍溪首出的概念乃是在說明良知的能動性，南野以情為感，則是考慮道器之間關係為第一義。在此須說明，就寂感為一的理解下，對於寂感為一的大方向相同，但對於感的理解不同，則是因為各自觀念中理氣之間的關係不同所造成。就龍溪來說，其氣乃是一獨行的觀念，氣的價值在於吾人良知的參贊；但是南野在理器不分的思考之下，較能重視氣的存在。是以雙方在首出概念的不同，進而在感的理解有所差異，但雙方皆認同者，必在感上求寂，差別一在於吾人良知之發動時，見吾人之良知；一在於氣中見性。

（二）寂先感後

雙江對於寂感的思考，則是另一脈絡，「致虛守寂，方是不睹不聞之學，歸根復命之要。……形聲俱泯，是則寂以主感，靜以御乎動，顯微顯見，通一無二是也」〔註198〕。就雙江的思考，其言致虛守寂，乃是一工夫義，致守為工夫，虛、寂為本體，故在寂感的思考中，乃是以寂為本體，感為發用，寂為感的主宰，寂感並非為同一層次上的概念，而是一上下主從的關係〔註199〕。

雙江又認為：「夫無時不寂，無時不感者，心之體也；感惟其時，而主之以寂者，學問之功也。故謂寂感有二時者，非也；謂工夫無分於寂感，而不知歸寂以主夫感者，又豈得為是哉？」〔註200〕在此將寂感的問題以本體與工夫兩個層次分開說明，從本體上說，吾人之心體，本不可以寂感分，並非無寂感可說，但是從工夫上立言，則是有寂感之別。就雙江在本體上的思考來說，其本體是不涉及經驗知識，故以之為一寂然不動之本體。但是就工夫上

〔註197〕鄒東廓《鄒守益集‧簡復聶雙江》，頁540。
〔註198〕聶雙江《聶豹集‧致知議略》，頁378。
〔註199〕「夫子於咸卦，特地提出虛寂二字以立感應之本。」見聶雙江《聶豹集‧致知議略》，頁378。
〔註200〕聶雙江《聶豹集‧答東廓鄒司成四首一》，頁261。

說，吾人必做一歸寂的工夫，即如何回歸到本體。因此，應感為此心體之效用，故必嚴分寂感，若不明確分別，在雙江的思考來說，便是混本體與經驗為一，此為雙江論寂感的基本態度。

雙江對龍溪寂感內外圓融的思考曾提出質疑，「寂性之體，天地之根也，而曰『非內』，果在外乎？感情之用，形器之跡也，而曰『非外』，果在內乎？」〔註201〕雙江直接點出寂體，乃吾人未發之中，寂體即心即性即理，是以若非內在於吾人將何在焉？對於情感之用是已發，有形跡可見，若非外在於吾人，則在內乎？在此雙江的批評是站在形跡之有無上說，寂體乃無聲無臭，並非有形跡可見，良知為內在性〔註202〕，故雙江的思考在此，認為龍溪不分寂感、寂感皆為吾人之良知的說法，乃是混淆內外，即是將良知感發、形下之層次收在良知上說。但是就龍溪言寂非內也，感非外也，並非是站在形體之有無上立說，乃是以二者不可分離出發，分內分外是將良知分裂。故二者因對於寂感的歸屬不同，進而在學問上亦有所出入。

另外，針對南野論寂感的問題，雙江認為：「竊謂良知本寂，感於物而後有知，知其發也，不可遂以知發為良知，而忘其發之所自也。心主乎內，應於外而後有外，外其影也，不可以其外應者為心，而遂求心於外也。」〔註203〕就著南野與雙江對於感的界定，皆是以之為形下的層次，雙江以為感為情，乃是交物而後有，其知已非吾人純粹至善之良知，乃是應於外物而後有，即前文所論，雙江的體用界定乃是減殺良知知是知非的道德判斷，故從雙江的知來說，已非吾人之心體，是以其發用乃是吾人心體之影，非可以之為吾人心體，若求吾人之本心於外，良知則不可得。

在此可以明顯看出二子的思考不同，在南野道器不分的思考之下，認為吾人必擴充此良知於事事物物，氣質則為吾人之用，是以二者乃是不可分。但是就雙江以寂為內，感為外，其感既已非吾人純粹之心體，於感上求心必不可得，感發乃是寂體之效用〔註204〕。而南野亦即針對此說直指雙江以發用

〔註201〕聶雙江《聶豹集・致知議略》，頁376。
〔註202〕「此中無限智心不被對象化個體化而為人格神，但只是一超越的，普遍的道德本體（賅括天地萬物而言者）而可由人或一切理性存有而體現者。此無限智心之為超越的與人格神之為超越的不同，此後者是只超越而不內在，但前者之為超越是既超越而又內在。」見牟宗三《圓善論・附錄：「存有論」一詞之附注》，頁340。
〔註203〕聶雙江《聶豹集・答歐陽南野太史三首三》，頁241。
〔註204〕「夫本原之地，要不外乎不睹不聞之寂體也。不睹不聞之寂體，若因感應變

為本體效驗之義，已非體用一源〔註205〕，可知二子因著體用關係的思考不同，進而對感發的界定也有所不同。

雙江曾指出後學中對於其寂感論的誤解，其言曰：「比嘗以此語諸同志，或然或否，而其所以疑之者，有三訛焉。其一謂，道不可須臾離也，今日動處無功，是離之也；其一謂，道無分於動靜也，今日工夫只是主靜，是二之也；其一謂，心事合一，仁體事而無不在，今日感應流行著不得力，是脫略事為，類於禪悟也。」〔註206〕他人之批評大致可歸為二類，其一，認為雙江工夫為歸寂，則於動處，即應感之處無工夫，是寂而離感；又吾人之仁體本心必與事物不離，即體物不離，但是雙江工夫不在事上，其言求吾人之心體，則是類似禪家不應事，只是求個心體之妙悟。然而雙江認為其批評不當，前述所批評者，乃是禪家〔註207〕，並非其歸寂之說，「今乃歸寂以通天下之感，致虛以立天下之有，主靜以該天下之動」〔註208〕，故雙江不認為自身說法離道。上述批評，離寂而感者，乃是在心體活動的應感上說；脫略事為者，其思考重心則在於格物上說，但二者皆是針對良知的發用處說，故合為一類討論之。其二，認為雙江分道為動靜，歸寂工夫是主靜工夫，乃是析道為二。但雙江言道乃是言其心為定體，而動靜只是以時言，並非以其心為吾人就現象上所見之靜而已〔註209〕，是以他人批評雙江以主靜為工夫，是不見其從本體上來看，寂體無動靜可分之意，然有寂體為之主，是以現象上說的動靜皆因寂體而貞定。以上即為雙江對他人批評的回應。也由此可知，造成此論辯，其原因皆在其思考型態的差異上。

化而後有，即感應變化而致之，是也；實則所以主宰乎感應變化，而感應變化乃吾寂體之標末耳。」見聶雙江《聶豹集・答歐陽南野太史三首三》，頁241。

〔註205〕「先師所謂未發在已發中，而未嘗別有未發者存，無前後內外，而渾然一體者也。如曰能食，便自能飽；能飲，便自能醉。是執事所主功夫效驗之義。蓋微有先後之差，而異乎體用一源者矣。」見歐陽南野《歐陽德集・寄聶雙江三》，頁131。

〔註206〕聶雙江《聶豹集・答東廓鄒司成四首一》，頁262。

〔註207〕「夫禪之異於儒者，以感應為塵煩，一切斷除而寂滅之，誠有於是，詆之為禪非過也。」見聶雙江《聶豹集・答東廓鄒司成四首一》，頁262。

〔註208〕聶雙江《聶豹集・答東廓鄒司成四首一》，頁262。

〔註209〕「動亦定，靜亦定，動靜者時也，而定無時也。」見聶雙江《聶豹集・答東廓鄒司成四首一》，頁262。

三、致知路向

　　諸子對於體用的思考不同，進而引發雙方對於致知問題的討論，龍溪、緒山、南野、東廓等人，皆以致知爲致良知於事事物物，是以其致良知之意乃是向前推出，但雙江與念菴對於致知的理解，則爲致吾人心上之知，其致知義乃是回到心上，以下試說明之。

（一）致知在格物

　　就即體即用來說，致知都在格物上說，就是致知工夫落實在格物上，龍溪提出：「知之與物，無復先後可分，故曰『致知在格物』。致知工夫在格物上用，猶云《大學》明德在親民上用，離了親民更無學也。良知是天然之則，格者正也，物猶事也，格物云者，致此良知之天則於事事物物。」〔註210〕在此可清楚得知致知與格物之間的關係，是致知工夫在格物上用，格物乃是正物之意，而良知是格物的標準，是以致良知於事事物物，即是以良知正物之意。就龍溪思考，其知爲至善之本體，無工夫可用，但知所發爲意，意必關連到經驗，其格物乃爲正事，即是格吾人之行爲物，使不正以歸於正，故致知與格物乃是不可二分，若二分則是分別本體與工夫，二者皆將落空。

　　另外緒山在〈答聶雙江〉一文中，明白指出：「今所指吾心之斑垢駁雜者，非以氣拘物蔽而言乎？既曰氣拘，曰物蔽，則吾心之斑垢駁雜，由人情事物之感而後有也。既由人情事物之感而後有，而今之致知也，則將於未涉人情事物之感之前，而先加致之之功，則夫所謂致之之功者，又將何所施耶？」〔註211〕緒山以爲心體乃是至善澄明者，而吾人之病痛乃是從氣上說，即是心蔽於物而後所發之意不善。是以從緒山的觀點而看，吾人心之所發有不善者，必在外物牽引之後，在此思考之下，致知必定是就著人情事物上說，若未應事之前，則心體無染，何有致知之工夫？

　　在此大前提之下，與認爲格物無工夫者進行討論。雙江提出以良知爲主腦的說法〔註212〕，是後學中的共識，但是對於格物的理解，則是大有不同，認爲雙江格物無工夫的說法，乃是矯枉過正，以病害法之學問〔註213〕。故

〔註210〕王龍溪《王畿集・致知議辯》，頁133。
〔註211〕錢緒山《徐愛　錢德洪　董澐集・錢德洪語錄詩文輯佚・答聶雙江》，頁153。
〔註212〕「吾兄憫學者格物之誤陷於義襲，卻提出良知頭腦，使就集義上用功，可謂良工苦心矣。」見鄒東廓《鄒守益集・簡復聶雙江》，頁540。
〔註213〕「遂謂格物無所用其功，則矯枉過直，其於『致知在格物』五字，終有未瑩。」

龍溪曾針對此問題與念菴進行討論，其言曰：「吾人見在感應，隨物流轉，固是失卻主宰，若曰吾惟於此處收斂握固，便有樞可執，認以爲致知之實，未免猶落內外二見。……雙江丈來書，見教立本之旨，於良知誠有所發，但格物處尚須有商量。所謂『致知在格物』，言致知全在格物上，猶云捨格物更無致知工夫也。……致知不在格物，便是著空。」〔註214〕就念菴對應感的理解來說，是逐物不返，必以吾人心體爲一主宰，此點後學皆能認同，但是對於良知學的體認，並不能只停滯於此〔註215〕，認爲致良知，只是求致吾人心上之知，此乃是落於內外兩見，破裂心體。致知與格物的關係，必在格物中見吾人之心體，若是將二者分開，則是懸空心體。更進一步的說，南野從道器爲一的思考出發，對此論題亦言：「夫知以事爲體，以知爲則，不能皆循其知，則知不能皆致極其至。故致知在格物，格物以致知，然後爲全功。後世以格物爲功者，既入於揣摩義襲，而不知有致知之物；以致知爲功者，又近於『圓覺』、『眞空』，而不知有格物之物。」〔註216〕就著南野的思考，知、事乃是一體整全，必在事上見吾人之心體，而事必循著吾人之良知而動，故致知與格物乃是不可二分，良知之學必不偏離致知與格物。因此分別致知與格物爲二者，認爲良知工夫只有格物，而不見良知心體貞定的力量，其格物乃是落入了揣摩義襲，並非眞正從吾人的良知出發，此之法則，非發自吾人之內心，其行爲皆是以己揣度，乃是由仁義行，非行仁義者也。對於只見致知而不見格物者，南野認爲其只是見其心體，而不見其應事。

統觀以上諸子對格物的理解，可明白看出其致良知之意，乃是致吾心之良知於事事物物之上，以吾人之良知爲一判準，就在事物之中呈現吾人的良知，在事物之中起一道德判斷的作用，故致知在格物之中，其深意在此。

（二）致心上之知

雙江與念菴的思考，必以「致上見得分明，即格物之義自具」〔註217〕爲代表，故二子以格物爲致知之效應，必先求吾人之心體，正本清源，而後枝

見鄒東廓《鄒守益集·簡復轟雙江》，頁540。
〔註214〕王龍溪《王畿集·答羅念菴》，頁234。
〔註215〕「欲懲學者不用工夫之病，並其本體而疑之，或亦矯枉之過也。」見王龍溪《王畿集·與羅念菴》，頁236。
〔註216〕歐陽南野《歐陽德集·寄轟雙江三》，頁132。
〔註217〕羅念菴《羅洪先集·答王龍溪》，頁210。

葉莫不條暢，在此思考之下，其致知義不同於前述諸子。

　　雙江站在捍衛自家學說的立場上，提出對致知的說明，其言曰：「致知云者，充滿吾虛靈本體之量，而不以一毫意欲自蔽，是謂先天之體，未發之中。」〔註218〕是故雙江所體證的致知，乃是致吾人本體之知，使心體不起意〔註219〕。心體不起意，則吾人之良知無意欲之障。可知雙江之致知，是在保持心體的澄明，無有意欲之干擾。如此，致知格物之間的關係爲：「致知者，致其寂體之知，養其虛靈，一物不著；感而遂通天下之故，即格物也。」〔註220〕致知之工夫，乃是使吾人之心體澄明，不起意欲，此即爲致知，就在此良知之清明無偏之下，外物皆爲我良知之效應者，此即是雙江所謂的格物。

　　在此理解之下，雙江對於致知在格物的說法提出質疑，「愚夫愚婦之知，未動於意欲之時，與聖人同，是也。則夫致知之功，要在意欲之不動，非以周乎物而不過之爲致也。」〔註221〕此處對於良知的普遍性，亦予以肯定，但是其前提乃是未動於意欲之時，若動於意欲，則已非其本心，故雙江認爲，致知之工夫必在求吾人意欲不動之前的良知本體，致知的工夫並非是能周遍萬物。更進一步以鏡喻說明：「鏡懸於此，而物來自照，則所照者廣。若執鏡隨物，以鑑其形，所照幾何？延平此喻，未爲無見。致知如磨鏡，格物如鏡之照。謬謂格物無工夫者，以此。」〔註222〕其鏡乃譬吾人之良知，並批評龍溪以格物爲致知之實下手處，是隨物而轉，而自限於物。是以其言致知如磨鏡，鏡上之駁雜乃是意欲之所起，欲回歸吾人至善之本心，必致吾人心上之知，而不起意欲。又批評緒山之說法，乃是：「今不養善根，而求好色之好；不拔惡根，而求惡臭之惡，好謂苟且徇外而爲人也，而可謂之誠乎？」〔註223〕以緒山看的心體太容易，若不先求吾人之心體明澈，在進行道德判斷之時，如何保證此判斷爲一從吾人之心體所發，不有偏失。

　　另外，針對南野批評自己的致知乃是偏於圓覺的佛家思考，雙江亦駁斥之：「吾儒之致知乃在格物，而釋氏以事物之應感，皆吾寂體之幻妄，一切斷除而絕滅之，比之儒者感而遂通天下之故，則毫釐千里矣。蓋感而遂通天下

〔註218〕聶雙江《聶豹集·答錢緒山》，頁302。
〔註219〕「蓋意者心之發，亦心之障也。」見聶雙江《聶豹集·答錢緒山》，頁302。
〔註220〕聶雙江《聶豹集·答歐陽南野太史三首三》，頁244。
〔註221〕聶雙江《聶豹集·致知議略》，頁381。
〔註222〕聶雙江《聶豹集·致知議略》，頁382。
〔註223〕聶雙江《聶豹集·答錢緒山》，頁302。

之故，即是格物，即是明明德於天下，即是以天地萬物爲一體。」〔註224〕雙江之學重在致吾人心上之知，並非以此爲不應物，回應南野的質問時，亦清楚點出儒家與佛家的不同處。佛家對於人間世的一切，皆是以之爲緣起性空，萬法皆無自性，現世的一切是假、權，乃是定不住的，而將價值定在彼岸，是以佛家對於格物之說，並不正面肯定其價值。但雙江以爲儒門與佛家最大的不同點，就在於格物之學，就儒家來說，其價值就在吾人當下的努力，步步皆實。在此思考之下，雙江必不認爲其學爲不應世、不格物，只是雙江與南野因其體用觀的不同，而產生不同的理解。

就雙江的思考脈絡來說，其所言之致知，乃是致吾人心上之知，其思考問題的首發概念，皆是在如何保證吾人良知的純粹性，故其致的工夫，是收在心上說，若以爲心體純粹，則格物之效驗必能合節〔註225〕。

統觀本文所論後學諸子的體用關係來說，實可分爲兩大系統，以龍溪、緒山、南野、東廓、近溪等人思考模式，可稱爲陽明嫡傳能夠眞正體貼陽明學說，相較之下，雙江與念菴的思考則與陽明即用見體不同。然而也因諸子對體用的思考不同，彼此之間對良知的討論，更豐富了陽明後學的義理內涵。若吾人能夠掌握住後學中體用關係的異同，以此衡定諸子學問的異同，並理解其思考核心所在，則可在此基礎之下，進行諸子工夫論分疏的工作。

〔註224〕聶雙江《聶豹集・答歐陽南野太史三首三》，頁248。

〔註225〕「致知者，必充滿其虛靈本體之量，以立天下之大本，使之發無不良，是謂貫顯微內外爲一之也。」見聶雙江《聶豹集・答東廓鄒司成四首三》，頁264。

彭仰琪對於龍溪與雙江對格物有無工夫的問題，其意見同於本文，見《良知學的兩個路向・王龍溪、聶雙江與王陽明良知學的比較》（國立中正大學中國文學研究所碩士論文，1999年），頁69～71。

第四章　工夫論

　　本章主要討論王門後學諸子的工夫入路。前章先已衡定王門諸子體用的架構模式，而工夫論的重點，則在於如何落實道德實踐的工夫進程，以下將針對諸子的工夫論進行討論。

第一節　王龍溪之先天正心後天誠意

　　龍溪在其工夫入路上，提出了所謂的先天之學與後天之學，此節將對此二者加以說明。

一、先天正心

　　龍溪的先天正心之學，即其工夫論中最具特色的教法，以下說明之。

（一）心上立根

　　龍溪的先天之學，是就陽明的四句教法上說，其工夫乃是立基於本體，即本心良知，先天之學乃是從心上立根，以良知爲根基。其言曰：「但從心上立根，無善無惡之心，即是無善無惡之意，先天統後天，上根之器也。」〔註1〕說明吾人之工夫，若是從心上立根基，在良知至善的保證之下，意也是無善惡相對之意，是無善無惡，可視爲超越善惡的形上本體，不與惡對，無惡相亦無善相，在天爲性，在人爲心，心與性同〔註2〕。是以：「若悟得心是

〔註1〕　王龍溪《王畿集・答馮緯川》，頁243。
〔註2〕　高瑋謙對龍溪四無說中，心與意之間的理解同於本文，其言曰：「龍溪『四無』說之成立，主要是著眼於『意』原是『本心自然之用』。此義信得過，則『意』統於『心』，自然無善惡兩歧之分化。」見《王龍溪『見在良知』說研究・王

-71-

無善無惡之心，意即是無善無惡之意，知即是無善無惡之知，物即是無善無惡之物。」〔註3〕

就著陽明四句教中之有善有惡意之動，意乃是本心所發，但爲何在陽明處言有善有惡？意的發動，一旦落入形下經驗，必定關連著人的氣性一面，動於氣，循順人的形軀，是以在經驗中會有惡的出現，然而惡不是良知本有，而是落在經驗中出現，是以保證了心體的至善。在此解釋了至善本心所發動的意，爲何有善有惡，說明了何以出現。

龍溪立根於心的先天之學，乃是「本心之明，不由學慮而得，先天之學也」〔註4〕。良知不由思慮而得，不由經驗而定，就在當下呈現，自反即得；若能以先天統後天，則意能夠不循物而動，一任其本心，自然也是無善無惡。雖然人之生命必有其氣性的一面，但上根之人爲氣質所蔽者少，若能一悟良知，則全體即化。

所以在心上立根的先天之學，在當下體悟到心是無善無惡，而心所發之意，必定全同於本心，亦無善無惡，良知判斷也是至善而不落於善惡相對之知；因而行爲物也一定也會在心體一貫的保證之下，無善無惡〔註5〕。是以龍溪所言先天之學，是「不學不慮，存體應用，周萬物而不過其則，所謂『先天而天弗違，後天而奉天時』也」〔註6〕，從心所欲，而不逾矩。

（二）即本體便是工夫

依著上節所言而論工夫，就是當下良知的展現，是以龍溪直言曰：「夫聖賢之學，致之雖一，而所入不同，從頓入者，即本體以爲工夫，天機常運，終日兢業保任，不離性體，雖有欲念，一覺便化，不致爲累，所謂性之也。」

龍溪『見在良知』說之義理傳承》（中國文化大學哲學研究所博士論文，2007年），頁73。

〔註3〕 王龍溪《王畿集・天泉證道紀》，頁1。

〔註4〕 王龍溪《王畿集・致知議略》，頁130。

〔註5〕 陳來《宋明理學・明代中後期的理學》（上海：華東師範大學出版社，2004年3月，頁254～255）以爲若只講四無，則無法區分儒家與佛家，也不能把儒家知善知惡，爲善去惡的義理性格有一恰當的表示。其以龍溪之學爲從有歸無的過程，並以爲龍溪將陽明的良知轉化爲佛家的清靜本心。此說法是從另外的角度判斷龍溪之學，就以上所討論龍溪所言的良知，必同於陽明無虞。對於思想的衡定，必定落在其義理體系中做判斷，故本文在此認爲，是否可以直接將龍溪之學定爲與佛家無所別，是需要再思考的。

〔註6〕 王龍溪《王畿集・陸五臺贈言》，頁445。

〔註7〕此處所說的工夫，不是一般所言的工夫義，因為其心即性即天，雖有所欲，但能夠自省、覺察，良知一覺便化，即是至誠無妄，不會有所偏失，只要時時保任，就可以無過。是以在此之工夫，實無對治可言，純是其心意知物，與天地流行合一，沒有走作，沒有人欲所累。「其為一教法似乎只是對上根人之『性之』而說，所謂天縱之聖」〔註8〕，可謂頓悟之學。

但是必須注意，龍溪之學並不是將良知看得太容易，而不作工夫。若以每個人都自信其本心不過，不作工夫，即以此為良知之自然，則是未真能理解龍溪此義。在龍溪說到即本體便是工夫，都是連著聖人申說〔註9〕，是以龍溪亦明白，只有修養達到聖人境界，才能夠自信其心而不過。近人分派以龍溪為現成派〔註10〕，就此說心體，則是無誤，良知俱在，途人與聖人同，但是聖人之心不離性體，而常人之心，或障於形下物欲，不能一覺便化，是以常人仍須作工夫。所以就人之良知當下呈現說現成可，若就此說不用工夫則非。

陽明自言其四句教為不可改易之法，但龍溪提出先天之學，是否違背了陽明的教法？龍溪正好發明良知教的最高理境。就著陽明的四句教，並沒有說明人經過了致良知的修養工夫後，所能夠達到的最高境界。就此而言，陽明當然是站在其教法，同接上下根器，乃是徹上徹下來說。雖未正面展開四無之說，卻仍是隱有此意，陽明亦說：「汝中所見，我久欲發，恐人信不及，

〔註7〕 王龍溪《王畿集・松原晤語壽念菴羅丈》，頁393。
〔註8〕 牟宗三《從陸象山到劉蕺山》，頁281。
〔註9〕 「聖人本體無欲，時時保任緝熙，即本體便是工夫。見王龍溪《王畿集・與趙尚莘》，頁227。「盡其性，以盡人物之性：參贊化育，以成天地之能，聖人至誠無妄之學也。」見王龍溪《王畿集・大象義述》，頁661。
〔註10〕 〔日〕岡田武彥《王陽明與明末儒學》其書將王門後學分為三派：現成派（左派）以王龍溪、王心齋為代表：歸寂派（右派）以聶雙江、羅念菴為代表；修證派（正統派）以鄒東廓、歐陽南野為代表。但在此處，其以龍溪為現成派的理由，必須加以辨析：「他們強調當下現成，視工夫為本體之障礙而加以拋棄，並直接把吾心的自然流行當作本體與性命。……他們輕視工夫，動輒隨任純樸的自然性情，或者隨任知解情識，從而陷入任情懸空之弊。」（頁103～104）此處是以本體否定工夫，但龍溪言現成良知，乃是就良知之至善，不犯作手處說，「夫良知本來是真，不假修證，只緣人我愛憎，分別障重，未免多欲之累，纔有所謂學問之功」（《王畿集・答茅治卿》，頁230），可見龍溪並非不言工夫，其工夫在別去愛憎欲求耳。心為欲障，本心自是無善惡，但並非不作工夫，是以岡田在此對龍溪的判斷，可再商榷。
另外，錢明據此分派，進一步以龍溪為虛無派，以為龍溪在心本體論上始終一貫的堅持這一理念，而致使人放棄為善去惡的修行工夫，見其《陽明學的形成與發展》，頁132～136。

徒增躐等之病。」〔註 11〕龍溪則是點出，修養到最高處，可以達到與聖人同高的境界，是以給人一個企慕的嚮往，並且也將陽明學推到圓教〔註 12〕的高度，說明了人的無限可能。所以龍溪此說是發陽明的高致，陽明也說此是接上根之人，是其隱而不發，今龍溪既說出，而不必再隱〔註 13〕。所以良知學的理論的極致，是由龍溪點出甚明。

二、後天合本體之工夫

龍溪雖提出先天之學，但也明白在現實生活中，上根之人實占少數，若是良知教法只接上根之人，則天下言良知者必亡。若只單提先天之學，如何安頓眾人的生命？是以龍溪亦提出了後天之工夫來接引眾人。

（一）聖人之志

龍溪所說的後天工夫，必定先立定志向〔註 14〕。若能確立心志，企慕聖人，就能夠不隨人腳跟轉，對於良知教法的工夫無有懷疑，堅定行去，不有間斷。故其言曰：「予惟君子之學，莫先於辨志，莫要於求端。志者，心之所之也，之燕而燕，之越而越，跬步毫釐，南北千里，不可不愼也。夫志有二，有道誼之志，有功利之志。道誼者，純乎天則，無所爲而爲；功利則雜以世情，有所爲而爲也。……君子欲爲正本清源之學，亦求諸其端而已。端者，人心之知，志之所由以辨也。」〔註 15〕在陽明處已有：「聖人之所以爲聖人，

〔註 11〕王龍溪《王畿集・天泉證道紀》，頁 2。

〔註 12〕牟宗三《從陸象山到劉蕺山》，頁 280。

〔註 13〕王龍溪《王畿集・天泉證道紀》，頁 2。

〔註 14〕對於立志工夫的歸屬，彭國翔《良知學的開展》，頁 112：「以志爲良知心體的直接表現。志向的確立，同時便意味著良知心體呈現而起主宰作用。就此而言，心體立根的先天工夫，也是立志的工夫。」將立志歸在先天之學。其以先天之學是在心體上立根，將意收於心，意亦無善惡，而後天之學是立根於意，意有善惡，須以良知心體起一判斷。就龍溪之學，無論先天後天其立根皆在心上，皆是以良知本心爲一根源處，其言後天意上立根，乃是對治義，不可混。承前一小節所言，龍溪的先天之學乃是即本體即工夫，是一頓悟之學，是以無工夫入手，強爲之說，則是一頓悟之工夫，及悟後的行持保任，雖上根之人在頓悟之前，亦有立志之說，但一立志即頓悟。是以龍溪所說的立志眞切，則能夠在工夫上不間斷而成聖，其義在先天上則不顯。是以本文在此將立志歸在後天合本體之學，乃是因常人必定先求有爲聖人之志，後有工夫可言。以彭書將後天立根爲誠意，將立志歸於先天，與本文所說略有參差，特在此說明之。

〔註 15〕王龍溪《王畿集・水西同志會籍》，頁 36。

惟以其心之純乎天理而無人欲，則我之欲爲聖人，亦惟在於此心之純乎天理而無人欲耳。欲此心之純乎天理而無人欲，則必去人欲而存天理。務去人欲而存天理，則必求所以去人欲而存天理之方。」〔註16〕在此明顯看出，常人與聖人之不同處，聖人之心純乎天理，而常人之心，每爲人欲所蔽，是以必定求去人欲之工夫，使自己最後能夠達到聖人的境界。從此處說，則顯出立志的重要性，若其志不求爲聖人，或渾沌一世，則工夫無有可能。

故從龍溪後天之學來說，入手處最重立志，「有求爲聖人之志，然後可與共學」〔註17〕，是以若能自本自根立定一成爲聖人的目標，之後才能起一工夫作用，若不求爲聖人，則一切工夫皆無所容焉。然而常人立志後，在做工夫時或有困難，若立志不堅，或將放棄，是以龍溪特別強調立志爲先，工夫才能不間斷，不爲病痛所牽纏〔註18〕。而更進一步來說。所立之志，必須是「擔負世界，以天地爲心，以萬物爲命，尙友千古」〔註19〕的大志，而非功利之志，此則甚明。

自孟子以來，即提出「志壹則動氣，氣壹則動志也」〔註20〕。若是能立定志向，以工夫層層化去生命的滯礙，變化氣質則爲可能，而不至以氣動志，則聖人之學爲可能也。人能立志，必求其存天理，去人欲之方法，故立志爲成聖工夫的第一關，所以龍溪說「此便是大覺根基」〔註21〕。

（二）良知之覺

承前所言，立志爲聖，則是穩住自己欲爲聖人的基礎，然而就良知學來說，則是認爲人人皆有良知，只是覺與不覺而已。不覺者，是日用而不知，所以必求體證自己內在的良知；若是不能先發現良知，則是本體不明，就無法根據良知而有一準確的道德判斷與行爲，是以龍溪提出先覺悟本心之說：「學，覺而已。自然之覺，良知也。覺是性體，良知即是天命之性。良知二字，性命之宗。」〔註22〕學者所學無論何事，只是一個覺字，而此處之覺，

〔註16〕王陽明《王陽明全集·示弟立志說》，頁259。
〔註17〕程顥、程頤《二程集》，頁322。
〔註18〕「夫學，一而已矣，而莫先於立志。惟其立志不眞，故用功未免間斷；用功不密，故所受之病爲免於牽纏。」見王龍溪《王畿集·斗山會語》，頁28。
〔註19〕王龍溪《王畿集·鄉貢士陸君與中傳略》，頁642。
〔註20〕朱熹《四書集註》，頁230。
〔註21〕王龍溪《王畿集·白雲山房答問》，頁171。
〔註22〕王龍溪《王畿集·致知議略》，頁132。

必須從自身做工夫，並非由外在知解見聞可得，「德性之知求諸己，所謂良知也；聞見之知緣於外，所謂知識也」〔註23〕。良知學的性格，並不是求成為一學問之儒，龍溪亦多次直言子夏為一硜硜然的小儒〔註24〕，而盛讚顏子之學，可看出龍溪此處的論斷亦同於陽明。是以良知固不在成就知識系統，雖然此兩者並非斷然兩分，但必以良知教收攝知識，第一等事須是求其本心之覺，即「若某則不識一箇字，亦須還我堂堂地做箇人」〔註25〕。在此言覺者，必指其本心無疑〔註26〕。然而龍溪言覺悟，有三段層次的不同：「得於言者，謂之解悟，觸發印正，未離言詮，譬之門外之寶，非己家珍；得於靜坐者，謂之證悟，收攝保聚，猶有待於境，譬之濁水初澄，濁根尚在，纔遇風波，易於淆動；得於練習者，謂之徹悟，摩礱鍛鍊，左右逢源，譬之湛體泠然，本來晶瑩，愈震蕩愈凝寂，不可得而澄淆也。」〔註27〕第一層次之悟，乃是屬於知解，只是透過語言文字來提點，並非由自己體會。第二層工夫則是由靜坐而來，「蓋使之收攝精神，向裏尋求，亦是方便法門，先師所謂『因以補小學一段工夫也』」〔註28〕，在此並非要人整日靜坐，不與人相接，乃是因為終生疲役於外，不知向內探求，故必先視察其本心之靈明，方能收攝精神，不向外逐物，龍溪稱此為權法。因為良知教法，一定是落在格致誠正上作工夫，若只以靜坐求證悟其體，則是落於內外兩見，不是究竟法門，是以說此層乃是濁根初澄，但遇事則搖動不定，必需再進一層。第三層則是徹悟，此說得於練習者，則是落在心意知物上，一貫而下，提出徹悟本心，乃是在事上磨練。若只在靜中求其本體，在靜時雖能不動，但遇事則無有保證，是以必在事上接物，在事上訓練，才能夠真正的動亦定，靜亦定，時時刻刻保此良知，並且愈能夠在事上鍛鍊自己。

　　雖然龍溪將覺悟分成三個工夫層次，但並非將此三者斷絕，就此工夫而言，是能夠互相補足。就解悟說，是聽聞善知識，是以龍溪多方講學，認為學之不講，是吾憂也。而靜坐是欲人窺良知本來面目，有一把柄在手，是以

〔註23〕王龍溪《王畿集‧水西同志會籍》，頁36。
〔註24〕王龍溪《王畿集‧書累語簡端錄》，頁74。
〔註25〕黃宗羲《宋元學案‧象山學案》，頁1889。
〔註26〕「今日良知之說，人孰不聞，卻須自悟，始為自得。自得者，得自本心，非得之言也。」見王龍溪《王畿集‧南遊會紀》，頁153。
〔註27〕王龍溪《王畿集‧悟說》，頁494。
〔註28〕王龍溪《王畿集‧東遊會語》，頁86。

應事能有良知的判準，若於事上動心，失其本體，則可以靜坐助人復其本心。至於徹悟必在事上，心愈磨練愈自信良知。是以此三種悟法，隨機應用，並非執一非二，最後當然是說到徹悟。但吾人或於義理有一間未達，若能透過他人講學或求於六經，則是有助於學，六經注我，我注六經，故三者並非斷然可分。

（三）誠意克念工夫

承上所言，就後天合本體之工夫，在第一關是立聖人之志，進而求悟良知本體，然而龍溪教法，必定落在格致誠正上說。是以在體悟良知本體後，對於無善無惡的心之本體，自無工夫入手，而意則是其心之發動而有善惡，是以龍溪在後天合本體工夫上，特別重視誠意〔註 29〕。

龍溪後天之學中所言的意是有善有惡者，所以在覺察本心之後，對治意惡的工夫，可以看出吾人能否回到本體之至善。是以龍溪先天之學乃在心上立根，後天之學則是提出後天誠意之說：「吾人一切世情嗜欲，皆從意生。心本至善，動於意，始有不善。若能在先天心體上立根，則意所動自無不善，一切世情嗜欲自無所容，致知工夫自然易簡省力，所謂後天而奉天時也。若在後天動意上立根，未免有世情嗜欲之雜，纔落牽纏，便費斬截，致知之工轉覺繁難，欲復先天心體，便有許多費力處。」〔註 30〕在此必須先說明，龍溪提出的先天正心與後天誠意，並非指先天立根於心，後天立根於意，是先天後天皆是在心上立根〔註 31〕。若從後天之學而言，心體是本然至善，眾人

〔註 29〕張學智《明代哲學史・王龍溪的先天正心與錢德洪的後天誠意》，頁 141 中提及：「錢德洪主後天意念上爲善去惡，以此回復先天之性。王龍溪則主不起念，以保任先天至善在心中流行。龍溪功夫靜，德洪功夫動，龍溪重先天，德洪重後天。龍溪以心意知物爲一事，德洪分心與意知物爲二，主張通過格物致知以誠意正心。二人功夫路向相反。」在此將先天工夫歸給龍溪，後天工夫歸給德洪，此則是不見龍溪後天誠意之工夫，而以龍溪的「一念者，無念也，即念而離念也。故君子之學，以無念爲宗」（《王畿集・趨庭漫語付應斌兒》，頁 440，漫原作謾，疑誤，今改正）。此念正是指在克念工夫後，能使念而無不正，回到心體，是以無念，而動靜二相皆無著，能有事不逐物，無事不落空，其無念就在此處講。又其言龍溪工夫主靜，但龍溪之良知學，乃是即寂即感，非偏於靜而廢動，若言其主靜，則非的當。然而對於心意知物，從先天工夫說，則心意知物，自是一體，但龍溪亦有後天復本體之工夫，是以其理解龍溪之學，偏看其先天之學，見其偏不見其全。

〔註 30〕王龍溪《王畿集・三山麗澤錄》，頁 10。

〔註 31〕牟宗三《從陸象山到劉蕺山・王學之分化與發展》，頁 276，提出此即函著兩

皆同，是以立根於此，才能夠在工夫論上給予人人相同基準的憑藉。若是落在意根上，意已是有善有惡之動，自然是無法定得住，是以立根於此，則是人人工夫滑轉無憑。然而龍溪提出後天誠意之說，並非在說明立根處不同，乃是在強調工夫入手的針對性，「正心之功，只在誠意上用」〔註32〕。就後天之學來說，意是有善有惡，是以善惡無定，若能誠其意，使其不正而歸於正，則是後天合本體工夫之重點所在〔註33〕。

在龍溪處，意與念的義理性格不分，有以下之分說：「人惟一心，心惟一念。念者心之用也。念有二義：今心為念，是為見在心，所謂正念也；二心為念，是為將迎心，所謂邪念。正與邪，本體之明，未嘗不知，所謂良知也。念之所感謂之物，物非外也。心為見在之心，則念為見在之念，知為見在之知，而物為見在之物。致知格物者，克念之功也。正心者正此也，修身者修此也。」〔註34〕從四句教對於心意知物之間的關係來說，意是心之所發，而落於經驗有善惡者，在此處可知，念是心之所發，又其言念之所感為物，是以在此之義理性格同於良知教下的心意知物，是以意與念的價值同位，有善有惡。

心與念為一，則是念從心之至善而發，則念亦是善，在此則言正念。若念離心為二，則是惡念。然而在龍溪的先天後天教法之下說，念不離心，則是先天之學，念而離心，則是後天之學，是以龍溪認為「致知無巧法，無假外求，只在一念入微處討真假，一念神感神應便是入聖之機」〔註35〕。

以上所言克念之工夫，若能真切實行，則是可以就著念上已正，在格物之處也能夠保證其在格物之處無有偏失，是以就著四句教中所言意、念的義理性格是相同的。

語：「（一）是從意上著眼或下手，（二）是從有上立根基即立足。」是以其後天誠意之學，並非在意上立根，以經驗對治經驗，其意甚明。

〔註32〕 王龍溪《王畿集·穎賓書院會紀》，頁116。

〔註33〕 「『意之所用為物』，是喫緊要語。物之善惡無定形，意善則物善，意惡則物惡。格者正也，格其不正以歸於正，為困勉立法，正與不正皆從意根上用力。」見王龍溪《王畿集·與萬合溪》，頁282。

〔註34〕 王龍溪《王畿集·念堂說》，頁501。
另外，龍溪亦有多處提及克念之工夫，列舉如下：「念不可以有無言。念者心之用，所謂見在心也。緣起境集，此念常寂，未嘗有也，有則滯矣；緣息境空，此念常惺，未嘗無也，無則槁矣。克念謂之聖，妄念謂之狂，聖狂之分，克與妄之間而矣。千古聖學，惟在察諸一念之微。故曰一念萬年。此精一之傳也。」見王龍溪《王畿集·別曾見臺漫語摘略》，頁464。

〔註35〕 王龍溪《王畿集·與陶念齋》，頁224。

　　然而對於龍溪的克念工夫，是「一念不謹，無窮之憂」〔註36〕，對於意念之微，是十分的警醒〔註37〕。這在陽明「正要人曉得一念發動處，便即是行了。發動處有不善，便將這不善的念克倒了」〔註38〕就有所發明，但陽明此處是回答門人知行合一之說，並非一念發動就是實踐，特言若以一念發動便是行，則是便不能輕易放過一個念頭。雖然陽明在知行合一處未直接發明此意，但必定賅此〔註39〕。

第二節　錢緒山之悟本誠意

　　緒山對於體用的界定為心體事用，故如何致良知於事事物物，則是緒山工夫的首出概念。對於工夫論的問題，緒山自有其一套見解，其言曰：「正心之功不在他求，只在誠意之中，體當本體明徹，止於至善而已矣。」〔註40〕故可認為緒山工夫論的中心乃在誠意，以下將說明之。

一、悟本操習

　　就緒山的工夫論來說，如何悟得本體，則是吾人能否真正做聖賢工夫的第一關。其言曰：「覺即是善，不覺即是利，此是千古夢覺關。」〔註41〕在此點出，吾人能夠覺察良知，即能夠回到純明的本心本性，並且能夠以此良知為吾人行為之定盤針，相反的，若不能體證之，則是：「但主宰不精，恍然大悟因應，若有若無，故因遇觸即動，物過即留，雖已覺興，猶為夢書。」〔註42〕吾人不能真正體證良知，則良知失去其主宰的能力，不能真正的指導吾人之行為，只是隨機呈現，當機緣一過，則良知不顯。吾人雖可以透過良

〔註36〕王龍溪《王畿集・撫州擬峴臺會語》，頁21。
〔註37〕彭國翔對龍溪的誠意克念工夫，亦提出看法，其言曰：「在念的意義上作誠意的工夫，就使得對後天經驗意識的澄治更為深邃嚴密。而一念之微的誠意工夫，顯然構成一般誠意工夫的深化。」見《良知學的開展・王龍溪的致良知工夫論》，頁145。
〔註38〕陳榮捷詳註集評《王陽明傳習錄詳註集評》，頁302。
〔註39〕楊祖漢《儒家的心學傳統》（臺北：文津出版社，1992年6月），頁237。
〔註40〕錢緒山《徐愛　錢德洪　董澐集・錢德洪語錄詩文輯佚・語錄》，頁120。
〔註41〕錢緒山《徐愛　錢德洪　董澐集・錢德洪語錄詩文輯佚・復袁文輝、屠淳卿、高國重、屠義民書》，頁159。
〔註42〕錢緒山《徐愛　錢德洪　董澐集・錢德洪語錄詩文輯佚・復袁文輝、屠淳卿、高國重、屠義民書》，頁159。

知的當下呈現體證之，但並非能夠時時掌握之，不放失吾人本心。故緒山以為，吾人工夫若是只停留在此，雖是對良知本體有所覺察，但非究竟，必定再加以操存之工夫，其言曰：「今既識得出入無時是心，操之之功，始有下落矣。夫所謂操者，操練操習之操，非把持執定之謂也。」〔註43〕在此緒山提出了操持之工夫，但此處之操持，並非指把持、執定之意。就良知本體來說，是一變動活潑的本體，並非可以執定一端，若認為良知只此一端，則是將良知綁縛，良知乃是隨機變通，吾人不執一正萬〔註44〕，故緒山所提出的操練操習，則是欲吾人就在應事的當機，隨時體證，此亦即陽明事上磨練之意，就在事上見吾人之本心。

此工夫乃是先求悟吾人之良知本體，若無法體證吾人之良知，則吾人之工夫無有起點，即是無立足點，故必先求之。在此思考之下，就吾人體證良知，良知的當下呈現可見，但是如何能夠讓當下所體證之良知，不落入只是當機一現，則是在覺察良知之後，所必須思考的問題，而若吾人不能有良知做為定盤針，則工夫無有定向，工夫亦將落空。

順乎此，緒山的工夫必走向在事上操習，若落在心意知物的關係脈絡來說，良知並非一掛空的作為哲學思考起點的思辨性概念，而是一活潑潑的，能起一道德判斷的生命主宰。是以欲操習本心，必將有善有惡意之動、知善知惡是良知、為善去惡是格物結合。吾人之意念萌發，已是對應經驗層面而起，就著經驗層次來說，吾人不能保證心所發動之意，能夠與心體同一，是以意有善有惡；然而就操習本心來說，良知的道德判斷就在此處說。就著純粹的善，吾人對良知的討論可停在無善無惡心之體，但是就道德的實踐來說，只停留在純粹的道德學是不夠的，必求應事，故良知的操習，在良知的道德判斷上來說，方見其大用。

二、誠意

緒山之工夫必思考如何在良知的道德判斷上更進一步，是以提出了誠意的工夫，其言曰：「誠意之功極，則體自寂而應自順，初學以至成德，徹始徹

〔註43〕錢緒山《徐愛　錢德洪　董澐集・錢德洪語錄詩文輯佚・語錄》，頁133。

〔註44〕「心之真體，元來變動活潑，豈容執定？人能操習此心，或順或逆，或橫或縱，隨其所為，時時還他活潑本體，不為世故物欲所滯礙，此便是操心之法。」見錢緒山《徐愛　錢德洪　董澐集・錢德洪語錄詩文輯佚・語錄》，頁133。

終無二功也。」〔註 45〕在此即是直言誠意為初學至成德者，皆共通的工夫，故可說緒山工夫論結穴於誠意無疑。

　　緒山雖與龍溪同為坐下教授師，但二子學問路向，實有所偏重，此可見於雙方對陽明四句教法的體證不同。緒山所理解的陽明四句教，乃是以之為不可改易之教法，是以對於意念的問題特別重視。並且緒山與龍溪對於四句教的理解，亦是在意的概念不同理解之下，進而展開兩種不同的良知教路，故必先明其意的分屬。就著意念來說，緒山分為二，有正念〔註 46〕與私意〔註 47〕之別，在此須注意，就著緒山的思考來說，其心體乃是無善無惡無疑，但是對於意念，則是以之為有善有惡，故意念的善惡，則是吾人能否與心同體的重點所在。在此所分別的正念與私意，都是在說明誠意之工夫並非要人絕去意念，並且認為：「須是認得良知面目。若不曾認得良知，只於一切念上屏絕，是心與念鬥。時起時滅，曷有窮已？良知原是生生不息，思念烏容屏絕？」〔註 48〕吾人必先體證良知本體，若能夠真正的體認良知，則可知求良知並非在求不起意念。緒山進一步認為，若吾人只求意念不起，是將心與意念對立起來。緒山所說之意乃是言吾人心之感應也〔註 49〕，若是「屏絕念頭，只認虛寂為本體，是著虛境」〔註 50〕，若絕棄意念，乃是落入只言空頭之本體。緒山體用論，是心體事用，故對良知教的詮釋，特別重視事用。在此理解之下，對於認為無意念之雜才是良知，此即是落入緒山批評的虛境，正是吾人「只認虛明光景，所以無用功處」〔註 51〕，若吾人只單提一虛寂之本體，則非良知，甚至易落入所謂虛明光景之中，良知必在發用上顯，

〔註 45〕錢緒山《徐愛　錢德洪　董澐集・錢德洪語錄詩文輯佚・語錄》，頁 123。

〔註 46〕「正念無念，正念之念，本體常寂，纔涉私邪，憧憧紛擾矣。」見錢緒山《徐愛　錢德洪　董澐集・錢德洪語錄詩文輯佚・語錄》，頁 121。

〔註 47〕「念不當時，皆起於意必之私，即是私意。」見錢緒山《徐愛　錢德洪　董澐集・錢德洪語錄詩文輯佚・語錄》，頁 127。

〔註 48〕錢緒山《徐愛　錢德洪　董澐集・錢德洪語錄詩文輯佚・語錄》，頁 131。

〔註 49〕「心無體，以知為體，無知即無心也。知無體，以感應之是非為體，無是非即無知也。意也者，以言乎其感應也；物也者，以言乎其感應之事也。」見錢緒山《徐愛　錢德洪　董澐集・錢德洪語錄詩文輯佚・語錄》，頁 124。

〔註 50〕錢緒山《徐愛　錢德洪　董澐集・錢德洪語錄詩文輯佚・語錄》，頁 131。

〔註 51〕錢緒山《徐愛　錢德洪　董澐集・錢德洪語錄詩文輯佚・語錄》，頁 120。另外，在此可明確得知緒山注意到後學中對於光影的問題，但考索今存緒山文獻，並無直接提出「破光影」之工夫，而後學中近溪對於「破光影」工夫有深刻的體會，容後說明。

心與意並非一組相對反的概念甚明。緒山所提出的正念、私意是指，若是吾人之念與心同體，則是正念，若是起於私邪，則是私意。是以「只要立得眞意，一念眞時，便是超凡入聖矣。已往過失，不須更挂。雖有惡人，齋戒沐浴，可以事上帝。此念原無前後，一是即是，一非即非，計前論後，總非當下得手工夫」〔註 52〕。就著意念來說，自是念念相續不斷〔註 53〕，在此處所說的眞意，即是與心同體之意，就在每個意念的當下，可知誠意之工夫，並非可以間斷。此處可以思考一個問題，就著吾人之意念無有間斷，與緒山此處言「此念原無先後」，是否相悖？從時間的系列來說，前念後念是接續不斷，但是就當下的一念，可從時間系列中分離出來，是以二者不相悖，但緒山提出此，在說明吾人誠意工夫的延續性，前念靈明不能保證之後工夫的不退轉，意在使吾人時時警醒，當下得手工夫在此，也在此見誠意工夫的精微處〔註 54〕。

另外，順著誠意，緒山提出了「見在」工夫，其言曰：「格物之學，實良知見在工夫。先儒所謂過去未來，徒放心耳。見在工夫，時行時止，時默時語，念念精明，毫釐不放，此即行著習察實地格物之功也。於此體當切實，著衣吃飯，即是盡心至命之功。」〔註 55〕在此須先解釋何謂見在工夫。就緒山的思考脈絡，誠意工夫乃是在對治當下的意念，在此前題之下，其言格物之學爲良知見在工夫，必須順著陽明四句教的語脈來理解。格物乃是爲善去惡之工夫，吾人之良知呈現，即是在知善知惡的道德判斷之後，眞正在事用上做一爲善去惡之工夫，即是在知善知惡處，即可說吾人之良知呈現。但就緒山的思考來說，就當下的良知呈現，是一道德判斷之工夫，必進至爲善去惡，才能算是工夫的完成，故將見在工夫推到格物，緒山此思考，乃是與其心體事用的體用觀一脈相承，可知其用心在此。再扣回緒山對誠意工夫的說法，對於意念不言過去未來，只求在當下，因爲其心與意並非一組對反的概念，不可離意以求心。故其所謂言過去未來是放失本心，因此，其言見在工

〔註 52〕錢緒山《徐愛 錢德洪 董澐集・錢德洪語錄詩文輯佚・語錄》，頁 131。

〔註 53〕「思慮是人心生機，無一息可停。」錢緒山《徐愛 錢德洪 董澐集・錢德洪語錄詩文輯佚・語錄》，頁 119。

〔註 54〕「知得良知是一個頭腦，雖在千百人中，工夫只在一念之微；雖獨居冥坐，工夫亦只在一念微處。」見錢緒山《徐愛 錢德洪 董澐集・錢德洪語錄詩文輯佚・語錄》，頁 121。

〔註 55〕錢緒山《徐愛 錢德洪 董澐集・錢德洪語錄詩文輯佚・與陳兩湖》，頁 154。

夫，乃是言工夫就在當下，念念清明，並非不做工夫爲見在工夫。

　　緒山又提出：「誠意之功，毋自欺而已矣。毋自欺之功，復得良知本然之體而已矣。」〔註56〕此處所言誠意之工夫，乃是毋自欺，即不欺吾人之良知，「如惡惡臭、如好好色者，指出良知不欺之體以示人也」〔註57〕，就在吾人日常的好善惡惡之中，見得良知之本體，並且即在當下應事的道德判斷之中不自欺，更進一步的使意念回到與良知同體。

　　張學智曾提出：「龍溪功夫靜，德洪功夫動，龍溪重先天，德洪重後天。龍溪以心意知物爲一事，德洪分心與意知物爲二，主張通過格物致知以誠意正心。二人功夫路向正相反。」〔註58〕此說只見到龍溪與緒山工夫之一偏，其立論根據，是以龍溪的四無說，以及誠意爲緒山工夫入路。但細繹二子工夫，並非可以如此簡單二分。就龍溪工夫論來說，所謂先天正心之學乃是一境界，學者工夫必從誠意入，緒山工夫雖結穴於誠意，但並非不知良知爲誠意工夫的根據，故張氏之說強調二子工夫論特色則可，但二子工夫路向相反的論斷則未必。

第三節　歐陽南野之循良知

　　南野曾於〈答周陸田〉一書中提及：「循而弗失，是謂性之；失而復循，是謂反之。反之之謂工夫，性之之謂本體。其爲循其良知，則一而已，非判然二途也。」〔註59〕可明確看出其工夫重心即是循良知。南野對於本體與工夫的思考乃是本體與工夫不二，是以在此出發點之下，更進一步點出不論性之或反之，皆能夠綰合於循良知，故南野工夫論以循良知爲主腦無疑。以下將說明南野以循良知爲核心的工夫進程。

一、立志

　　立志乃是南野工夫論第一關，其言曰：「學莫大乎志。志不精純，則生理息滅，乍斷乍續，乍昏乍明，茫乎未知所際。」〔註60〕吾人學問必先求能夠

〔註56〕錢緒山《徐愛　錢德洪　董澐集‧錢德洪語錄詩文輯佚‧語錄》，頁131。
〔註57〕錢緒山《徐愛　錢德洪　董澐集‧錢德洪語錄詩文輯佚‧語錄》，頁131。
〔註58〕張學智《明代哲學史‧王龍溪的先天正心和錢德洪的後天誠意》，頁141。
〔註59〕歐陽南野《歐陽德集‧答周陸田》，頁10。
〔註60〕歐陽南野《歐陽德集‧寄徐芝南》，頁39。

立定志向，若是立志不眞〔註61〕，則工夫時有斷滅之可能。立志的工夫，可說是後學中之共識〔註62〕，但南野對於志，有著更進一步的解釋，其言曰：「志即良知精明堅確之體，立志即致知精明堅確之功。」〔註63〕可見南野將志等同於良知之體，而立志乃是致知之工夫。若此理解無誤，即是將志理解爲本體義，故志不精純，則生理息滅，此生理爲生生不息之理，即天理義，則志不精純，乃是良知不明，生理因而不能時時呈現。此說並非認爲生理本身有所間斷，乃是因爲外物隱蔽，故有不明，而不知所際。吾人若能體會此意，則：「志苟眞切，如饑之求食，渴之求飲，欲仁斯仁，欲義斯義矣。凡欲勉強而不能自致者，志不眞切故也。」〔註64〕在此可知，若吾人立志眞切，即是能認得良知清明，則吾人一切行爲皆中矩也。在此須注意一點，即饑之求食、渴之求飲，與欲仁斯仁、欲義斯義爲兩個層次的問題。在此可以有兩種解釋，其一，將不同質的概念列舉，乃是取譬之故。其二，即是將氣性與德性皆收攝在吾人之良知之下。在此兩說皆可，然若從後說，可從南野的體用論已經有理氣不分的思考，故將不同質性的概念並舉，吾人可以不止是理解爲譬喻之用，若是在理氣合一的思考下出發，其義涵可更加豐富。

另外，對於立志的問題，其他諸子亦肯認立志之重要，立志不眞，則不能自信良知不過，但是就志的概念是否等於良知，立志是否即等於致良知，則可有討論處。志乃是良知所發動，但前賢諸子多將志理解爲一動態的趨向，此處借由亞理斯多德的四因說來說明之〔註65〕，對於志的理解做爲一趨向

〔註61〕「學之大患在立志不眞。」見歐陽南野《歐陽德集・寄沈石山》，頁56。

〔註62〕諸子皆有立志的說法，如王龍溪：「夫學，一而已矣，而莫先於立志。惟其立志不眞，故用功未免間斷；用功不密，故所受之病爲免於牽纏。」（見王龍溪《王畿集・斗山會語》，頁28）、鄒東廓：「志向不眞，便是不忠信。人不忠信，則事皆無實，故聖學以忠信爲主。」（見鄒東廓《鄒守益集・答東山諸友》，頁759）、羅近溪：「志與學，原非兩事，亦無間歇時也。今日之急務，未立志者，須先嚴辯；已立志者須更勇猛。」（羅近溪《羅汝芳集・近溪子集・卷御》，頁113）。另外，在德洪處，非直接點出，而是透過陽明的指點而體證之，「先生曰：『你眞有聖人之志，良知上更無不盡。良知上留得些子別念挂帶，便非爲聖人之志矣。』洪初聞時，心若未服，聽說到此，不覺悚汗」（見錢緒山《徐愛 錢德洪 董澐集・錢德洪語錄詩文輯佚・語錄》，頁143）。故立志爲後學的共識無疑。

〔註63〕歐陽南野《歐陽德集・答曾思極二》，頁101。

〔註64〕歐陽南野《歐陽德集・答希舟》，頁116。

〔註65〕亞理斯多德提出的四因分別爲形式因、質料因、動力因、目的因，就四者的分類來說，質料因爲一類，即其是屬於物質的一面，即 matter，而形式因、

義，即是四因中的動力因。但南野對於志的理解，除了動力因的方面之外，更可從形式因來理解，是以將志等同於良知，若此理解無誤，對於立志，除了是立定方向，欲成賢成聖之外，若是從志乃是良知的形式因來說，立志工夫，則有進一步的工夫義，即是致良知之工夫，故南野的立志工夫，更有致良知之義。

二、愼獨

承上所論，立志工夫是致良知之義，南野對致良知的理解為：「夫所謂誠其意者，在愼其獨知。獨知也者，良知也；愼之者，致知也。」〔註66〕在此先對愼獨進行說明，南野將獨知等同於良知〔註67〕，愼即其工夫，將致良知轉化為愼獨的工夫，並提出愼的工夫為：「不欺其知，以致乎其知也。」〔註68〕故可知愼獨之工夫乃是不自欺其良知〔註69〕。此處需思考誠意與致知、愼獨的關係，其言誠意之工夫在愼獨，故對於誠意有無工夫，則可進一步討論之。

南野對於意念的說明，其言曰：「人心生意流行，而變化無方，所謂意

動力因、目的因為一類，即是屬於理的一面。而在此提出的四因說，並非以西方哲學來規範良知學，只是借此說明志的不同形式。

〔註66〕歐陽南野《歐陽德集・答歐夢舉二》，頁31。另外在歐陽南野《歐陽德集・贈鍾生貴》亦可見此說「獨知也者，良知也；愼之也者，毋自欺，求自慊，以致乎其至者也。」見該書，頁280。

〔註67〕「良知即是獨知，獨知非閒居獨處之謂也。靜亦此知，動亦此知。雖稠人廣眾中，視聽言動、喜怒哀樂紛交錯應，而此知之明是是非非，毫髮不能自欺。即此是獨，即此是良知本體。」在此可將南野的獨知與其體用論關聯起來，就南野對於體用的思考乃是動靜無二，在此亦可見南野的獨知本體，並非指閒居獨處。從現象上來說，乃是不依他人可見與不可見，其獨知乃是吾人之良知本體，並不待他人得以呈現，並且涉及個人體證與工夫修為，故南野更甚一步將獨知等同為獨，即獨體。見歐陽南野《歐陽德集・答馮州守》，頁154。
凌超煌亦認為南野將陽明致良知與愼獨關聯起來，可見《歐陽南野心學思想研究・思想學說》（國立中興大學中國文學研究所碩士論文，2001年），頁23～25。

〔註68〕歐陽南野《歐陽德集・答楊方洲一》，頁46。

〔註69〕日人岡田武彥對於愼獨與不自欺的看法亦同，其言如下：「南野認為，如果不自欺而得心之自漸慊，那麼獨知之明就既無虧歉又無不誠意了。這就是所謂『知至而意誠』。南野不以愼獨為閒居獨知之意，而是作為無拘于動靜、不欺于知之是非的東西。他還解釋愼為不欺其知而致其至，認為誠意必求之于獨知之自慊，即自知不欺處。」見《王陽明與明末儒學・王門三派》，頁148。

也。忽焉而紛紜者，意之動；忽焉而專一者，意之靜。靜非無意，而動非始有。」〔註70〕就心與意的關係，乃是意從心所發，但對照心乃是無動無靜的本體，意念卻是有動靜相可見。就靜時來說，並非此時無意念之存在，而是意念不顯，吾人不易覺察之；從動態來說，動念之時吾人才能覺察意念的存在，是以意有動靜之別。南野揭示的觀念為意念並非時有時無，是一個延續的存在，意念之有動有靜，或存或滅，乃是從現象上說。南野以人心之生意流行為意，對於意的思考則是有心即有念〔註71〕，「故念不能無，而著不可有，此亦毫厘之間，不可不精察者也」〔註72〕，在此對於意念的思考則是中性義，即正視意念的存在，並非克去意念，吾人只要不執著於意念，意念即非負面。

在此理解之下，「誠不自欺，則知至意誠，而無所不慊」〔註73〕，可明確看到，南野認為吾人只要能做慎獨的工夫，則意自誠，南野之誠意是在慎獨的工夫之下得以展開。

三、循其獨知

南野將慎獨等同於致良知，並將誠意工夫歸到慎獨之下，在此之後，提出循良知的工夫，此乃是一向前推出的工夫路向。其言曰：「末習澆浮，吾徒耳濡目染久矣。所不可變者，惟有獨知一念。循此而致之，方是去偽著誠，而論者顧疑其偽，則亦見之未審耳。雖然吾徒果能自信其良知而循之，而無欺之者乎？」〔註74〕就吾人之習慣行為，乃是日積月累而成，並非定常不變，就吾人之積習來說，並非出於天性，是以吾人欲改正之，必以良知貞定吾人之行為，就南野處即是獨知。若吾人能夠循此良知，則是存誠去偽。在此須討論其言「循此而致之」之意，「循此」即是循良知，但「致之」則是致良知於事事物物之致，循吾人之良知而致此良知於事事物物，南野的格物就在此處說〔註75〕，即是一向前推出〔註76〕的路向，循此良知才能有一去偽之

〔註70〕歐陽南野《歐陽德集‧答王堣齋二》，頁125。
〔註71〕「夫心必有念，念必有事，如鏡必明，明必有照。」見歐陽南野《歐陽德集‧答周以介》，頁177。
〔註72〕歐陽南野《歐陽德集‧答周以介》，頁177。
〔註73〕歐陽南野《歐陽德集‧答楊方洲一》，頁46。
〔註74〕歐陽南野《歐陽德集‧寄京中諸友》，頁11。
〔註75〕「夫格物者，即日用踐履之事物而格之，必循其獨知，務極其當，而不雜以私意之謂也。致知者，致吾獨知於踐履之間，必自慊而不自欺之謂也。」見

工夫。

　　再進一步理解循良知與格致之間的關係，南野曰：「蓋即吾心感應酬酢之事，而循其良知之是是非非而格之，以充其本體之善，非若後世懸空擬議於形跡之粗，以爲格致者也。」〔註 77〕吾心感應酬酢即是南野認定的意念，而此意念必相應於事，承前所論，意念並非可斷絕，只在不著意念，即是善的表現，故此處所說的循良知之是是非非而格之，即是格物之工夫，亦可說是不著之工夫。在此工夫之下所理解的充其本體之善，其充字應理解爲擴充之義，即是致良知於事事物物之上，故「循其本體之謂善，背其本體之謂惡。故好善惡惡，亦祇是本體工夫；本體流行，亦祇是好善惡惡耳」〔註 78〕，循順良知，吾人行爲之價值即是善的，反之即是惡，在此南野提出本體工夫〔註 79〕，其義爲順著吾人本體作好善惡惡之工夫，即是循良知之工夫〔註 80〕。

　　然而就南野的循良知之學來說，乃是順著吾人之良知進行格物，其間是否與雙江、念菴以爲良知發用爲效驗的說法有相近之處？南野曾明確點出本體、工夫、效驗三者之間的關係，其言曰：「竊意本體、工夫、效驗，誠不可混。然本體是工夫樣子，效驗是工夫證印。良知本戒愼不睹、恐懼不聞，無自欺而恆自慊。工夫亦須戒愼恐懼，無自欺而恆自慊。果能戒愼恐懼，無自欺而恆自慊，即是效驗矣。」〔註 81〕對於本體的體證，在後學中並無引起太大的爭論〔註 82〕，但是就工夫與效驗，則需加以討論。南野在此點出工夫須戒愼恐懼，而吾人眞能做戒愼之工夫，能夠達到無自欺而恆自慊，此即是效

　　　　　歐陽南野《歐陽德集・答陸汝成秋官》，頁 174。

〔註 76〕「致之云者，充之而極其至之謂。充之而極其至者，實爲其良知所欲爲之事，而不爲其良知所不欲爲之事。如知愛、知敬，而達之天下無弗愛且敬焉。」見歐陽南野《歐陽德集・答歐夢舉二》，頁 32。

〔註 77〕歐陽南野《歐陽德集・答歐夢舉二》，頁 33。

〔註 78〕歐陽南野《歐陽德集・答陳明水》，頁 42。

〔註 79〕「學者循其自然之本體而無所加損，然後爲能致其良知。」見歐陽南野《歐陽德集・答聶雙江一》，頁 29。

〔註 80〕吳震對於循良知之說法，亦提出見解：「南野講的『循良知』實際上正是『致良知』的另一種表述方式而已。換言之，『循良知』實際上已經包含了『致』字的工夫。只是南野根據良知本體『自然流行』這一本體論意義上的前提設定，認爲在本體上加不得一毫人爲作用，而『循』字正是對人爲意識（一種非本質的後天意識）的拒斥。」見《陽明後學研究・歐陽南野論》（上海：上海人民出版社，2003 年 4 月），頁 297。

〔註 81〕歐陽南野《歐陽德集・答聶雙江一》，頁 186。

〔註 82〕詳參第三章體用論。

驗，故效驗乃是吾人做工夫所必達至的成果，並且認為吾人做工夫不能夠得到工夫所預期的效驗，則此並非真工夫〔註83〕。更進一步點出「故用功以本體作樣子，以效驗作證應，而不可遂以本體效驗作工夫。以本體效驗作工夫，是謂知能自致也。感應變化，固皆良知之物，而不可遂以感應變化作工夫。以感應變化作工夫，是謂物本自格」〔註84〕。是以吾人之工夫，必以本體為工夫之核心，而效驗乃是應證吾人之工夫，不可將本體的效驗當成工夫。在此所謂的知能自致之義，應是點出中間蕩越過工夫的問題，若略過工夫，則本體的效驗如何可能？故提出知能自致，乃是認為不需要工夫，而效驗自然呈現。

另外，感應變化，是良知之所從出〔註85〕，並非可以將應感變化當成工夫。應感變化可從意再往外推為行為物之義，吾人之行為物是在做工夫之後，驗證此行為是否合乎本體，並非此應感變化達到與同於本體的效驗，是不做工夫可得，若如此，則是認為效驗本身即同於本體，但效驗仍必透過工夫方可得。故本體乃是工夫之準則，有工夫才能使良知發揮效驗，而效驗則是檢視吾人之工夫是否能合於本體，因此三者雖為一體，但實不可相混。又此處所言之工夫，即是循良知之工夫，就著本體與行為物之間的關係，致吾良知於事事物物之上，就在事事物物上見吾人之工夫效驗，是以此處所言之工夫為循良知工夫清楚可知。

第四節　鄒東廓之無欲戒懼

劉蕺山點出東廓的學問為：「東廓以獨知為良知，以戒懼慎獨為致良知之功。此是師門本旨，而學焉者失之，浸流入猖狂一路。惟東廓斤斤以身體之，便將此意做落實工夫，卓然守聖矩，無少畔援。」〔註86〕直指東廓以戒懼慎獨為致良知之工夫，而且更進一步認為東廓此工夫為陽明工夫正傳，並能以戒懼的工夫救正王學末流落入猖狂的學風，故本文將東廓之工夫論重心定位

〔註83〕「用功不能得效，亦即是不曾用功。」見歐陽南野《歐陽德集・答聶雙江一》，頁186。

〔註84〕歐陽南野《歐陽德集・答聶雙江一》，頁186。

〔註85〕「夫良知之感應變化，如視聽言動、喜怒哀樂之類。無良知，則感應變化何所從出？然非感應變化，則亦無以見其所謂良知者。」見歐陽南野《歐陽德集・答聶雙江一》，頁186。

〔註86〕黃宗羲《明儒學案・師說》，頁8。

爲戒懼之學。

一、無欲

在討論東廓無欲工夫之前，必先明良知與欲念二者之間的關係，其言曰：「良知之清明也，與太虛合德，而其澄澈也，與江河同流，然而有時昏且濁者，則欲累之也。故聖學之要，在於無欲。……意必固我者，一欲而四名也。絕其意必固我之欲，而良知之本體致矣。」〔註87〕欲念之起，足以障蔽吾人之良知，是以要回到清明澄澈之本體，對此東廓提出了無欲的工夫。而東廓對於欲的看法，並非指吾人必須決去任何的欲念，意必固我是一欲之四名，故可知東廓所要決去的欲，乃是指過當之欲念，並非使吾人完全去欲。

東廓更進一步指出：「聖人無欲，君子能寡欲，小人殉於欲，故聖學之要，必自寡欲始。寡之又寡，以至於無，則良知良能，炯然清明，如日月之光，無將無迎，而萬物畢照，歷千古如一日，然後謂之罔極之學。」〔註88〕從無欲的工夫來分別聖人、君子、小人的不同，小人不作無欲的工夫，是以生命順著欲望往下滾，從其小體，故爲小人。君子則是能夠透過工夫，讓過分的欲望減少，以求最後能夠到達與聖人相同的境界。而聖人可以使其欲不過分，其欲望與良知同體，是以無欲。故可以得知，吾人欲學聖賢，必定從寡欲開始，並且寡欲之工夫，乃是從小人、君子進至聖人的工夫，以期最後能夠達到從心所欲不逾矩，是以東廓稱此爲罔極之學。

東廓又曾以水來譬喻心與欲的關係，其言曰：「不息者，其天機也；息也者，其人爲也。沙石壅之，則水或息矣；物欲壅之，則吾心或息矣。善學者瀹之決之，排之鑿之，罔俾物欲壅吾天機，將天地同德，日月同明，四時同序。」〔註89〕以水喻吾人良知心體，沙石之壅塞喻爲吾人之欲念，可以看出東廓將良知與欲念對翻爲兩組概念。就良知來說，是天機自然，而欲念是人爲，或是可理解爲，正因爲欲念是後天的人爲造作，並非有一先天之根據，故吾人作工夫才能夠將意必固我完全去除，並且能夠透過作工夫，一步步從小人、君子以至於聖人的可能。故東廓的無欲工夫，乃是其工夫論的要領無誤〔註90〕。

〔註87〕鄒東廓《鄒守益集・敘秋江別意》，頁48。
〔註88〕鄒東廓《鄒守益集・罔極錄序》，頁307。
〔註89〕鄒東廓《鄒守益集・不息亭說》，頁476。
〔註90〕「一者，其本體也；無欲者，其功也。」鄒東廓《鄒守益集・虔州申贈》，頁99。

二、戒懼之學

　　東廓之工夫以無欲爲主，然而其無欲的內容爲何？即是戒懼之學〔註91〕，其言曰：「戒愼不睹，恐懼不聞，其無欲之學乎！」〔註92〕東廓揭櫫此主旨之後，更進一步指出：「戒愼恐懼之功，命名雖同，而血脈各異。戒懼於事，識事而不識念；戒懼於念，識念而不識本體。本體戒懼，不睹不聞，帝規帝矩，常虛常靈，則沖漠無朕，未應非先，萬象森然；已應非後，念慮事爲，一以貫之。」〔註93〕可知東廓將戒懼之學分爲三個層次，層層推進，若吾人戒懼於事，則是見事不見念，若進至戒懼於念，則是識念而不識本體，最後必定戒懼於本體，才是根本之工夫，若能夠於本體戒懼，無論應事與否，心與念慮事爲，一以貫之，無有偏失〔註94〕。在此可以思考一個問題，即是東廓認

〔註91〕　對於無欲與戒懼的關係，日人岡田武彥有不同的理解，其言曰：「所謂愼獨、戒懼，就是爲了保持天理與良知的精明純眞，而無一毫塵欲和雜揉，也可以說是端本澄源的工夫。因此，主張愼獨和戒懼的修正派，提倡無欲和寡欲或者主靜和克己等一系列的去欲工夫，是理所當然的。」（見《王陽明與明末儒學・明末儒學》，頁148。）在此岡田的看法乃是認爲東廓在提出戒懼工夫之後，而提出了去欲的工夫。依本文前面所論，東廓以爲欲望的多寡乃是小人、君子、聖人之間的差別，是以吾人欲爲君子、成聖，必有一無欲的工夫，而如何使吾人做一無欲的工夫，其實際的內容乃是戒懼，即是戒懼於本體，即是岡田所說的端本澄源的工夫，並且就在時時刻刻戒懼於吾人之本體，警省吾人之意念是否恰當，是以能寡欲以進至於無欲。因此筆者以爲，東廓對於無欲與戒懼的關係，應該是以戒懼爲無欲工夫的實際內容，而透過戒懼而達到無欲的境界。
　　　　另外，由侯外盧等編纂的《宋明理學史・江右王學正傳鄒守益的理學思想》中亦點出：「他認爲，『良知本體』是『廓然大公』、無私無欲、『無昏昧放逸』的，只要『戒愼恐懼』，堅持不懈，就能保持這『良知本體』之『常常常明』而不受私欲之昏蔽。這與王守仁所說的『戒愼恐懼之功』的觀點是一致的，即認爲『戒愼恐懼』是廓清私欲之昏蔽以恢復『良知本體』之『常精常明』的功夫。」亦是認同戒懼工夫乃是無欲工夫的內容，見該書頁293。
〔註92〕　鄒東廓《鄒守益集・虔州申贈》，頁100。
〔註93〕　鄒東廓《鄒守益集・錄諸友聚講語答兩城郡公問學》，頁734。另外東廓在他處亦有此說：「戒愼恐懼之功，命名雖同，而命意則別。出告反面，服勞奉養，珍宅兆而肅蒸嘗，戒懼於事爲也。思貽令名，必果爲善；思貽羞辱，必不果爲善；戒懼於念慮也。視於無形，聽於無聲，全生而全歸之，戒懼於本體也。」又「思貽羞辱，必不果爲善」，此句原爲「思貽羞辱，必不果爲不善」，董平校本疑此句有誤，在此從而改之。見鄒東廓《鄒守益集・書謝青岡卷》，頁819。
〔註94〕　日人岡田武彥對於東廓的戒懼之學，亦有此三段層層推進的看法，其言曰：「力主戒懼工夫，并以此爲致良知宗旨的是東廓。他最初只是把它用于事爲

為戒懼於本體，是否良知本體有一惡的根源？承上所論，東廓對於良知與欲念的理解為水與沙石壅塞，故必不以良知有一惡的根源，吾人需做工夫以對治之。然而就東廓所言之本體戒懼，其意為何？東廓之意在於保持吾心之清明，其言曰：「果能戒慎恐懼，常精常明，不為物欲所障蔽，則即此是善，更何所遷？即此非過，更何所改？一有障蔽，便與掃除，如雷厲風飛，復見本體，所謂聞義而徙，不善而改，即是講學以修德之實。」〔註95〕在此所謂的戒懼之學，並非指對治本心，乃是時時戒懼心體是否有物欲之蔽，一旦察覺，立即掃蕩，故可知東廓此工夫乃是十分警省。順此，東廓即批評：「其謂落在下乘者，祇是就事上點檢，則有起有滅，非本體之流行耳。」〔註96〕若只是在事上檢點，則是已落在最外一層，並非事隨工夫，而是工夫隨事轉，則是頭緒萬端，並非究竟。

　　針對戒懼之學，東廓亦提出見在工夫，其言曰：「過去未來之思，皆是失卻見在工夫，不免借此以繫此心。緣平日戒懼功疏，此心無安頓處，佛家謂之胡孫失樹，更無技倆。」〔註97〕此處所提示的見在工夫，乃是針對吾人之意念所發，吾人將意念置於過去與未來，即是失卻見在工夫，故東廓認為吾人此病在於失卻平日戒懼之工夫，可得知所謂的見在工夫，即是戒懼之工夫，若真能就在當下作戒懼之工夫，必能安頓此心。

　　緒山亦曾提出見在工夫，二子相同處在於吾人工夫並非追前逐後，就在當下承擔。但是二子工夫體系之思考不同，緒山工夫乃是以誠意作為工夫核心，故其見在工夫乃是重在格物，就在當下的為善去惡工夫見其良知；但是東廓提出的見在工夫，必須落在戒懼之學的脈絡之中，故其所謂見在工夫是在當下戒懼本體。東廓對於戒懼之工夫，乃是由事、念最後推到本體，並以為戒懼於本體乃是工夫究竟處。而緒山的工夫路向來說，可以說是從本體向外推出，在格物之處見吾人之本體，其為善去惡，也必在格物上，是以其見

　　上，不久則用到的念慮上，最後才用于不睹不聞的本體上，而把念慮事為當作能一以貫之的東西。一般地說，即使視戒懼為本體上的工夫，那也是不問時境而反躬自省、莊敬持守，以保持良知之精明，并在其流行中保持本體工夫的純潔。正因如此，東廓認為，戒懼才能成為達到陽明所謂『不離日用常行內，直造先天未畫前』之境界的東西。」見《王陽明與明末儒學・明末儒學》，頁147。

〔註95〕鄒東廓《鄒守益集・答徐子弼》，頁508。
〔註96〕鄒東廓《鄒守益集・答徐子弼》，頁508。
〔註97〕鄒東廓《鄒守益集・復濮工部致昭》，頁536。

在工夫在此處說。但就東廓的思考，則是重在戒懼於本體，一念萌動，則立刻無之。二子提出的見在工夫相同處在於，其工夫都重在當下，並非追前逐後，但因著二子工夫路向的思考不同，其見在工夫看似相同，內涵實有分別，因此不可認爲緒山誠意之工夫，落入東廓戒懼於念的批評。東廓戒懼於念的思考，乃是以吾人工夫專在對治意念而不見本體，但是就緒山的思考來說，心與意念並非一組相對的概念，其誠意工夫最後仍是要讓意念回歸，與心同體，故誠意之工夫，並非是心隨意轉，良知本體仍是吾人行爲的定盤針，故東廓戒懼工夫不足以非緒山誠意之工夫。

進乎此，東廓亦提出戒懼與中和的關係，其言曰：「聖門相傳功課，衹在自家性情上理會，故戒懼中和，中和位育，原無先後次第。」〔註98〕此處須先說明東廓戒懼中和、中和位育的概念，其言曰：「曷謂修己？曰：戒懼以中和。曷謂安百姓？曰：中和以位育。蘄修己而不事於安人，則溺爲虛寂；蘄安人而不本於修己，則蕩爲術數。」〔註99〕就戒懼來說，即是前述戒懼之工夫。而東廓所理解的中和，「無所喜怒哀懼者，廓然大公，中也；親愛賤惡無辟者，物來順應，和也。中以立天下之本，和以成天下之務，此內聖外王之實學也，夫亦在乎勵之而已矣。戒愼恐懼，無須臾之離，以合其天地之中，此勵之極功也」〔註100〕，此處所說的喜怒哀懼，乃是指情而言，無所喜怒哀懼者，即是本體義〔註101〕，和乃是指能夠成就天下之物，故東廓以爲中和乃是內聖外王之實學。位育則是《中庸》「天地位焉，萬物育焉」〔註102〕之意，位育是戒懼之學的功化，即是外王事功。以上戒懼、中和、位育三者的關係爲：「戒愼恐懼，須臾不離，立大本，經綸大經，以育萬物而參兩儀，威儀三千，無眾寡，無小大，無升沉利鈍，壹是皆中和位育之實。」〔註103〕認爲吾人只要能夠持守戒懼之工夫，則是立大本，挺立吾人之心體，即能夠參贊天地之化育，而此皆是中和位育之內容。在此理解背景之下，東廓將修己界定

〔註98〕鄒東廓《鄒守益集‧復吳峻伯秋官》，頁638。
〔註99〕鄒東廓《鄒守益集‧政對贈景山李侯》，頁195。
〔註100〕鄒東廓《鄒守益集‧勵政堂說》，頁469。
〔註101〕「吾心無所喜，而親愛之政不辟矣；無所怒，而賤惡之政不辟矣；無所哀懼，而哀矜畏敬之政不辟矣。」在此可知東廓將心與喜怒哀懼分別，心爲體，喜怒哀懼爲心所發之意，若是意不礙體，則從吾人良知所發，推擴到政事上，亦能夠皆中節。見鄒東廓《鄒守益集‧勵政堂說》，頁469。
〔註102〕朱熹《四書集註》，頁18。
〔註103〕鄒東廓《鄒守益集‧中齊王郡侯贈言》，頁143。

爲戒懼中和，安百姓爲中和位育，此二者雖有別，但其中的次第安排應是，透過戒懼之工夫達到個人之中和，再進一步由個人的中和境界推出，達到天下位育，故能否達到天地位育，關鍵乃在於吾人能否透過作工夫以致中和，是以可知，中和乃是連接個人與天地之境界。另外，東廓認爲修己與安人，是兩面一體，不可偏重其一，若是只求一己之修爲，則是落入了虛寂，即有不應事之弊端；若是只求如何安頓百姓，卻不思從自身的修爲做起，則是蕩爲術數手段，沒有眞實工夫作爲內容，是以兩者必合一。

又，東廓並非不從事於格物之學，承前所論，其亦以爲致知在格物，則東廓的戒懼之學，就極處雖是戒懼於本體，但就本體戒懼，向外推擴到格物之處﹝註104﹞，亦可有戒懼於念、戒懼於事之工夫，故不可以東廓之戒懼於本體，就認爲其工夫路向同於雙江、念菴，認格物爲效驗而非工夫，必就整體學問脈絡思考，才能有一恰當的掌握。

第五節　羅近溪之日用工夫

近溪之學著重在日用之中﹝註105﹞，不只泯平體用，其工夫論亦是站在心性之學如何實地的轉化爲日用工夫，故近溪工夫論的重點不在心性的討論上，而是轉向日用平常，以下將嘗試說明近溪工夫論的意義。

一、破光景

近溪工夫論中，必須先針對光景的問題進行討論﹝註106﹞，其言曰：「天

﹝註104﹞「有所忿懥好樂，好惡之滯於中也；親愛賤惡而辟，好惡之偏於外也；是誠意以格致之功未盡也。故無所滯於中，則廓然大公，大本立矣；無所偏於外，則物來順應，達道行矣。故格致誠正修，即是一時，即是一事。」在此明白可知東廓認爲格致誠正之工夫乃是一時。在東廓戒懼之學的脈絡下，其誠意之工夫乃是戒懼於本體時，其有所蔽，立即掃除之去蔽。是以此處所論，吾人之誠意以格致之工夫未盡，則會有滯於中、偏於外之病，就有忿懥號樂，是吾人之心有所偏失，情影響吾人之心體，而親愛賤惡，此好惡乃是從外而起。是以戒懼之學並非只是戒懼於本體，而將格物視爲效驗，明白可知。見鄒東廓《鄒守益集・青原嘉會語》，頁441。

﹝註105﹞「工夫在日用間，最要善用。」見羅近溪《羅汝芳集・近溪子集・卷御》，頁121。

﹝註106﹞牟宗三認爲近溪之學的特殊風格即在「破光景」中展現，亦必先理解近溪破光景的工夫，才能夠眞正理解近溪的學問。見《從陸象山到劉蕺山・王學之分化與發展》，頁291。

地生人原是一團靈物，萬感萬應而莫究根源，渾渾淪淪而初無名色，只一『心』字，亦是強立。後人不省，緣起此個念頭，就會生個識見，因識露個光景，便謂吾心實有如是本體，本體實有如是朗照，實有如是澄湛，實有如是自在寬舒。不知此段光景原從妄起，必隨妄滅。及來應事接物，還是用著天生靈妙渾淪的心，此僅在為他作主幹事，他卻嫌其不見光景形色，回頭只去想念前段心體，甚至欲把捉終身，以為純亦不已，望顯發靈通，以為宇泰天光，用力愈勞，違心愈遠。」〔註107〕近溪認為前賢提出一心字，乃是借此提點吾人之生命，說明吾人道德之根源，但並非可以執定之。心與意之間的關係，意乃是心之所起，而近溪所謂的光景，乃是指吾人心上所起之意，或是將良知推出，而成為一個認知對象，但吾人卻誤以之為心體〔註108〕，故在此近溪的批評可以從幾個面向來說明：其一，就當下心體之呈現，所呈現者，是吾人渾淪整全不分之心體，或是只呈現出心體之某一面向，而此面向是否可以代表整體？其二，就光景來說，乃是隨著吾人之念起，既隨念而起，亦必隨念而滅，若是執定此光景為心體，則心體何有時存時滅之理〔註109〕？其三，若是誤認光景為本體，把捉執定，並以此光景接物，用工越勤，實是離本體越遠。是以就近溪的思考來說，吾人之心體乃是圓轉流動，隨物而顯，就當下的顯現是一特殊面向的展現〔註110〕，只在心上作工夫，不應事物，所謂的心體，亦只是一光景，並非是心體〔註111〕，故近溪提出了破光景，然而要如

〔註107〕羅近溪《羅汝芳集・近溪子續集・卷坤》，頁270。

〔註108〕牟宗三對於近溪光影的說明如下：「良知心體圓而神，譬如一露水珠，真難把握。然如不悟此良知，還講什麼順適平常，眼前即是？眼前即是者，焉知其非情識之放縱恣肆耶？故必須先對于良知本身有所悟解。但一經悟解，良知即凸起而被置于彼，成了一個對象或意念，而不復是天明，這便是良知本身所起的光景。光景者影子之謂也。認此影子為良知則大誤也。人人皆欲悟良知，然何以終不得受用呢？正因工夫勁道在僵持中，未得全體放下故也。展轉于支撐對治底虛妄架構之中永無了期，如何能得渾淪順適眼前即是耶？是故羅近溪底工夫即在此處用心，其一切講說亦在點明此義。」見《從陸象山到劉蕺山・王學之分化與發展》，頁291。

〔註109〕「耿耿一念一為光明，執住此念以為現在。不知此個念頭，非是真體，有時而生，則有時而滅；有時而聚，則有時而散。」見羅近溪《羅汝芳集・盱壇直詮》，頁390。

〔註110〕「且無奈心性原屬化機，變見隨時，本無實體，求以條件則似有條件，索以景光則似有景光。譬則寶珠之照耀，青紅赤綠，映物以成，昧者指為定色。」見羅近溪《羅汝芳集・近溪子續集・卷坤》，頁277。

〔註111〕對於光景的問題，緒山亦曾提出見解：「平旦之氣，好惡與人相近，此便是良

何拆穿光景？爲近溪在此思考下點出日用工夫，即工夫只在日用之間，將工夫落實在吾人生活的場域之中。

二、求仁

在拆穿光景之後，近溪對於工夫的思考，則是轉向如何使此心體實踐於日用之中。近溪認爲吾人之工夫必先明頭腦，此頭腦即是吾人良知，若本體不明，只任吾人之意見，其間雖有志於聖學，有工夫入路，但此所謂之工夫，乃是任憑一己之念，並非眞正之工夫〔註112〕。故近溪點出求仁之工夫，其言曰：「孔門宗旨，只在求仁，求仁工夫，只是己欲立而立人，己欲達而達人。」〔註113〕認爲孔門之學，只在於求仁，此處所謂的仁，即是仁體，即是良知。然而近溪求仁之工夫，將己立立人與己達達人關聯起來，在此可從兩個面向來思考：其一，就近溪對於體用的思考，重點已不在討論體用之間的關係，而轉向在日常生活中如何體現，並認爲分體用，「此是孔孟過後，宇宙中二千年來一個大夢酣睡」〔註114〕。其二，就著求仁之工夫，即是求本體之工夫，近溪指點的方向並非是向內收攝，乃是以求仁爲實踐的工夫，

心未泯。然其端甚微，故謂之幾希。今人認平旦之氣，只認虛明光景，所以無用功處。」（見錢緒山《徐愛　錢德洪　董澐集・錢德洪語錄詩文輯佚・語錄》，頁120。）緒山提出光景的說法，乃是同於近溪，此處所言之平旦之氣，乃是就吾人未與物接，故其平旦之氣即是沒有外物干擾，而此時之心體，其言好惡與人相近，是當道德判斷不受個人好惡的影響，其判斷則是人人皆順從良知，是以與人相近。但在此處須說明，平旦之氣並非可以直接等同於良知，就平旦之氣的條件是未與物接，但是就吾人生活的場域來說，並非可以離物而自存，若是只求未與物接之前氣象，則何以保證與物接之後，能夠不動於心？若是引近溪對光景的看法，亦可以說此時平旦之氣所呈現的氣象，乃是吾人良知的一個面向，何以能夠代替整體？故緒山此處所說今人只認虛明光景而無用功處，乃是在批評只求吾心不接物之前的一段光景，並以之爲本體，而其所謂無用功處，乃是致良知於事事物物無所用功。

〔註112〕「聖賢言學，必有個頭腦。頭腦者，乃吾心性命而得之天者也。若出初不明頭腦，而只任汝我潦草之見，或書本膚淺之言，胡亂便去做工夫，此亦僅爲有志。但頭腦未明，則所謂工夫，只是汝我一念意思爾，既爲妄念，則有時而起，便有時而滅；有時而聚，便有時而散；有時而明，便有時而昏，縱使專心記想，著力守住，畢竟難以長久。」見羅近溪《羅汝芳集・近溪子集・卷射》，頁85。

〔註113〕羅近溪《羅汝芳集・近溪子集・卷御》，頁128。另外，近溪亦言：「孔門立教，只是求仁，而求之功，只是一個『恕』字。」見羅近溪《羅汝芳集・近溪子集・卷御》，頁129。

〔註114〕羅近溪《羅汝芳集・近溪子續集・卷乾》，頁230。

是以可知，近溪認爲仁，並非只是一仁體的概念，其對仁的體證，是「渾然與物同體」〔註115〕。故求仁並非指點吾人如何去體證本心，相對的，乃是吾人必能夠在自我體證仁體之後，向外推擴，成就他人。

若以上所述可以成立，則進一步思考一個問題，就近溪的工夫乃是導向日用，其求仁之工夫，是在與物同體的思考下，是以認爲求仁必至與物同體。若是落在陽明的良知教中，近溪並非不知從心體到物之間，有一意念的問題。對於意念，近溪亦有深刻的討論，其言曰：「心是活物，應感無定而出入無常，即聖賢未至純一處，其念頭亦不免互動。」〔註116〕他對意念的問題，是十分警醒的，即使是聖賢，但工夫未到全體皆善，念頭仍不免爲外物所動，故吾人必須時時警覺，不追前逐後，工夫只在當下〔註117〕。但是面對意念的工夫，近溪以爲：「克私意念，欲矯強以還純一。噫！見亦左矣。」〔註118〕並非以克制的工夫去對治之，若克制之則工夫不自然，強力矯之，並非順良知的工夫。吾人之意念必在吾人能夠眞正體證良知之後，自然條暢〔註119〕，故近溪並非無視於意念，而是其工夫論重心不在此。

順此理解，近溪認爲，吾人若是能夠確實做到求仁之工夫，則意念的問題，自會在仁體的保證之下，自然流行，故近溪並非蕩越過意的問題，乃是意念在吾人求仁的工夫之中，爲仁體所保證。

三、孝、弟、慈

在工夫轉向日用的思考之下，近溪提出了孝弟〔註120〕乃是仁義之實的說

〔註115〕羅近溪《羅汝芳集・近溪子集・卷御》，頁128。
　　　　此語爲宋儒程明道所點出，即著名的〈識仁篇〉，其文爲：「學者須先識仁。仁者，渾然與物同體。義、禮、智、信皆仁也。識得此理，以誠敬存之而已，不須防檢，不須窮索。」此處所指的仁者渾然與物同體，可視爲仁者所達到的境界。見《二程集・河南程氏遺書》，頁16。
〔註116〕羅近溪《羅汝芳集・近溪子集・卷射》，頁97。
〔註117〕「不追既往，不逆將來。工夫要緊，只論目前。」見羅近溪《羅汝芳集・近溪子集・卷射》，頁97。
〔註118〕羅近溪《羅汝芳集・近溪子集・卷射》，頁96。
〔註119〕「學者於此心之體之幾，果能默會潛求，研精入妙，天人合而造化爲徒，物我通而形神互用，則淵泉溥博，時出無窮。」見羅近溪《羅汝芳集・近溪子集・卷射》，頁96。
〔註120〕就近溪文獻中，孝、弟連稱，或是孝、弟、慈連稱，可能是隨機指點學生時，方便稱說，而王時槐於〈近溪羅先生傳〉中提到：「先生早歲於釋典、玄宗無不探討；緇流、羽客，延納弗拒，人所共知，而不知其取長棄短，迄有定裁。

法：「蓋天下最大的道理，只是仁義，殊不知仁義是個虛名，而孝弟乃是其名之實也。」〔註121〕孝弟是仁義的實質內容，是以可進一步說，孝弟即是求仁工夫的落實，所謂的己立立人、己達達人，就在孝弟的工夫上，層層向外推擴。吾人又可以從反方向來思考一問題，即是吾人不能作到孝、弟的工夫，則所謂的仁義，亦只是虛名，故必有孝弟之工夫，才是行仁。

　　然而近溪為何特別重視孝弟，其言曰：「『孝弟也者，其為仁之本與』！本猶根也，樹必根於地，而人必根於親也。」〔註122〕此處近溪理解孝弟為仁之本，其為仁應當作何解釋？自二程〔註123〕開始此即有不同的理解。就為仁之本來說，若將「為」當成繫詞，其義則是孝弟也者，是仁的根本；若將「為」理解為動詞，其義就是把孝弟當成行仁的根本。兩解是對於孝弟的歸屬不同，若從第一解，則是將孝弟當成是仁的一個面向，若從第二解，則是將孝弟當成是一種行為，而此種行為乃是吾人實踐仁德的開始。而近溪的理解，乃是收攝二者，就近溪以為孝弟乃是仁義的實際內容，故必以孝弟是吾人之良知關涉經驗界的實際層面，即孝弟是仁的實際表現；就孝弟作為工夫，孝弟必定也是實踐仁的根本行為，故近溪在其求仁的思考下收攝二者。

　　另外，對於孝弟慈的價值思考並非只限於一人一家，認為若能夠「一家仁，一國興仁；一家義，一國興義，人人愛親，人人敬長，而達之天下」〔註124〕，若能夠人人做到孝弟的工夫，則是自一人以至於家國天下〔註125〕，

今《會語》出晚年者，一本諸《大學》孝、弟、慈之旨，絕口不提二氏。」若是此說為真，則應以孝、弟、慈三者為其工夫。見羅近溪《羅汝芳集·附錄·近溪羅先生傳》，頁858。
〔註121〕羅近溪《羅汝芳集·近溪子集·卷御》，頁135。
〔註122〕羅近溪《羅汝芳集·近溪羅先生一貫編》，頁333。
〔註123〕明道對於孝弟的看法曾提出：「『孝弟也者，其為仁之本與！』言為仁之本，非仁之本也。」（見《二程集·河南程氏遺書卷第十一·明道先生語二》，頁125。）而伊川的看法為：「謂行仁自孝弟始。蓋孝弟是仁之一事，謂之行仁之本則可，謂之是仁之本則不可。蓋仁是一性也，孝弟是用也。性中只有仁義禮智四者，幾曾有孝弟來？仁主於愛，愛莫大於愛親。故曰：『孝弟也者，其為仁之本歟！』」（見《二程集·河南程氏遺書卷第十八·伊川先生語四》，頁182。）
〔註124〕羅近溪《羅汝芳集·近溪子集·卷書》，頁158。
〔註125〕「後遂從《大學》至善，推演到孝弟慈，為天生明德，本自一人之身而末及國家天下。」見羅近溪《羅汝芳集·近溪子續集·卷乾》，頁232。
又陳來對於近溪孝弟慈的說法，有另一取向的看法：「羅汝芳對『孝弟慈』的

莫不在吾人之良知的功化之下。更進一步點出孝弟之工夫，是能夠達到天人爲一的工夫〔註126〕。就孝弟的工夫來說，如何能夠達到近溪所言之天人爲一？就近溪的工夫論來說，並非是重在意念的細微內在工夫修爲，甚至可以說是在現象上的工夫，但並非是近溪的工夫粗略，在此借用物自身的說法來說明。近溪之學，可以將仁視爲物自身，而孝弟即是行仁之根本，是以孝弟之工夫即等同於行仁，可透過行孝弟之工夫回到仁體〔註127〕。然而近溪爲何

理解不僅限於儒家經典中冬溫夏清的方式，服從長上的要求等。而是容納了從供養父母、撫養子孫，到安生全命、勤謹生涯、保護軀體，以至光大門戶、顯親揚名等一系列價值，這些價值可以說都是體現了家族倫理的原則和規範。因而，羅汝芳以『孝弟慈』爲根本原理的思想，不僅強調了傳統儒學的倫理優先立場在全部爲學中的地位，……在孝弟慈的方式下，世俗儒家倫理得到了充份的肯定。」（見陳來《宋明理學・明代中後期的理學》，頁292。）陳來此說是從世俗的倫理取向出發，即是注意近溪思考的轉向，但是近溪之思考必在其仁體的保證之下，不致落入空洞與形式，也才能夠眞實的體現仁體，否則無仁體的保證，只是空殼而已。

〔註126〕「故必須到天下盡達了孝弟之時，方纔愜快孔子志學的初心、孟子願學的定見，卻渾然是造化一團生生之機，而天即爲我，我即爲天；亦悉然是赤子一般愛敬之良，而人亦同己，己亦同人。」見羅近溪《羅汝芳集・近溪子集・卷書》，頁158。

〔註127〕對於現象與物自身之間的問題，此處只是借用之。就孝弟工夫做爲現象來說，現象必定關涉著經驗世界，而吾人行孝弟之工夫，並非以一正萬，必定是合於不同情境，是以就孝弟工夫歸在現象上說。然而在此處所要解決的問題是，現象與物自身之間是否存在斷裂的問題？就著孝弟之工夫來說，當然是個個不同，但是就吾人有行孝弟之心，此心即是人人皆同，而孝弟之工夫並非是一種外鑠的行爲，必定是由內而發，是以行之，故二者並不斷隔。
另外，日人岡田武彥對於孝弟慈與仁的關係，提出了看法，其言曰：「他終于把性、心也都視爲歸根于孝、弟、慈，而不看作是孝、弟、慈以上的東西。……他雖信奉陽明的致良知說，但以孝弟爲良知之體，以敬長爲致知工夫。陽明使性（理）渾融于心，而近溪則使此心渾融于孝、弟、慈。」（岡田武彥《王陽明與明末儒學・現成派系統》，頁177。）在此可以就幾個層面進行討論：其一，岡田的理解乃是將孝弟慈等同於良知，或者可說孝弟慈具有本體義。但是若是從近溪整體工夫論的思考來看，孝弟慈爲求仁的實下手處，故吾人行孝弟慈時，即是仁體的展現，是以孝弟慈能否直接等同於良知心體，可有討論的空間。其二，就孝弟慈的工夫來說，必定是關涉現實，若是涉及經驗世界，從近溪體用論的脈絡一貫而下，提出孝弟慈的工夫乃是回到道器不分，雖是道器不分，但仍實有道器二者。
吳震對於仁與孝弟慈的看法亦是與岡田武彥爲同一入路，皆認爲孝弟慈即具有本體義，其言曰：「《大學》的孝悌慈就是《中庸》的天命之性、《孟子》的良知良能、《論語》的『爲仁之本』，甚至是《周易》『生生一語化將出來』，而生生不已之天地生化原則『是替孝父母、弟兄長、慈子孫，通透個骨髓』，

特別重視孝弟之工夫？必從其思考首發來看，近溪對於良知學的思考，已不再是著重在討論心性問題，而是轉向吾人如何實踐，在此背景之下，近溪提出的孝弟工夫，乃是行仁之開端，有其特殊地位，並且行孝弟即是行仁，故百姓行孝弟即是行仁，雖匹夫匹婦日用而不知，但並不因此減殺其工夫的價值，近溪的孝弟工夫，並不粗疏。

第六節　聶雙江之歸寂工夫

雙江對良知的規定為本體義，其活動為知覺，是體用上下兩層，工夫只在未發上說，已發無工夫，只是效驗義。在此義理架構下，雙江對工夫的思考，必是著重在如何回歸其心體之本然，保任此心體之純粹，以下說明雙江工夫論的義蘊。

一、靜坐慎獨

雙江既將已發規定為形下之氣上說，是以吾人如何回歸心體之本然，則是其工夫的第一關。在此雙江是以靜坐為入手工夫，其言曰：「其功必始於靜坐。靜坐久，然後氣定，氣定而後見天地之心，見天地之心而後可以語學。即平旦之好惡而觀之，則原委自見，故學以主靜焉，至矣。」〔註128〕以靜坐為工夫之始，其旨乃在復其心體本來澄明之狀態，就在此處向內求取，體證吾人本心，「是故靜坐之嘆，伊川為學者開方便法門；未發氣象，延平為學者點本來面目。定之以中正仁義而主靜，則法天之全功」〔註129〕，就在靜坐中，見吾人之本心。

就著靜中的工夫而言，吾人體察到不囿於思慮見聞的本心之後，如何保持其心之清明？雙江指出：「不睹不聞，一念未萌也；戒慎恐懼，防檢其將發也。不睹不聞便是未發之中，戒懼以養之，所以立本也。」〔註130〕在此必

這是因為《周易》中的『生生』原理正是父母、兄弟、子孫乃至人類與宇宙能夠彼此感通、互為一體的根本依據。」（見吳震《羅汝芳評傳·哲學思想》，頁 222。）在此吳震明確點出孝弟具有本體義。然而近溪特別點出赤子之心即是吾人的良知，但是就近溪的觀點來說，其赤子見父自然知孝，見兄自然知弟，點出孝弟並非外鑠我也，是我固有之，是以近溪特別重視孝弟慈的工夫，乃是此工夫即是吾人不學不慮而能。

〔註128〕聶雙江《聶豹集·答亢子益問學》，頁 255。
〔註129〕聶雙江《聶豹集·答亢子益問學》，頁 255。
〔註130〕聶雙江《聶豹集·答戴伯常》，頁 351。

先辨別其不睹不聞之意，在雙江的思考脈絡中，已發爲情，是以思慮見聞，乃是大人者欲變化其氣質，以滌除其見聞〔註131〕，故必戒愼恐懼，以防止念慮之發，若能如此，所以立其本心，不使搖動。更進一步，雙江提出謹獨之說〔註132〕，其所謂謹獨，應是謹心上之獨，而非指獨處。對於謹獨之說，其義有二，就個人念慮之活動，乃是人人內心的眞實感受，並非求他人之知解，乃是吾人生命中必須誠摯面對，是以謹獨乃是對自己負責。若將其意推擴之，就個人的工夫修爲，不在於他人之見與不見，而在自我的修證，是求在己者，不因他人譽之而加增，不因他人毀之而加減，是以謹獨。故雙江以爲「蓋非致中之外，別有致和工夫；愼獨之外，別有致中工夫也」〔註133〕，「工夫在本不在事」〔註134〕，如何復其本心與立其本心，是其工夫第一關。

二、持敬主靜

第一關的工夫乃在求吾人如何識其本體，但並非執定在此，對於日常工夫，雙江提出「持敬」之說，其言云：「然由敬而入者，有所持循，久則內外齋莊，自無不靜。若入頭便主靜，惟有上根者能之。蓋天資明健，合下便見本體，亦甚省力。而其弊也，或至於厭棄事物，賺入別樣蹊徑。」〔註135〕持敬工夫的淵源，可見於伊川涵養用敬之說，然而雙江之敬與伊川、朱子系統不同。在伊川的思考下，依牟宗三之說則是：「即由此敬來經驗地直此實然的心使之轉成道德的。常常如此，即曰涵養。……涵養是涵養那『經驗地直內』之經驗的敬心也，不是如孟子之言存養，是存養那先天的道德本心也。」〔註136〕雙江的「敬」雖是日用工夫，關聯著經驗而言，但並非以此經驗之心轉換爲道德之心，雙江之言心，仍是一道德本心。敬雖關連著經驗來說，其經驗可以在「持敬有生熟之異，生則難，熟則易」〔註137〕，即道德判斷上講，

〔註131〕「大人者變化其氣質，滌除其聞見，以養吾良知之至誠惻怛，此所以爲不失赤子之心也。」見聶雙江《聶豹集·答董明建》，頁418。

〔註132〕「謹獨，修德之功耶。如微之顯，可與入德，其義可見。」見聶雙江《聶豹集·答歐陽南野太史三》，頁245。

〔註133〕聶雙江《聶豹集·答陳明水》，頁412。

〔註134〕聶雙江《聶豹集·答郡西渠》，頁305。

〔註135〕聶雙江《聶豹集·辯中》，頁551。

〔註136〕牟宗三《心體與性體·程伊川的分解表示》，冊二（臺北：正中書局，2002年10月），頁386。

〔註137〕聶雙江《聶豹集·辯心》，頁571。

但不可認爲其心是一由外在規範而使之合理的經驗心，必先求其本心之澄明，再言格物〔註138〕，吾人不可不辨。

進一步說，其言若入頭便主靜，乃是上根人之事，此處之主靜，乃是當下見其本體，但並非人人皆可由此入手，若單以此爲教法，其流弊是誤以靜是無所從事，或至無工夫可說。雙江主靜之靜，吾人亦可稱之爲靜體，但提出敬的工夫，乃就眾生根器不同，欲變化其氣質之性，乃是困勉之工夫〔註139〕。雙江在此，曾與浙中龍溪展開論辯，以爲其「良知在人，本無汙壞，……苟能一念自反，即得本心」〔註140〕之說，乃是「言之太易」〔註141〕，甚至質問龍溪：「尊兄稱祖師三十年，今日自信其果爲君子乎？爲堯舜乎？豈無一念自反而得其本心之時乎？……愚之可使爲明，柔之可使爲強，非困心衡慮，百倍其功，而能庶幾於仁者，鮮矣。」〔註142〕在此可看出，雙江對於龍溪學說的強烈質問，認爲識得良知本體，無法保證有一持續的工夫，使其心體時時刻刻無有不正，是以必有持敬工夫。但龍溪的說法，是從本體上說，從根源處定住凡聖皆有成聖之可能，並非以此爲工夫，或以本體而非工夫，此可見二子的思考與關心的層次不同，是以吾人必細察之，不必相非。另外，雙江言主靜之流弊，有厭棄事物之虞，可理解爲針對佛教而發，對於儒佛之辨，乃在格物〔註143〕，「蓋言釋氏致知與吾儒同，但彼在絕物，吾儒則在格物也」〔註144〕，更可看出其重視事用。對於明分體用的雙江來說，格物乃是發用處，即是本體之效驗，可知雙江之持敬工夫，有實在的生命感受。

〔註138〕「誠意本於致知，故君子必慎其獨。獨，知也，慎獨即致知也。是以見誠意、致知、格物是一串工夫，本無闕文。」見聶雙江《聶豹集・答戴伯常》，頁329。

〔註139〕「既各隨其性之所便，才說持敬，便自不安。敬則些子氣質著不得，若欲變化氣質，闕卻莊敬持養一段工夫，更無入手處。張子曰：『爲學大益，在自求變化氣質。不爾，皆爲人之弊，卒無所發明，不見聖人之奧。』愚必明，柔必強，變化氣質之學，本於人一己百，人十己千，困勉之功而後能，乃遽以自得脫灑爲詞，其誤人不淺也。」見聶雙江《聶豹集・辯心》，頁586。

〔註140〕聶雙江《聶豹集・答王龍溪》，頁391。

〔註141〕聶雙江《聶豹集・答王龍溪》，頁391。

〔註142〕聶雙江《聶豹集・答王龍溪》，頁391。

〔註143〕「儒佛之辨甚微，格物與不格物，乃千里謬處。」見聶雙江《聶豹集・答王龍溪》，頁398。

〔註144〕聶雙江《聶豹集・答賀龍岡》，頁297。

另外，思考道德判斷之問題，對於歸寂之本體，如何保證在已發上無有不正？雙江之持敬，即可對此問題進行說明。陽明之格物，就是在格物中增加吾人道德判斷的準確性，但雙江之格物上無工夫，他在主靜之後，提出敬的工夫，其敬可視爲道德判斷的增進工夫，雙江以爲此敬的工夫，自可回應他人批評偏枯之說〔註145〕，但是此工夫教法仍有減殺良知道德判斷力之虞。

三、致虛守寂

吾人修養到了工夫熟處，雙江直言，「中是眞正主腦，允執是工夫歸結處」〔註146〕，就在致守吾人虛寂本體，無有放失，「致虛守寂，方是不睹不聞之學，歸根復命之要」〔註147〕，達到從心所欲不逾矩的工夫境界，並且惟有在此處所發之情，才能夠無有偏失，其言曰：「竊謂知，良知也，虛靈不昧，天命之性也；致者，充極其虛靈之本體，而不以一毫意欲自蔽，而明德在我。格物者，感而遂通天下之故，而修齊治平，一以貫之，是謂明明德於天下也。」〔註148〕在此可知，雙江對於致知的工夫，是關聯個人的生命修爲，但就其格物來說，則是在吾人修養達到「未發之中，可以養心，可以養氣，可以照萬物而施無不備」〔註149〕，就在此處說明明德於天下，並且內外一貫，皆在吾人虛寂本體的保證之下，無有偏失。

在雙江的歸寂主靜的思考之下，其工夫之重心皆在如何復歸吾人之本心。除了體證吾人本心之外，如何持守之，亦爲其思考的方向，就在本心的無不中矩之下，已發的情，即吾人之外王事功皆在此保證之下，得以穩住。

第七節　羅念菴之識本保聚

就念菴的學思歷程來說，實有三變，不過本節以念菴轉向雙江學說之後爲討論中心。念菴學問轉向後，其體用觀近於雙江分爲兩個層次，是以念菴的工夫中心，亦是思考如何回歸吾人之本心。

〔註145〕「若謂『工夫只是致知』，而謂『格物無工夫』，其流之弊，便至於絕物，便是仙佛之學。」見王龍溪《王畿集・答聶雙江》，頁199。
〔註146〕聶雙江《聶豹集・辯中》，頁544。
〔註147〕聶雙江《聶豹集・答王龍溪》，頁377。
〔註148〕聶雙江《聶豹集・答戴伯常》，頁318。
〔註149〕聶雙江《聶豹集・答汪周潭二》，頁303。

一、默識本體

　　就念菴的思考脈絡之下，對於吾人生命中的病痛，必定是先復知良知本體後，才能夠眞正的辨別自身的缺失〔註150〕，是以欲對治生命中的病痛，必先「回頭尋向裏耳」〔註151〕，「此心漸漸可自見」〔註152〕。故念菴提出了靜坐之工夫，其言曰：「靜坐收拾此心，此千古聖學成始成終句，但此中有辨。在靜坐識得本心後，根底作用俱不作疑，即動靜出入，咸有著落，分寸不迷，始爲知方。然須靜中安貼得下，氣機斂寂後，方有所識。」〔註153〕靜坐之工夫乃是吾人識得本心之第一工夫，並以爲：「聖賢誘人入門，要當平實簡易，使人易從，不應遽限以高遠若此也。……夫守是而存之，人人可以勉進，至日久則可奪舊習，是其進爲次序，中人以下皆不至於苦難也。」〔註154〕念菴認爲此法人人可學而至，也就在識得本心之後，才能夠對本體與其發用，皆能無疑。在此處仍需注意一點，即念菴此時之學，乃是以主靜爲吾人入手處〔註155〕，其義在說明如何回歸本體，但就良知本體而言，則是即動即靜，不落在動靜上言，若以動靜言之，則是已落入相對。

　　若更進一步討論，對於吾人體認之本體而言，是否只在靜坐中？對此，念菴亦有深刻的反省，其言曰：「近入山月餘，內境之擾又無所避，不覺爽然，始知在山在家無所去取，內境外境本自相緣。……心既有擾，須以靜除；欲其盡除，必令盡忘。內外俱忘，動始不動。質之定性，語亦不殊。從此靜坐，頗不厭苦。」〔註156〕對於主靜之說，乃在求吾人內心之平和，非由外境遷引，物交物而引之〔註157〕，是以在家無異於在山，必是「不見動靜

〔註150〕「夫人固未有無病者，然未知本體，則亦未能辨病痛之所在；未知復本體，則亦未能忘病痛之必去。」見羅念菴《羅洪先集・書退省卷》，頁658。

〔註151〕羅念菴《羅洪先集・答王有訓》，頁230。

〔註152〕羅念菴《羅洪先集・與謝維世》，頁275。

〔註153〕羅念菴《羅洪先集・答王有訓》，頁230。

〔註154〕羅念菴《羅洪先集・答何吉陽都憲》，頁450～451。

〔註155〕「今之言良知者，惡聞靜之一言，以爲良知該動靜，合內外，而今主於靜焉，偏矣，何以動應？此恐執言而或未盡其意也。夫良知該動靜，合內外，其體統也；吾之主靜所以致之，蓋言學也。」見羅念菴《羅洪先集・答董蓉山》，頁334。

〔註156〕羅念菴《羅洪先集・寄雙江公》，頁192。

〔註157〕「人但知惡外物，而不知絕內馳；但求解外膠，而不求融內見。……攝物歸我者，無物非我；牽我徇物者，無我非物。無我非我者，物化我也，處紛雜而精不搖；無我非物主，我化物也，屏幽寂而神不靜。」見羅念菴《羅洪先

二境。自謂此即是靜定工夫，非止紐定嘿坐時是靜，到動應時便無著靜處」〔註158〕。是以對於念菴的默認本體，可有兩個層次來討論。方吾人工夫未熟，或是初學入門，可以靜坐來體認本體，此為方便法門〔註159〕。但不可執此，落入偏枯，必定是要更進一步，不為外境所牽纏，吾人之所以能靜，不決定於外，而是定之以吾人之心。故念菴質之《定性》，動亦定，靜亦定，其深意在此〔註160〕。

二、收攝保聚

念菴在工夫論上，指出：「靜中收攝，使精神常斂不散，培根之譬也。」〔註161〕在此可視為默識本體工夫的深化，是體證本體之後的修持工夫。又言曰：「酬酢萬變，而於寂者，未嘗有礙，非不礙也，吾有所主故也，苟無所主，則亦馳逐而不返矣；聲臭俱泯，而於感者，未嘗有息，非不息也，吾無所倚故也，則亦膠固而不通矣。此所謂收攝保聚之功。」〔註162〕此則是更進一步說明，真正內心有所主，則雖感而寂無不在，若心無所本，則雖萬境俱滅，亦有何止，隨著外境而本體有不同，則是離寂之感也〔註163〕。是以強調時時收攝精神，保任此心，乃是「務求不負此良知，庶幾樸實頭不落陷穽耳」〔註164〕，對於偏落內外，念菴皆反對之，其言曰：「良知本無內外，今人未經磨琢，卻都在逐外一邊走透，稍知反觀而不得其要，又容易在守內一邊執著。脫此兩種，始入內外兩忘路徑，始是近裏有安頓人。」〔註165〕。

考論念菴工夫論的進程，雖然其思想有三變，但是就念菴的工夫來說，實可視之為對默識本體的深化。就默識本體言，乃是強調吾人如何回歸本心，

集・寐言》，頁707。

〔註158〕羅念菴《羅洪先集・松原志晤》，頁696。

〔註159〕「工夫未至聖，皆有可商量。所難得者，肯回頭尋向裏耳。」見羅念菴《羅洪先集・答王有訓》，頁230。

〔註160〕「所謂定者，動亦定，靜亦定，無將迎，無內外。苟以外為外，牽己以從之，是以己性為有內外也。且以性為隨物於外，則當其在外時，何者為在內？是有意於絕外誘，而不知性無內外也。既以內外為二本，則又烏可遽語定哉？」見程顥、程頤《二程集・答橫渠張子厚先生書》，頁460。

〔註161〕羅念菴《羅洪先集・答王著久》，頁258。

〔註162〕羅念菴《羅洪先集・甲寅夏遊記》，頁83。

〔註163〕羅念菴《羅洪先集・甲寅夏遊記》，頁83。

〔註164〕羅念菴《羅洪先集・與謝維世》，頁276。

〔註165〕羅念菴《羅洪先集・與胡都學》，頁308。

並且以靜中體認爲工夫入手處，但就收攝保聚來說，是進一步在應事無內外之別。承前所論，就良知本體而言，無動靜可分，但學則必由靜入手，是以其工夫歷程，是由靜歸化到與良知無動靜可分之境〔註166〕。

〔註166〕吳震認爲：「念菴主張良知『非萬死工夫斷不能生』。而其所謂的『萬死工夫』，無非是指『收斂靜定』。如此一來，『靜定』工夫成了良知存在的前提條件；良知『生成』于後天之工夫。如此說法便有失偏頗。」（見《陽明後學研究》，頁244）念菴的非萬死靜定工夫不能生，是指透過此工夫回到本然如此之本體，其本體仍是人人皆有，但並非不做工夫就可以從心所欲，無所偏失，竊以爲念菴此意並非是以良知在工夫後生成，吾人在此不可不辨。

第五章　工夫論評議

前章乃是展開各家工夫，如實的呈現諸子工夫的進程，而本章進一步分析後學諸子工夫論的義蘊，並說明各家工夫論的特色，以及各家工夫論在整體王學中的意義。另外，試圖比較諸子學脈的不同，進而探討各家工夫論異同的問題。

第一節　各家工夫論評議

本節將說明陽明後學諸子工夫論的意義及其價值所在。王龍溪的先天後天合一之學，是說明良知學最後達到的理論高度，並且因後天之學的提出，使得龍溪之工夫轉向於誠意。錢緒山工夫結穴於誠意，其誠意工夫的意義是否同於龍溪？歷來皆以天泉證道分別二子學問，但二子學問是否有從偏重到相融的可能，則是吾人企圖說明的問題。歐陽南野的工夫可說是以循良知為主，但是有性之與反之的不同路向，其關懷的角度為何？本文擬從慎獨的概念進行說明。鄒東廓的戒懼之學，與致良知的關係，及其正視理氣的學問特色，吾人應如理解之？近溪身為陽明三傳弟子，對於工夫的思考已走向日用平常，良知教如何實踐於日用之中，則是本文說明的重點。最後討論雙江與念菴，二子不論是在體用或是格致論題的觀點，皆不同於上述諸子，故而思考二子工夫論是否為心學的另一型態。

一、王龍溪

透過前章對龍溪工夫論的討論，可以明白龍溪的工夫教路，有先天正心之學與後天誠意工夫，以下將說明龍溪先天後天合一的工夫論意義，以及龍

溪工夫論與陽明學不同，並嘗試爲龍溪的工夫論提供新的思考方向。

（一）先天後天合一

龍溪提出的先天後天之工夫，雖有在根器上接引的不同，但是並非可將此兩者分開，視爲斷然兩截者：「聖人學者本無二學，本體工夫亦非二事。聖人自然無欲，是即本體便是工夫，學者寡欲以至於無，是做工夫求復本體。故雖生知安行，兼修之功未嘗廢困勉；雖困知勉行，所性之體未嘗不生知安行。」〔註1〕龍溪雖然將工夫分爲先天後天之學，但是先天之學實是一工夫境界，非一般所謂的工夫義，必定從後天之學入手，才是一實際的工夫教路。就本體上來說，常人與聖人皆是生知安行，此固無可疑，但是就工夫上，學者須做工夫以求復本體，但聖人亦必上乘兼修中下〔註2〕。

然而分先天後天之學，龍溪認爲「亦言先後合一之宗，正是不可分之本旨」〔註3〕，爲何有分？乃是不得已。強爲根器不同之人，即上根、中根以下之人立說之權法，並不可以執定。或以先天非後天，或以後天非先天，皆非。先天後天無分別，隨機應用，「本體功夫，淺深難易，雖有不同，及其成功一也」〔註4〕。

〔註1〕王龍溪《王畿集・答季彭山龍鏡書》，頁212。

〔註2〕楊國榮（《王學通論——從王陽明到熊十力・致良知說的分化》，頁93）提出：「王畿將工夫不離本體片面加以強化，斷言只此知即已盡了工夫，實質上即以本體與工夫雙向關係中的前一方面排斥了後一方面。而對工夫與本體之關係如此片面理解的直接結果，即是把見在本體凝固化。……王畿即由突出見在本體的作用而否定了本體本身有一個形成，開展的過程，從而多少由王陽明的致知過程走向了獨斷的非過程論。」以爲龍溪以先天見在良知消融後天之工夫。但細考龍溪之意，其自言：「見在良知與聖人未嘗不同，所不同者，能致與不能致耳。」（見《王畿集・與獅泉劉子問答》，頁81）龍溪亦知道世間根器實有不同，是以見在良知是就普遍性說，非以此否定工夫。在先天之學，其心意知物，是一體之流行，雖然看似一體平鋪，但在良知教下，亦實是一縱貫，只是其過程不顯，且龍溪之學亦有後天合本體之工夫。是以楊書不能看到龍溪後天之學的意義，而有此說，亦一偏也。
高瑋謙（《王龍溪『見在良知』說研究・王龍溪『見在良知』說下之工夫論》，頁149）對於龍溪先天後天工夫義的理解爲：「蓋自方便法說，人之根器，原有兩種，所以工夫入路有『正心』和『誠意』兩路；自究竟處說，則是『聖人亦是學知，眾人亦是生知』，實無定性眾生，根器上下之分只是暫時之權說，故『正心』和『誠意』兩路亦可經由教者之點化而上提爲一路。」在此認爲先天後天可經由教者點化合一。

〔註3〕王龍溪《王畿集・南遊會紀》，頁753。

〔註4〕王龍溪《王畿集・答馮緯川》，頁243。

　　龍溪提出的先天正心、後天誠意之學，在先天後天合一的理論之下，有何意義？先天之學，其意知物，在心體的保證下，純粹至善，是心體之一體流行。然而後天之學，特別提出誠意克念是工夫重心，在四有句的脈絡下，意是有善有惡，是以在事上便有善惡。若在意上就能漸合本體，不有妄念，亦隨著妄念少，而物亦可是善。故對治意念，使其從有善有惡，而歸於心體之至善，則後天之教法，可回到先天之學，是以其先天後天教法不二，在此統合下，才有價值意義。雖然後天誠意克念之學，透過漸修的方式，是同質的改變，但正因為先天後天都立根於心上，由此來保證頓悟的異質超越，其言先天後天合一，最後要達到的是良知學的圓教的高度〔註5〕。

（二）工夫的轉向

　　陽明學的工夫重點是在致良知，陽明早年「遍覽考亭之書，循序格物，顧物理吾心終判為二，無所得入」〔註6〕，是以其教法針對朱子之學中，以橫攝認知，格外物以窮理，將心與理二分而發。在此先不論陽明是否誤解朱熹格物之意，但是朱子的學問屬仍是他律道德，非自律道德，雖然朱學最後仍要成就的是道德價值而非知識系統，但其理論仍是無法保證在「至於用力之久，而一旦豁然貫通焉，則眾物之表裡精粗無不到，而吾心之全體大用無不明矣」〔註7〕，有一異質超越的頓悟。陽明學的工夫，在扭轉他律為自律，良知本心即我所本有，是以其教法重點在「致良知」，教人如何體認良知本體。

　　陽明對於常人之心，認為「如斑垢駁雜之鏡，須痛加刮磨一番，盡去其駁蝕」〔註8〕，常人要如何回到無雜之本體，必定是做致良知的工夫，其言曰：「夫學問思辯篤行之功，雖其用勉至於人一己百，而擴充之極，至於盡心知天，亦不過致吾心之良知而已。」〔註9〕是以致良知是在擴充吾人本心，最後達到生命全體便是良知天理之流行，與聖人同。在此須注意的是，並非陽明以為本心有善有不善，其只以塵垢譬之，一旦能做致知工夫，則將障蔽去

〔註5〕「本體有頓悟，有漸悟；工夫有頓修、有漸修。萬握絲頭，一齊斬斷，此頓法也；芽苗漸長，馴至實秀，此漸法也。」見王龍溪《王畿集・留都會紀》，頁89。

〔註6〕黃宗羲《明儒學案・姚江學案》，頁181。

〔註7〕朱熹《四書集註・格致補傳》，頁7。

〔註8〕王陽明《王陽明全集・答黃宗賢應原忠》，頁146。

〔註9〕陳榮捷詳註集評《王陽明傳習錄詳註集評》，頁174。

除，自還他本心光明，可知陽明教法重點在致知。

由於陽明已經窮盡良知教法，故龍溪之學的思考重心轉向如何在致知工夫上，更進一層的，提出讓良知教法趨於圓教的工夫，本文以為龍溪提出先天後天之學的用心即從此處說。

在此須對陽明的四句教，與龍溪誠意克念之工夫做一比較。就著陽明的四句教說，其致良知於事事物物，起心動念處是有善有不善，物乃是意所對，而物有善有不善，正因有良知作為判準，故能夠知善知惡，進一步做為善去惡之格物工夫。能夠知道意之有善有不善，及能夠對物做一為善去惡者，即是內在於吾人本有的心體，即能知善知惡的良知，是以在陽明處，知善知惡，實是工夫論的核心所在。

但是龍溪的克念工夫，當然是就著心意知物來說明，若能在意念處，已做一誠意克念之工夫，最後回到與心為一的無善無惡之狀態。是以當人克念之工夫多，對應於物上的不正之物愈少，最後若能回到心意為一，同為無善無惡，則對應之物亦是無善無惡，物物皆正，進而達到龍溪所指點的四無化境。

龍溪的工夫論，是落在陽明的良知教上，並非以為誠意克念只是在念慮中，必定是在格物之中顯，但是在工夫重心，則轉向誠意克念，其亦云：「吾人此生幹當，無巧說、無多術，只從一念入微處討生死，全體精神打併歸一，看他起處，看他落處，精專凝定，不復知有其他。此念綿密，道力勝於業力，習氣自無從而入，雜念自無從而生。」〔註 10〕在此可以看出龍溪對於誠意正念工夫之重視，只有能夠專心致志，透過做工夫使意念合於本體，最後趨向四無化境。

龍溪的工夫論，立根於良知教無疑，但在陽明處，其從本體上定住了凡聖同一的基礎，但是龍溪則是更進一步的，從工夫上，提供了一個常人透過做工夫，最後必定能與聖人同的境界，是以不論在本體與工夫上，都能達到圓教的高度，這就是龍溪工夫論的意義與價值。從工夫上說，陽明致良知重在良知之開展，而龍溪誠意克念的工夫，則是著重在所起之意念皆與良知同體。

二、錢緒山

緒山的工夫論特重誠意，然而其誠意工夫意義何在？歷來評論緒山學問

〔註 10〕王龍溪《王畿集‧答李漸菴》，頁 271。

時，多與龍溪並舉，亦有學者認爲二子工夫路向相反，此說是否能切中二子學問大要，本文在此擬重新說明，以下將分疏之。

（一）誠意之義

緒山認爲正心之工夫，必在誠意上求〔註11〕，若是從心意知物的脈絡上來看，正心之正，實無工夫義可說，其雖言曰：「忿懥、好樂、恐懼、憂患，一著於有，心即不得其正矣。」〔註12〕在此須注意緒山言心不得其正之義，其所言忿懥等，乃是心之感應，而心之感應即是意，故緒山所言心不得其正，是說明意住於此種情緒之中，有所住就是有一定向，即是吾人之心爲意所牽引，而展現出某一特定面向，此時之心並非原來清明之心體，故此心不得其正。但此時之心不得其正，並非是心體爲意所壞損，只是爲意念所遮蔽，欲使心正，其工夫不在正心，必落在誠意無誤。

既然緒山特重誠意之工夫，可以從兩個方面來討論。其一，意乃是吾人心之應感，或者吾人可稱意爲心與物之中介，交通心與物。若從心出發，意乃是心正與不正的關鍵；從物出發，意的善惡，即直接影響物的中節與否，並且吾人之意念乃是念念相續不斷，斷念既不可得，是以如何使吾人之意回到與心同體，則是緒山必需思考的問題。其二，緒山的誠意工夫關聯著格物來說，必重事用，即陽明事上磨練之意。當時王門諸子對於陽明的教法已有各人體證不同的分歧，緒山與龍溪雖同爲浙中王學的代表，但二子學問仍有不同。緒山以爲龍溪：「日來論本體處，說得十分清脫，及徵之行事，疏略處甚多，此便是學問落空處。」〔註13〕緒山稱許龍溪論良知心體可謂高妙，但是也對於此學問路向產生懷疑，即認爲只是談論本體，實踐有所不足，這便是學問落空，使良知學易成一虛空的學問，沒有實踐作爲良知學的實際內容〔註14〕，故本文認爲緒山的誠意學問的出發點及其意義在此。

龍溪與緒山皆提出誠意的工夫，然而二者對於誠意工夫的意義有何異同？就二子在工夫論上皆特重誠意，在陽明四句教之後，對心意知物的思考，

〔註11〕錢緒山《徐愛　錢德洪　董澐集・錢德洪語錄詩文輯佚・語錄》，頁120。

〔註12〕錢緒山《徐愛　錢德洪　董澐集・錢德洪語錄詩文輯佚・語錄》，頁120。

〔註13〕錢緒山《徐愛　錢德洪　董澐集・錢德洪語錄詩文輯佚・語錄》，頁150。

〔註14〕緒山的體用觀以心體事用爲主，並且認爲良知教必進至格物處才是完整，或許吾人可說，緒山的學問實踐性格十分濃厚，認爲良知學並非在空談心性，若只如此，則是吾人學問無處掛搭，只是一紙上學問。

從致知轉向到誠意，思考如何在意念發動處，即是意與心同體，可以讓意念所對之物，無有不正，龍溪與緒山對意念的思考，都能達到如何使意回到與心同體的高度，但龍溪學說，在相對於後天誠意之學，有一先天正心之學，即是清楚點出一個學問圓教的高度，就是吾人最後能夠達到的境界，而緒山的思考未進至此層，龍溪學問思考勝過緒山處正在此。

（二）由偏重到相融

黃宗羲《明儒學案》中對於龍溪與緒山的評論為：「龍溪從見在悟其變動不居之體，先生只於事物上實心磨練，故先生之徹悟不如龍溪，龍溪之修持不如先生。」〔註15〕黃宗羲此說一出，後人評論多從此說〔註16〕，然而龍溪與緒山之相異是否真如此說，似乎仍有討論空間。

二子學問於天泉證道之時，已見其輕重不同，並且在四句教上進行討論，後人亦據此而有龍溪善悟本體，而緒山重事用的說法〔註17〕。緒山〈與張浮

〔註15〕 黃宗羲《明儒學案·浙中王門學案一》，頁226。

〔註16〕 「德洪徹悟不如畿，畿持循不如亦不如德洪，然畿竟入於禪，而德洪猶不失儒者矩矱云。」見錢緒山《徐愛 錢德洪 董澐集·附錄·錢德洪傳》，頁403。據該書編案，錄自明史卷二八三。

〔註17〕 對於天泉證道的記錄，在此擇錄《傳習錄》、《王畿集》與《鄒守益集》三版本中陽明對二子評論。《傳習錄》中記載：「汝中之見，是我這裏接利根人的。德洪之見，是我這裏為其次立法的。二君相取為用。則中人上下，皆可引入於道。若各執一邊，眼前便有失人。便於道體各有未盡。……利根之人，世亦難遇。本體工夫，一悟盡透，此顏子明道所不敢承擔。豈可輕易望人？人有習心，不教他在良知上實用為善去惡功夫，只去懸空想箇本體。一切事為，俱不著實。不過養成一箇虛寂。此箇病痛，不是小小。不可不早說破。」見該書頁360。《王畿集》中記為：「若執四無之見，不通得眾人之意，只好接上根人，中根以下人無從接授。若執四有之見，認定意是有善有惡的，只好接中根以下人，上根人亦無從接授。但吾人凡心未了，雖已得悟，不妨隨時用漸修工夫。不如此，不足以超凡入聖，所謂上乘兼修中下也。汝中此意，正好保任，不宜輕易示人，概而言之，反成露泄。德洪卻須進此一格，始為玄通。德洪質性沉毅，汝中資性明朗，故其所得，亦各因其所近。若能互相取益，使吾教法上下皆通，始為善學耳。」見該書頁2。《鄒守益集·青原贈處》中提到此事，記為：「洪甫須識汝中本體，汝中須識洪甫工夫。二子打併一，不失吾傳矣！」見該書頁103。對於天泉證道的記載主要見於此三處，其中或有詳略，則是分別代表三子的看法，陽明《傳習錄》主要由緒山整理而成，故以《傳習錄》代表緒山的觀點。就《傳習錄》中所載，以為著重在為善去惡之工夫，雖然緒山此記載，錄出了二子說發分別接引利根之人與其次立法，但此說仍是重在人有習心一句，利根之人畢竟難見，常人必從誠意之學入，故緒山重在事用，認為只空想本體只是養成一個虛寂，即是光影。龍溪所載

峰〉一文中提及:「龍溪學日平實,於毀譽紛冗中,益見奮惕。弟向與意見不同,雖承老師遺命,相取爲益,終與入處異路,未見能渾接一體。歸來屢經多故,不肖始能純信本心,龍溪亦於事上自肯磨滌,自此正相當。」〔註18〕此說可以分成兩部分,即是對龍溪學問的再衡定,與自身學問的再調整。此是緒山較晚的書信,可以看出緒山對於龍溪學問的看法已有修正,對於龍溪學問的論斷,已非如早先以爲龍溪善悟本體,脫略事用,而致枯寂疏略〔註19〕,相反的,認爲龍溪學問日漸平實,緒山此說可視爲對良知體悟的再一次的躍進。在此須注意純信本心一語,在歷經多故之後,能夠作爲人生定盤針者,只有吾人之良知。正因對本體的體證不同,緒山對龍溪所言之良知重新衡定,認爲龍溪並非不見事上磨練的重要,故對於龍溪學有此修正。重新衡定雙方學問之後,緒山能夠正視龍溪學問有事上磨練,即格物的部分,亦自覺的提出能夠純信本心,雖然在天泉證道之時,二子學說互有輕重,但

的說法,反以調合二者說法,以爲必兼取二者才能夠使良知教法上下皆通,但就《傳習錄》中以四句教爲徹上徹下語,在此必先明其義。緒山記錄中可看出其重格物,並特別指出只求悟心體而不求事用容易造成的流弊,而以四句教爲同接上下,然而四句教仍是在無善無惡心之體的保證之下展開,若吾人不能先貞定此良知心體,則緒山之工夫則是無有可能。然而龍溪以調合二家爲主,並非只求悟本體而不求事用,故以爲龍溪提出了四無,乃是在點出良知教最後能夠達到的最高境界,但並非以四無反對四句教,亦可以龍溪的工夫論中有先天之學與後天之學佐證之,不可以爲龍溪只言本體不做工夫。而龍溪進於緒山者,乃在於四無的提出,即是對於良知學的思考達到圓教的高度。東廓的記載則是有將本體與工夫分別歸於龍溪與緒山的意味,或可以爲東廓此說爲黃宗羲論斷的根據。

另外,吳震對於龍溪與緒山的學問,提出:「緒山的思想既與重視悟說的龍溪有所不同,又與主張歸寂靜寂之體以求未發之中的歸寂說難以契合,主張于倫物感應之處作誠意之功,這才是緒山在工夫論問題上的基本立場。當然也應看到,在緒山的思想言論當中,既有接近龍溪的一面,又有接近念菴的一面(特別是在批判心學末流諸種流弊這一方面),與此同時又有與兩者都不同的獨到之處。」(見吳震《陽明後學研究‧錢緒山論》,頁145)此說能夠掌握緒山工夫論以誠意爲主,重在事上磨練的工夫,其言緒山思想中有接近龍溪的一面,乃是看到緒山較晚修正自身良知學說的文字。

〔註18〕 錢緒山《徐愛 錢德洪 董澐集‧錢德洪語錄詩文輯佚‧與張浮峰》,頁153。
〔註19〕 「日來論本體處,說得十分清脫,及微之行事,疏略處甚多,此便是學問落空處。」見錢緒山《徐愛 錢德洪 董澐集‧錢德洪語錄詩文輯佚‧復王龍溪》,頁150。「若厭卻應酬,必欲去覓山中,養成一個枯寂,恐以黃金反混作頑鐵矣。」見錢緒山《徐愛 錢德洪 董澐集‧錢德洪語錄詩文輯佚‧復龍溪》,頁151。

在此處已可看到緒山的修正〔註20〕，故黃宗羲此說未見到緒山修正後的說法。不過吾人仍不可以依著緒山修正後的說法，即認為緒山轉向龍溪之學，應理解為緒山在其誠意為主的工夫論下，進一步體證至龍溪所言先天之學的境界，這是對良知本體的再體證，並非整體工夫論的重建，若能如此理解，才能夠真正看到緒山工夫論的價值。

三、歐陽南野

南野工夫論可說是以慎獨與循良知為主，然而二者的關係為何？南野在致良知之外，提出循良知的說法，其意義為何？以下將討論之。

（一）慎獨與循良知

陽明良知教的工夫論，可以一言以蔽之為「致良知」，但是南野將致良知轉化為慎獨與循良知，吾人可思索其間的意涵。南野對於慎獨的理解，慎為工夫義，獨為本體，可稱為獨體，亦稱獨知。雖稱為獨知，但此知並非知識義，而是良知義，以獨知稱說，在強調吾人知良知乃是求之在己〔註21〕，故慎獨乃是一內反的工夫，即是在保持吾人心體澄明，若能不自欺良知，則是知至意誠〔註22〕，並以知至意誠為連結慎獨與循良知兩工夫的關鍵點。就著知至則意誠來說，則是吾人在慎獨的工夫下，良知不放失，由心之所發之意，能夠在慎獨工夫的保證與心同體，故南野所謂循良知工夫，乃是以意為起點。因此對於意可再進一步討論，意可以有兩個路向的理解，其一，順著知至而意誠，即意能夠完全循順吾人之良知，誠意而物自格，在心體的保證之下，全體皆善，但並非此處所言與龍溪的四無相同。龍溪的四無之說乃是一境界義，看不出工夫，但南野此工夫必先有一慎獨之工夫而後達至，故二

〔註20〕緒山對於龍溪學問論斷的轉向，在〈獄中寄龍溪〉一書中可見其轉折關鍵。其言曰：「親蹈生死真境，身世盡空，獨留一念熒魂。耿耿中夜，豁然有省。乃知上天為我設此法象，示我以本來真性，不容絲髮挂帶。」在此緒山始體證龍溪所說良知清明的境界，經過此段體證之後，才能真正自信此心不過，對龍溪學問予以正面肯定，而不是只看到龍溪學問因人病而導致的流弊。見《徐愛 錢德洪 董澐集‧錢德洪語錄詩文輯佚‧獄中寄龍溪》，頁152。

〔註21〕「良知即是獨知，獨知非閒居獨處之謂也。靜亦此知，動亦此知。」見歐陽南野《歐陽德集‧答馮州守》，頁154。

〔註22〕「聖人之學，莫要於慎獨。獨知也者，良知也；慎之也者，不欺其知，以致乎其至也。學者莫不講此，而反觀內省，未能澄瑩融釋；自慊於中，則亦不免於自欺而已矣。誠不自欺，則知至意誠，而無所慊。孟子所謂『反身而誠，樂莫大焉』。」見歐陽南野《歐陽德集‧答楊方洲二》，頁46。

者不同。其二，意仍是有善惡，但是有一良知做爲依循的根據，並依此良知做一爲善去惡的工夫，去僞存誠〔註23〕。

　　吳震對於南野循良知的工夫，提出：「循其良知本體之自然流行，乃是即本體之工夫。南野稱之爲『性之』（與『反之』不同）。但是仍不能否認：『循其自然之本體』有趨向于『率性自然』、『率其性情』之可能。」〔註24〕吳震從循其良知本體之自然流行，來理解南野的循良知，並且在此前提之下，認爲南野此工夫有趨向率其性情之可能。就著南野的循良知工夫，乃是在愼獨的工夫下，循其本體，是以此處之工夫乃是無有偏失。而吳震所謂率其性情，可從南野體用觀檢討，南野對於理氣的思考乃是渾融一體，認爲循良知即天理，不循良知即人欲，並非以氣爲理，仍是在反省性情的問題，愼獨工夫的意義就在此顯現，若是源頭貞定，則循此良知，何弊之有？故本文對吳震的說法，持一保留態度。

（二）愼獨與格物

　　南野的工夫論，可以說是先求本體之清明，愼獨之工夫可說是本體上的工夫，而循良知的工夫，爲從本體向外順推的格物工夫，若是從格物的角度出發，南野所說的愼獨，可以理解爲格心上物，循良知則是致此良知於事事物物。就愼獨來說，在工夫的意涵上較不易出現歧義，但是就循良知則是有可以討論的空間。其一，循良知的工夫意義何在？就南野整體的工夫論系統來說，其循良知工夫是在愼獨的保證之下展開，在心意知物的脈絡下，本體已然澄明，此循良知是否有工夫義？就良知本體來說，是道德價值義，然而吾人應世，在現實上必然有客觀條件與外在事物，並非可以主觀意志操控的，是以吾人面對此場域，並不只是作到愼獨工夫即可應世。另外，再加上南野理氣爲一的思考，可看出他並不偏重理世界與器世界，其循良知工夫的意義就在吾人面對此世界之時，主觀條件與客觀條件如何在吾人良知之下統合起來，故前文所說循良知工夫以意爲起點，其義亦在此。其二，循良知的工夫義是否不易顯現？乍看之下，吾人易以爲南野之循良知有減殺其工夫的可能，而易認爲南野的循良知是否等於雙江、念菴等以致良知於事事物物爲工夫效驗？承前所論，南野的循良知工夫以意爲起點，而意有善有不善，是以

〔註23〕「循此而致之，方是去僞著誠，而論者顧疑其僞，則亦見之爲審耳。」見歐陽南野《歐陽德集・寄京中諸友》，頁11。

〔註24〕吳震《陽明後學研究・歐陽南野論》，頁298。

其循良知仍是有格其不正以歸於正的工夫義，至於吾人做工夫之後，能夠達到吾人預期的效果，便是效驗。或許吾人有疑慮，爲何做工夫之後，會有效驗之問題？從客觀條件的問題來說，是無法完全由個人的主關意志操控，有條件上的限制。故南野的兩路向工夫其義在此〔註25〕。

四、鄒東廓

東廓工夫論可以說即是無欲戒懼之學，而無欲工夫的實下手處即在戒懼，至於戒懼與致良知之間的關係爲何？以下將討論之。

（一）致良知與戒懼

東廓提出的戒懼之學，仍須與致良知工夫合觀，才能夠看出其價值。戒懼之學最關鍵者在戒懼於心，即是本體的工夫，使吾人之心清明，不爲外在事物所隱蔽，在此可理解爲致心上之知。順著戒懼於心，戒懼於意、戒懼於事，此是東廓向外推擴的工夫，即致良知於事事物物。然而東廓在戒懼於心之後，更進一步戒懼於意、物，其意何在？戒懼於意，可使意與心同體，戒懼於事，則是事物無有不正。順此思考，東廓的格物義與陽明有所不同，就陽明所說的格物乃是爲善去惡，但就東廓戒懼於意、事，即是在致良知於事事物物的過程，時時警覺，故東廓戒懼之學下的格物，雖不外爲善去惡的工夫，但更重在省察惡的一面。在此須貫通東廓對理氣的思考，東廓對理氣的思考是性情爲一，自然對於氣的部分特別警省，若不能夠警覺惡的問題，則是隨性情向下滾，故東廓思考的意義在此。

另外，南野與東廓的工夫論特色，可以說都是先做心上的本體工夫，即是愼獨與戒懼，在此工夫基礎之後，再向外推出做一格物工夫，分別爲循良知與戒懼於意、物，而致良知於事事物物是一格物的工夫，並非效驗，此說

〔註25〕朱湘鈺對南野的工夫路向理解爲：「可知南野的思想的確如前人研究所言，隸屬『由工夫以見本體』一系，雖然他也有不少近似於『即本體即工夫』的說法，但這些用語的背後無非是爲了闡明良知本體爲一切道德活動的總根源，『須識取良知著落，則致知工夫始更精切』，學人還必須有爲善去惡此致知工夫，方能全然地展現良知本體。」（見《平實道中啓新局——江右三子良知學研究‧歐陽南野的循良知之學》，國立臺灣師範大學國文研究所博士論文，2006年，頁133）此說已見到南野的工夫論具有兩種型態，但是將南野即本體即工夫的工夫型態，視爲權法，只在說明良知本體爲一切道德活動的總根源。但就本文的考就，以爲這不只是說明良知爲道德的總根源，更是一具有實踐意義的工夫進路。

爲二子同聲共許，就工夫路向來說，二子思考模式相同。但二子仍有相異之處，即二子格物的路向，南野以循良知外推，而東廓仍以戒懼工夫展開。在此南野循良知可說是重在本體義，即認爲在本體上做到愼獨的工夫，格物工夫即可在此本體的保證之下，格其不正以歸於正。相較於南野，東廓的戒懼工夫或可說是重在工夫義，東廓以爲吾人工夫不能只是戒懼於本體，必以此工夫貫通致知與格物。而東廓的思考中，認爲理氣爲一，因此就格物的工夫來說，必定是對應客觀世界，然吾人無法完全掌握客觀條件，故東廓戒懼於意、戒懼於事，就是在面對客觀世界時時警惕，其格物工夫所重在此。雖然二子格物路向不同，但不可執之以相非，有此差異或與個人體證有關，並且對於整體工夫系統的思考，二子工夫路向仍相近。

（二）正視理氣的工夫意義

統觀南野與東廓的工夫系統，可說是明確提出致心上之知與致良知於事事物物的兩路向工夫，然而此系統工夫其義何在？南野與東廓皆提出致心上之知的工夫，此工夫在求如何使吾人之良知保持清明，能夠在格物之時，作爲吾人工夫的定盤針。另外，二子並不把致良知於事事物物，當成是只做心上工夫即可達到的效驗，認爲格物亦有工夫。

二子的工夫論，在後學中可以成爲具有區隔性的系統，可將二子的體用論與工夫論合觀。二子的體用論，皆是屬於體用爲一的型態，然而二子對於理氣的思考皆是理氣合一不分，故較能正視氣的一面，在此並非後學諸子學問忽略氣的一面，而是相對正視之。若與雙江與念菴的工夫比較，二子是做心上之工夫，致良知只在致心上之知，認爲能夠如此，其物自格，外在世界即是在吾人良知的效驗之下，是以雙江與念菴皆以爲格物無工夫，並認爲格物之工夫乃是義襲，而此時之知，乃是落入了知識之知，並非本體良知。如此，吾人何以認爲南野與東廓相對正視氣的一面？雙江與念菴工夫論的特色即是作心上工夫，而將格物當成是吾人心自致後達到的效驗。在此則可能面對一個問題，即是由吾人本心所發的道德世界，可在此良知的保證下無有偏失，但吾人生活的場域，必定關聯著器世界，此即干涉客觀世界的一面。吾人之良知面對客觀世界，乃在賦予此客觀世界一價值義，從吾人所發且可改變者，在於此客觀世界的價值義，而非客觀的器物層次之知識。若是從此角度出發，則是可以看出，南野、東廓亦與雙江、念菴同樣提出心上的工夫。但是因爲在格物處的理解不同，對於理氣關係理解亦相左，進而影響其

工夫論，故本文提出南野與東廓相較之下重視氣的一面，其義在此。

五、羅近溪

近溪工夫論乃是以破光景與日用工夫爲主，然而歷來對於近溪工夫論卻有兩種路向的看法，一方以破光景爲主，一方主孝弟慈，但此二工夫並非對立，以下將說明之。

主近溪工夫爲破光景者，以牟宗三爲代表，其言曰：「如何破除光景而使知體天明亦即天常能具體而眞實地流行于日用之間耶？此蓋是歷史發展之必然，而近溪即承當了此必然，故其學問之風格即專以此爲勝場。……人或以歸宗于仁，以言一體與生化，爲其學之特點，此則顢頇，未得其要也。」〔註26〕另一主近溪工夫爲歸宗於仁，以唐君毅〔註27〕、岡田武彥〔註28〕、張學智〔註29〕、吳震〔註30〕等人爲主。雙方皆能正視近溪學問中，有破光景與日用工夫，所差別者，只是以何者爲首出。牟宗三認爲近溪工夫論以破光景爲主，但仍注意最後是要使此知體流行於日用之間，故牟宗三點出如何從破光景推至日用的問題，其所反對者，乃是近溪是否以仁爲首出的概念，是否可以歸宗於仁言一體與生化者做爲近溪學問之特點，而並非是反對仁。相同的，主仁說者，亦是以爲近溪學說以仁爲首出，亦非不見近溪破光景之工夫〔註31〕。

〔註26〕牟宗三《從陸象山到劉蕺山・王學之分化與發展》，頁291。

〔註27〕「近溪直接標出求仁爲宗，本『仁者人也』之言，而語語不離良知爲仁體之覺悟。」見唐君毅《中國哲學原論・原教篇・羅近溪之即生即身言仁、成大人之身之道》，頁419。

〔註28〕「自程子以來，仁被稱爲生之理。但近溪認爲，在生生不已的天機即天命的生化處，有仁之爲仁的道理。那麼，他是如何重視這個生機的呢？在闡述《易》復卦所謂『復，其見天地之心乎』的思想時，他說過，由于心是無心而生物的心，因而不能以『心』字代替『生』字，由此可推察出他重視『生機』的程度。」見岡田武彥《王陽明與明末儒學・現成派系統》，頁179。

〔註29〕「羅汝芳的學術以《周易》『生之謂易』融合《大學》，《中庸》，以生生之仁爲宇宙法則，以人爲宇宙大道的根本體現，以孝慈爲此生生法則的具體應用，以渾沌順適爲功夫要領。」見張學智《明代哲學史・羅汝芳的「赤子良心」之學》，頁256。

〔註30〕「近溪將『求仁』和『孝悌』（或可化約爲仁和孝，或可擴充爲孝悌慈）視作是《論語》和《孟子》——亦即孔孟的思想宗旨。正是基于這一觀念，近溪堅決主張：『一切經書，皆必會歸孔孟』，亦即回歸《語》《孟》；而孔子的『一切宗旨，一切工夫』，皆『必歸孝弟』、必歸『求仁』。」見吳震《羅汝芳評傳・哲學思想》，頁184。

〔註31〕「羅汝芳既以認取當下、渾淪順適爲功夫路徑，則在在現成，無黏無摯，體

此兩說並非對立，只是雙方對於近溪學問以何者爲首出，看法有所不同。然而二者應如何理解之？何說義理較長，則有待分疏。若從近溪的體用論討論，可知是更進一步的反省體用的問題，不須分體用，認爲吾人工夫就在日用之間。近溪並非不知體用，對於良知本體仍是有深刻的體認，但吾人專求致心上之知，此工夫易導致以光景爲良知的問題，是以近溪在此提出了破光景的工夫，或者吾人可說，破光景乃是一破的工夫，即重在去蔽。不過此是一消極的工夫，近溪在此思考下，打掉體用，故吾人如何不爲光景所蔽，即是其重心所在。近溪對問題的思考，並非只是停留在破光景的工夫，在破光景之後，如何在人間世正面展開，乃是必須面對的課題，若扣緊近溪破除體用，思考良知學如何實踐於日用之中，故提出了日用工夫，即是孝弟慈。順此，對於以上兩說吾人應如何安頓之？本文以爲破光景乃是在解決吾人求本體工夫的病痛，而孝弟慈指點此知體實踐於日用的入路，故车宗三主以破光景爲近溪學的特色，乃是看到近溪反省求本體工夫所造成的問題，也必先解決此問題，日用工夫才有其眞實意義。而唐君毅等人，主仁說推演至孝弟慈工夫者，對於光景問題的安排，仍是在整體仁學之下，破除吾人致此心體之病痛。在近溪對於體用的重新反省之思考下，或可以說，近溪必是在體證仁體之後，看到了刻意追求仁體而衍生出的光景，故對於求本體的工夫有所反省，提出了破光景的工夫。然而工夫不能只是停留在此，經過此一工夫，對於知體的實踐，則是轉向世俗倫理，即是以孝弟慈的工夫展開。近溪學走向日用工夫，乃是經過破光景工夫之後，面對人間世所提出，故經過破光景反省所提出的孝弟慈工夫，實有其深刻意義，若能如此理解，才能夠正視兩工夫論在整體近溪學問中的價值與定位〔註32〕。

　　驗或追求某種特定的心理狀態是多餘的。……強力把捉自己，通過涵養功夫體驗、觀照到的心種景況，他稱爲『光景』……體驗、觀照到此種光景，以爲是修養所得而欣喜留戀、執持不放，是對順適當下的妨礙。」見張學智《明代哲學史·羅汝芳的「赤子良心」之學》，頁261。
　　「近溪指出留戀當下光景，以爲終身受用，則『終難入道』，可以看出，光景問題確是近溪所面對的一個重要問題，基於此，即便說近溪思想之『特殊風格』表現在『破光景』這一方面亦未嘗不可。」見吳震《羅汝芳評傳·哲學思想》，頁295。

〔註32〕吳震雖注意到近溪學中的破光景與仁說，但是他仍是站在仁說的立場來觀照近溪學之整體，然而筆者以爲若不能從近溪本體的思考脈絡來看，則是無法發掘破光景與求仁之間的關係，而有倒向一偏的危險。

六、雙江與念菴

雙江與念菴學問有直接相承之處，屬於同一型態，故在此一併討論之。二子對工夫的思考皆以如何復歸吾人之本心為重心，然而二子皆稱陽明後學，對於陽明之教法，是否有所承繼，或有其特出之深意？以下試討論之。

（一）格致義轉向

陽明格致工夫，於其四句教中，展現無遺，必求吾人在日用工夫中，見吾人之體，格物為格吾人之行為物，其致知，乃致良知於事事物物之上，是以其教法圓融。然而，陽明之學亦有其進程上的不同，即所謂的學前三變，學後三變〔註33〕，就陽明學說本身，在不同階段，亦有其良知說成熟與否的問題；復次，陽明接引學生，並非執一化萬，乃是就當下學生的病痛處指點，隨人說法；再者，後學人人根器不同，必有其性之所近，是以在教法上亦有所取擇。

以是之故，雙江與念菴對於良知學的體認，與其他諸子有其不同的取向。就雙江對於陽明之說，亟稱「良知是未發之中，寂然大公的本體，便自能感而遂通，便自能物來順應」、「袪除思慮，令此心光光地，便是未發之中，便是寂然不動，便是廓然大公。自然發而中節，自然感而遂通，自然物來順應」、「有未發之中，便有發而中節之和。常人無發而中節之和，須是知他未發之中未能全得」〔註34〕。雙江以為陽明良知學的綱領，在於未發之中，是以其工夫重心，是在如何回歸未發之中。

〔註33〕「先生之學，始泛濫於詞章，繼而徧讀考亭之書，尋序格物，顧物理吾心終判為二，無所得入。於是出入佛、老者久之。及至居夷處困，動心忍性，因念聖人處此更有何道？忽悟格物致知之旨，聖人之道，吾性自足，不假外求。其學凡三變而始得其門。自此以後，盡去枝葉，一意本原，以默坐澄心為學的。有未發之中，始能有發而中節之和，視聽言動，大率以收斂為主，發散是不得已。江右以後，專提『致良知』三字，默不假坐，心不待澄，不習不慮，出之自有天則。蓋良知即是未發之中，此知前更無未發；良知即是中節之和，此知之後更無已發。此知自能收斂，不須更主於收斂；此知自能發散，不須更期於發散。收斂者，感之體，靜而動也；發散者，寂之用，動而靜也。知之真切篤實處即是行，行之明覺精察處即是知，無有二也。居越以後，所操益熟，所得益化，時時知是知非，時時無是無非，開口即得本心，更無假借湊泊，如赤日當空而萬象畢照。是學成之後又有此三變。」見《明儒學案・姚江學案》，頁181。

〔註34〕聶雙江《聶豹集・答歐陽南野太史三》，頁241。

念菴對於陽明之學，則是：「十五六，聞陽明先生語，心懷歡慕。」〔註35〕但是念菴所體證陽明之學，乃是「『良知者，未發之中也。常人未能發而中節，須知未發之中亦未能全是。』蓋必有待乎人之能學，而實其力以致之，夫然後聖賢之道可幾也。」〔註36〕是以念菴所著重處，亦在本心的回歸。

於此可見，二子對於陽明的致知格物有了轉向，就雙江〔註37〕與念菴〔註38〕的理解，其致知義乃在致其本心，如何回歸吾人之本心，故與陽明所言之致良知於事事物物不同，其於四句教法，亦成為割裂，而工夫偏重在致知。必先致知，復歸本體後，才有格物。二子並非不格物，二子皆自覺的以格物工夫為致知工夫之完成〔註39〕，但其思考乃是吾人如何在生命中適當的呈現之，是以其格致義雖不同於陽明，然並非不應事。

揆之康德倫理學，借用其區分純粹的道德哲學與應用的道德學〔註40〕，可以更清楚說明二子格致義的分別。就純粹道德學來說，是不涉及經驗知識，即先驗者，應用的道德學則是吾人的道德應用於日常生活，必定涉及經驗知識。另外，康德提出道德與倫理兩層的概念，就道德而言，其是最高的，乃是一定言令式〔註41〕，即是具有普遍性，並且是人人皆願意之，但吾人之道德必具體化，即是關係經驗層次，倫理便在此處說，但倫理仍是由定言令式所推衍，並且不能違背令式，是以道德必須普遍的存於有理性者。但倫理則是可以隨著文化背景、社會風俗而有所不同。若如此思考，二子之致知，乃

〔註35〕 羅念菴《羅洪先集・答楊生》，頁402。

〔註36〕 羅念菴《羅洪先集・重別朱圖泉序》，頁606。

〔註37〕 「故致知者，致其寂體之知，養其虛靈，一物不著；感而遂通天下之故，即格物也。」見聶雙江《聶豹集・答歐陽南野太史三》，頁244。

〔註38〕 「夫天地之化，有生有息，要之於穆者，其本也；良知之感，有動有靜，要之致虛者，其本也。本不虛，則知不能良。知其發也，其未發則良也。事物者，其應理者，其則也；應而不失其則，惟致虛者能之。故致虛者，乃所以致知也。」見羅念菴《羅洪先集・困辨錄後序》，頁473。

〔註39〕 「竊謂知，良知也，虛靈不昧，天命之性也；致者，充極其虛靈之本體，而不以一毫意欲自蔽，而明德在我也。格物者，感而遂通天下之故，而修齊治平，一以貫之，是謂明明德於天下也。」見聶雙江《聶豹集・答戴伯常》，頁318。「至善言其體也，虛寂而又能貫通，何善如之。知止則自定、靜、安、慮，復其虛寂而能通貫者，是謂能得知止者，言其功也。格物以致知，知止矣。」見羅念菴《羅洪先集・答蔣道林》，頁300。

〔註40〕 康德著，李明輝譯：《道德底形上學基礎》，頁30，注一。

〔註41〕 其定義為：「僅依據你能同時意願它成為一項普遍法則的那項格律而行動。」見康德《道德底形上學之基礎》，頁43。

是在回歸吾人之道德法則，格物乃是在此道德道法則下，面對經驗世界所相應者。而其所批評的以知覺爲良知者，在二子的思考之下，則是落入了經驗層次，並非回歸到眞正的道德法則。在此僅以康德對道德與倫理的區分以說明之，並非以爲二子哲學系統等同於康德。若明之，則二子之格致關係即可在此說明之下而更顯豁。

（二）心學的另一型態

　　就二子工夫論來說，在理解陽明學上，實有一間未達，其言雖以陽明體認未發之中，但並非能以此定其義理性格爲同於陽明〔註42〕。然而二子工夫論的意義何在？則是本節所欲釐清。

　　黃宗羲屢言江右獨能破越中之流弊〔註43〕，認爲浙中之學，乃是「以知覺爲本體，則將以不學不慮爲工夫。」〔註44〕、「終日談本體，不說工夫，纔拈工夫，便指爲外道，此等處，恐使陽明先生復生，亦當攢眉也。」〔註45〕對於當時浙中龍溪所提出的「戒愼恐懼若非本體，於本體上便生障礙；不睹不聞若非工夫，於一切盡成支離。蓋工夫不離本體，本體即是工夫，非有二也。」〔註46〕以本體與工夫爲一的教法提出反駁，認爲龍溪看得良知太容易，是以在此將良知分已發與未發，認爲若不分疏本體與發用之間的關係，以發用爲本體，吾人順氣質一面往下滾，不識良知之本來面目，何以貞定吾人之生命？故對於龍溪順陽明而下，把已發未發皆收攝在良知本體上〔註47〕說的義理型態，一轉爲分別未發爲性，已發爲情。是以在此思考之下，必對於良知是當下呈現，就在事事物物中顯的說法，認爲是在已發之情中去求取本體，乃是不可得。對二子來說，其工夫必是在如何復歸其本體，情是良知所發，

〔註42〕「人或以爲此種『致虛守寂』或『歸寂』之路是近乎陽明初期講學之方式。陽明自良知後，在南京時『以默坐澄心爲學的，收斂爲主，發散不得已。有未發之中，始能有中節之和。其後學者有喜靜厭動之弊，故以致良知救之』。須知默坐澄心，收斂爲主，是欲存養良知之體。此是人隨時當有之常行，此不能決定義理系統之方向。」見牟宗三《從陸象山到劉蕺山‧王學之分化與發展》，頁300。

〔註43〕「是時越中流弊錯出，挾師說以杜學者之口，而江右獨能破之。」見黃宗羲《明儒學案‧江右王門學案一》，頁333。

〔註44〕聶雙江《聶豹集‧送王惟中歸泉州序》，頁78。

〔註45〕羅念菴《羅洪先集‧答王龍溪》，頁213。

〔註46〕王龍溪《王畿集‧沖元會紀》，頁3。

〔註47〕「後來陽明〈答陸原靜書〉，隨原靜之問，亦將已發未發收于良知本身上講。」見牟宗三《從陸象山劉蕺山‧王學之分化與發展》，頁300。

若未能先得其本心，其情必不正，若在不正之情中求其本體，乃是不成工夫，以知覺爲良知，是以二子以爲陽明學說不在此路向，要救正當時天下以爲良知現成，不用工夫之說。二子之工夫，就針對此問題而發，此即是二子工夫論之意義所在。

然而，二子思想型態對於已發未發的內容規定不同，二子所欲對治之龍溪之學，是否眞有缺失、流弊？就龍溪之說，就在事上體現良知，也藉著事物的當下呈現來指點良知，是故其已發非情，而是吾人良知的當下展現，事物之價值亦在吾人良知的當下參贊。但以二子之思路而言，以爲龍溪乃是欲人直任其情，易有流蕩之弊。若明白此，則可知二子與龍溪之學，乃是兩種不同層次的思考與進路，兩種型態的不同修爲，實不在同一層次上對話，因而不可執之以相非。

另外，今人多認爲二子之學爲回歸宋學，如日人岡田武彥，其言曰：「在雙江看來，若不區別理氣，則會直接以氣爲性而陷於告子的生性說。這既是對以良知爲氣之靈處，強調當下具足，並以不犯手之性爲妙的王龍溪現成說的批判，又是與朱子理氣二原論精神相通的。」〔註48〕古清美輒言：「被推崇爲『陽明之道賴以不墜』的江右王門竟是由王學重又走向濂洛以來性理之宗的橋樑，而羅念菴又正是此中關鍵和代表人物。」〔註49〕對於以已發未發區分良知，其論雖同於朱子的理氣二分，但二子與朱子之學，在根本上有最大的不同點，則是在於朱子以心性情三分，其言曰：「性只是理，情是流去運用處。心之知覺，即所以具此理而行此情者也。具此理而覺其爲是非者，是心也。」〔註50〕此處所言之心，只是一認知義，「性者心之理，情者心之動」〔註51〕，性乃是心的理則規範，心與性並非同一層次的概念，又以情爲心的發動，故三者層次不同甚明。是以在朱子處，只是性即理，心仍屬於氣，但是二子仍是以心、性即理，對於本體的體認皆是即寂即感，心仍是有其發動力，能夠有所感發，並非是氣心，有其實踐的能動性，屬於道德本心，乃是我故有之，非求在外者。因此二子與朱子的理論仍有不同，不可不辨〔註52〕。

〔註48〕 岡田武彥《王陽明與明末儒學》，頁 119。
〔註49〕 古清美《明代理學論文集·羅念菴的理學》（臺北：大安出版社，1990 年 5 月），頁 174。
〔註50〕 黃宗羲《宋元學案·晦翁學案上》，頁 1525。
〔註51〕 黃宗羲《宋元學案·晦翁學案上》，頁 1521。
〔註52〕 卓平治對於雙江與陽明、朱子之間義理分際的理解，同於本文，見《聶雙江

二子是否爲對宋學的回歸，透過以上之說明，則可以再仔細斟酌，與其以二子爲回歸濂洛以來的性理之宗，倒不如以二子爲依其生命的實感，在心即理的系統之下，從工夫上開出一條不同於王門的實踐之路。

第二節　學脈探源

王門諸子對於陽明良知教的理解，各自體證不同，亦有不同的詮釋與關懷，然而在各自論述的同時，後學們或有意或無意的分別以陽明爲起點，向前取徑，企圖尋找陽明良知教的學說淵源。陽明的學說可以說是從與朱子學的對話中轉出，故其對話對象以朱子爲主，並沒有意識的追溯學脈。但諸子的學說已在陽明過世之後，產生或大或小的分化，是以諸子溯源的動作，意在舉證自身學問不止是本於陽明，而更別有學脈可參照。

一、溯濂洛以達洙泗

後學追溯學脈，對於宋學的取向，尤其於濂洛之學，皆是同聲共許，並認爲陽明學問乃是上溯濂洛，以回歸孔孟，故以下將說明諸子嘗試追溯學脈的意涵。

（一）龍溪之論宋學

龍溪對於陽明的良知說，曾有如此的說明：「陽明先師生千百年之後，首倡良知之說以覺天下，上溯濂洛以達於鄒魯，千聖之絕學也。良知無知而無不知，人知良知之爲知，而不知無知之所以爲知也。」〔註53〕在此龍溪認爲陽明學脈乃是上溯濂洛之學以達孔、孟之學。可注意的是，龍溪雖言陽明學問直承濂洛，但其意在點出陽明學的正統地位，直承宋學，而非爲自身學說在宋學中找一理論的根據。龍溪曾言：「一念靈明，直超堯舜，上繼千百年道脈之傳，始不負大丈夫出世一番也。」〔註54〕說明吾人若能夠真正體證良知，就在此一念靈明之時，上與堯舜同，儒家的道脈就在己身呈現。若考之龍溪

對良知的體認及其論辯・聶雙江對良知的體認》（暨南國際大學中國語文學研究所碩士論文，2004 年），頁 107、108。

〔註53〕王龍溪《王畿集・艮止精一之旨》，頁 185。另外，亦有「我陽明先師慨世儒相沿之弊，首揭斯旨以教天下，將溯濂洛以達鄒魯，蓋深知學脈之有在於是也。」王龍溪《王畿集・歐陽南野文選序》，頁 348。

〔註54〕王龍溪《王畿集・答南明汪子問》，頁 68。

學的核心概念，乃在其先天正心與後天誠意，龍溪雖言上溯濂洛以達鄒魯，但其學說不必是直接繼承濂洛而來，之所以舉濂洛之學，其用心在說明陽明學的道統性。

龍溪學問雖不必從濂洛找尋其理論的立基點，但仍需了解龍溪如何理解濂洛學風。其言曰：「濂溪『主靜無欲』之旨，闡千聖之秘藏；明道以『大公順應』發天地聖人之常；龜山、豫章、延平遞相傳授，每令『觀未發以前氣象』，此學脈也。」〔註55〕濂溪學以主靜無欲為主，吾人若能無欲，則此心靜虛動直，雖是萬感紛擾，而此心未嘗動也；吾人若是從欲，就算是一念枯寂，而此心未嘗靜也〔註56〕。故可知，從欲或是無欲，乃是吾人之心是否能靜的關鍵，而此處所言之靜，並非落入現象中的動靜之意，乃是一超越現象，動而無動，靜而無靜之靜，或者吾人可以靜體稱之。論明道以大公順應為要，在此並非理解為不做工夫而順情識之自然，正是因為吾人易從私欲，故須學大公的工夫，也因吾人多用私智，是以學個順應吾人本真良知的工夫，大公順應，並不是無聖人之位而行聖人之事〔註57〕。若考論濂洛學脈的關係，皆是以無欲為要，即不以欲望、自私用智等，戕害吾人之清明本體。順著明道，龍溪言龜山、豫章與延平等傳承此學，其工夫則是令人「觀未發以前氣象」，此未發以前氣象，即是指善觀吾人之心體〔註58〕，故濂溪主靜之靜體，落在

〔註55〕　王龍溪《王畿集・答吳悟齋》，頁249。

〔註56〕　「一者無欲，無欲則靜虛動直。主靜之靜，實兼動靜之義。人心未免逐物，以其有欲也。無欲，則雖萬感紛擾而未嘗動也；從欲，則雖一念枯寂而未嘗靜也。」見王龍溪《王畿集・答中淮吳子問》，頁70。

〔註57〕　「『太公順應』，非是見成享用聖人地位，正是初學下手處。以其自私，須學個太公，以其用智，須學個順應。」見王龍溪《王畿集・答中淮吳子問》，頁70。

〔註58〕　此觀未發之前氣象，可謂道南學脈的工夫結穴處，然而吾人當如何理解之？侯潔之有一精要之見解，摘錄如下：「『中』指中體，唯有體驗中體、執之不失，始能應物發用為中節之和。因此，當『未發』、『已發』只中體之體用時，是以理想境界規定『已發』與『未發』的意義。……到了延平，直言『須是兼本體已發未發時善，合內外為可』，明確將『已發』與『未發』繫屬於本體，並以內外區之。此非將中體隔截為二，實則中體不可斷分，至於別為發與未發，乃就寂然感通立說，則二者之別，乃中體及於現實具體呈顯與否。」（見侯潔之《道南學脈觀中工夫研究・觀中工夫的主要入路》臺北：花木蘭文化，2008年9月，頁60）在此可知，道南學脈對於未發、已發與中體之間的關係，故未發、已發皆是此中體、心體之呈現與否，並非一異質之改變，是以道南學脈欲人善觀未發氣象，以為在使吾人體察此心體。

陽明、龍溪處就是良知，以上即是龍溪對濂洛之學的理解。龍溪言此學脈，雖不能說龍溪學問能夠自外於宋儒所提出的概念，但龍溪的工夫論特色以先天正心、後天誠意為主，不必刻意將龍溪與濂洛之學關聯起來，本文以為在此處提及的學脈，其道統意義重於理論的意義。

（二）緒山之引濂洛

緒山於〈陽明先生年譜序〉中提及：「孔子出，祖述堯、舜，顏、曾、思、孟、濂溪、明道繼之，以推明三聖之旨，斯道燦燦然復明於世。惜其空言無徵，百姓不見三代之治，每一傳而復晦，寥寥又數百年。吾師陽明先生出，少有志於聖人之學，求之宋儒不得，……至是而特揭『致良知』三字，一語之下，痛見全體，使人人各得其中。」〔註59〕在此指出堯、舜、孔、顏、曾、思、孟與濂溪、明道為一脈相傳。宋儒之中，特取濂溪與明道，可見緒山特許濂洛之學，但言「求之宋儒不得」，此語則有可玩味處。此所謂宋儒，非指濂溪與明道甚明，若考之陽明學問的歷程，曾遍格考亭之學而無所得，進而由朱子格物之學轉向致良知，故此處緒山所指的「求之宋儒不得」，應是指朱子。但陽明之學是否直接繼承濂洛之學？本文認為可以較寬鬆的處理，緒山言陽明雖少有聖人之志，但是求之宋儒不得，陽明的良知教法，乃是其生命遭遇困頓、危難，而從自家生命中體貼出來，並非是一紙上學問。故緒山雖於宋儒之中特取二子，亦是說明道統脈絡之意味重，並非以陽明學直接從濂洛而來。

如此，緒山取濂溪、明道，不是在宋學中為其學說尋找一理論的立基點，而是追溯道統之意較顯，在此理解之下，似亦不必刻意從緒山學問中找尋與濂洛學問的關係。

（三）南野之翻榛塞

南野並無直接引述陽明學統的文字，但對於濂洛學問十分推崇，其言曰：「自孔、孟闡致知之教，濂、洛諸儒衍之。周子『主靜』、『立極』，程子『寡欲』、『養知』，途徑洞達，旋復榛塞。先生不避艱難，斬艾蓬蓼，固將與天下後世共由斯道，以立天地之心，造萬民之命。」〔註60〕南野將學脈推為孔孟、

〔註59〕錢緒山《徐愛 錢德洪 董澐集・陽明先生年譜序》，頁190。
〔註60〕歐陽南野《歐陽德集・送劉晴川北上序》，頁233。
　　　另外，南野在〈答鄒東廓三〉中提到：「先師〈文錄序〉，發明精到，有益來學，甚善甚善。」在此南野讚賞東廓〈文錄序〉，並認為有益來學，就東廓此

濂洛、陽明，認為孔孟學問重心為致知之教，下傳濂洛，再傳陽明，究其涵義可以分別從兩方面討論之。

其一，南野從宋學取徑濂、洛，以下將分別從濂洛學問說明。南野認為濂溪學問以主靜、立極為主，此語出於濂溪〈太極圖說〉：「聖人定之以中正仁義。而主靜，立人極焉。」〔註61〕濂溪以「聖人之道，乃是仁義中正而已矣」〔註62〕來注解「聖人定之以中正仁義」；以「無欲故靜」〔註63〕解釋「主靜」。南野指出濂溪學問為主靜、立極，可從南野體用論中見其端倪，認為良知必是動而無動，靜而無靜，最後必進至超越動靜。但南野言主靜，此靜並非落在動靜相對之靜，乃是超越靜者，故其言主靜，乃是在點出吾人必須明本心的重要〔註64〕，南野工夫論可說是以循良知為主，必先求體證良知，循良知之工夫才有可能，本文以為南野點出主靜之意在此。然而主靜與立極的關係，南野曰：「濂溪承先聖，而有主靜之論。夫心無動靜，動靜時也。時動時靜，而無動無靜，是謂主靜。主靜者，無欲也，故養心莫善於寡欲。寡之又寡，以至於無，則靜虛動直，明通公溥，人極所以立也。」〔註65〕可知主靜乃是從本體上說，即吾人心體能夠動靜無時，超越動靜之相，此時之靜，亦可稱為靜體，但是連接主靜與立極，則是寡欲的工夫。欲的有無，乃是此心能否如其本來面貌展現的關鍵，因此提出寡欲的工夫，是使吾心能夠不為欲望所遮蔽，寡之又寡，以至於無，心體即能如如的朗現，若能達到此境界，即是所謂的立人極。在此可將洛學的寡欲、養知與濂溪學關聯起來，寡欲的工夫可視為濂洛的共識，但是對於養知要如可解釋，則較為曲折，關鍵就在「養心莫善於寡欲」一句，孟子亦嘗言之。寡欲之工夫，在使心體不為意欲所遮蔽，故養心之工夫在寡欲，養的工夫為寡欲，程子所言之養知，落在陽明學的體系來看，即是存養吾人之良知，故養心即是南野此處所說的養知。

文，直接點出陽明學問上承濂洛，故以為南野對於陽明學脈的看法，同於東廓。東廓對於陽明學脈的意見，詳見東廓部份。南野此說見《歐陽德集・答鄒東廓三》，頁44。

〔註61〕周敦頤《周敦頤集・太極圖說》，頁6。
〔註62〕周敦頤《周敦頤集・太極圖說》，頁6。
〔註63〕周敦頤《周敦頤集・太極圖說》，頁6。
〔註64〕「宋儒主靜之論，使人反求而得其本心。」見歐陽南野《歐陽德集・答陳盤溪二》，頁5。
〔註65〕歐陽南野《歐陽德集・蔡道卿贈言》，頁226。

其二，南野所言「旋復榛塞」所指為何，或可從南野與明代朱子學大家羅欽順的書信中看出端倪：「以某所聞於晦菴所論格致之功，未嘗少有遺闕。其曰事事物物擴充其良知、無自欺求自慊、無為其所不為、無欲其所不欲者，雖非晦菴格致正訓，然皆古聖緒論，而晦菴所祖述焉者，則亦未至於有礙也。……明道表章《大學》，雖頗有更定，未嘗補格致之傳。竊意其或以獨知為知，以無自欺而求自慊為致知，而別無可補之說者。因論格物致知，而以濂溪、明道為言，非以伊川、晦菴為可外。使二先生如在，尚恐受教無地，不足以從弟子之列。然而異同之論，則雖面承教授，親為弟子，亦豈可不盡其愚！」〔註66〕此處二子討論朱子格物的問題，南野對朱子格致的理解乃是格外物擴充吾人之良知，但是南野將朱子之格物與濂溪、明道先求主靜、養知，即是先求本體之言關聯起來，將朱子的獨知轉化為良知，無自欺本心轉化為致知，此一轉化未必能夠真正如實的理解朱子之學，並且又說雖是伊川、朱子亦不能自外於濂洛之學。在此仍是以陽明學的角度來理解朱子，但南野以為吾人致知之工夫並非格外物甚明。故對於南野所言榛塞者，雖未明白直接斷言為朱子之學，但仍在此提出以供參考。

另外，南野對於陽明學脈的探源，點出濂洛的主靜、養知，較之南野慎獨工夫，皆是重視求本體之工夫，故濂洛之學對南野之影響或恐在此。

（四）東廓之尚明道

東廓在〈陽明先生文錄序〉中曾有一段話：「秦漢以來，專以訓詁，雜以佛老，侈以詞章，而暗暗肫肫之學，淆雜偏陂，而莫或救之。逮於濂洛，始克紹續其傳，論聖之可學，則以一者無欲為要；答定性之功，則以大公順應學天地聖人之常。嗟乎！是豈嘗試而懸斷之者乎？其後剖析愈精，考擬愈繁，著述愈富，而支離愈甚。間有覺其非而欲挽焉，則又未能盡追棄臼而洗濯之。至陽明先師，慨然深探其統，歷艱履險，磨瑕去垢，獨揭良知，力拯群迷，犯天下之謗而不自恤也。天下之人稍稍如夢而覺，泝濂洛以達洙泗，非先師之功乎？」〔註67〕在此可從兩方面來分析：其一，追述聖學學脈，從陽明上泝濂洛以達孔孟，在此思考之下，東廓以為陽明學問乃是繼承濂洛學風。其二，東廓認為陽明學風承濂洛而來，必會思考濂洛最主要的學問為何，是以分別點出濂溪學以無欲為要，而洛學以定性為主。以下分別說明此二學脈如

〔註66〕歐陽南野《歐陽德集・答羅整菴先生寄《困知記》二》，頁19。
〔註67〕鄒東廓《鄒守益集・陽明先生文錄序》，頁39。

何影響東廓學問。

　　東廓對濂溪學的取向點出無欲，並且認爲「濂溪元公『一者無欲』之要，陽明先師致良知之規，皆箕疇正傳也」〔註 68〕，以爲濂溪無欲之學與陽明致良知皆是儒門正傳，若將二者關聯起來，東廓工夫論以無欲戒懼爲主，即是從濂溪無欲之工夫找到理論源頭。對於洛學，以定性爲主，在此是取大程，若考之〈定性書〉的內容，影響東廓者在於體用論處。此處必先討論〈定性書〉性、心的概念，其書雖曰定性，但就明道的整體思考來說，其性即天，是一天地之性，故性實是「動亦定，靜亦定，無將迎，無內外」〔註 69〕。但「人之情各有所蔽，故不能適道，大率患在於自私而用智」〔註 70〕，是以此處之定，並非指性體本身之定或不定，而是在工夫上說定的意義，即從心上說。東廓認爲〈定性書〉的重心即是：「定性之學，曰『莫若廓然而大公，物來而順應』。皆自根而枝，自源而派，大本達道之方也。」〔註 71〕若欲理解此說，必與前文合觀，其言曰：「夫天地之常，以其心普萬物而無心；聖人之常，以其情順萬物而無情。」〔註 72〕天地之常道，以其心遍潤萬物，但並非有意爲之。而聖人之道，乃是以其情順應萬物，但實即是不以萬物之情爲情，故此處所言之無心、無情之無，具有工夫義，無執無著。在此理解之後，對於東廓特別拈出「廓然大公、物來順應」，並以爲「大公者，以言乎靜虛也；順應者，以言乎動直也」〔註 73〕，可以扣回東廓對於本體的思考，認爲吾人良知並非偏於動靜，乃是即動即靜。若順著〈定性書〉的脈絡，就是在說明良知並非特別凸出某一面向，物來即應之，此爲動直；物去又復其本來面貌，即是靜虛。然而東廓如何將二者關聯起來？其言曰：「無欲也者，非自然而無也。無也者，對有而言也。有所忿懥好樂，則實不能虛；親愛賤惡而辟，則曲不能直。……自私用智，皆欲之別名也。君子之學，將以何爲也？學以去其欲而全其本體而已矣。」〔註 74〕此處可以分成幾個層次來討論：其一，即是有與無的問題，此處的有與無，若從存有上來看，即是說明欲的有無，但

〔註 68〕鄒東廓《鄒守益集·贈董謀之》，頁 101。
〔註 69〕程顥《二程集·答橫渠張子厚先生書》，頁 460。
〔註 70〕程顥《二程集·答橫渠張子厚先生書》，頁 460。
〔註 71〕鄒東廓《鄒守益集·婺源縣新修紫陽書院記》，頁 333。
〔註 72〕程顥《二程集·答橫渠張子厚先生書》，頁 460。
〔註 73〕鄒東廓《鄒守益集·錄青原再會語》，頁 443。
〔註 74〕鄒東廓《鄒守益集·錄青原再會語》，頁 443。

對於欲的有無，不能只停留在體認的階段，必進至工夫。其二，東廓對於大公理解爲靜虛，順應爲動直，若是吾人爲意欲所遮蔽，必定無法達到靜虛動直的境界，故必透過無欲而全其本體，故東廓特別點出濂洛學問，其意在此，更盛言：「學者由濂溪、明道而學，則紛紛支離之說，若奏黃鍾以破蟋蟀之音也。」〔註75〕。

另外，東廓認爲自秦漢以來，儒門皓皓肫肫之學，專以訓詁，或雜揉佛老，而使聖學不明。在此可從兩方面說明。東廓所言專以訓詁及名物度數者，乃是漢儒的學風，對於儒家的經典詮釋，漢、宋兩代有極大的不同，漢儒主訓詁，宋儒主義理，漢、宋兩代學風在清代即造成漢學、宋學之爭。由於此論題所涉問題極廣、文獻甚多，亦非本文所處理之論題，故暫且擱下。至於雜揉佛老的問題，在東廓文獻中，對於此點著墨不多。明末學風已有三教合一的趨勢，在東廓處，見其闢佛老處乃在於格物，即：「佛老之徒，徒工誦說而弗踐其教，則吾徒必闢之矣。」〔註76〕其闢佛老，並非在根本的理論上討論之，其重點在弗踐其教，只是口談高妙玄遠之論，不能實踐之，這才是東廓所反對的，是以對於後學中整日空談良知心體，而無工夫者，東廓亦必闢之，故東廓闢佛老處，即是從格物之有無出發。

（五）近溪之取程、陸

近溪已爲陽明第三代弟子，其對話對象與問題的思考〔註77〕，已不同於陽明第一代弟子。對於學脈問題，近溪曾提出：「比至有宋，乃得程伯子『渾然與物同體』之說倡之於先，陸象山宇宙一心無外之語繼之於後。入我皇明，尊崇孔、顏、曾、孟，大闡求仁正宗。近得陽明先生發良知眞體，單提顯設，以化日中天焉。」〔註78〕在此近溪對於宋學的取徑，乃是取大程與象山二子。近溪學問之中，認爲求仁工夫乃是孔門宗旨，在此出發點上，其取大程「渾然與物同體」，關於此義可以解釋爲，由學者終至於仁者。近溪對於明道識仁的解釋爲：「程伯子云：『學者先須識仁。』仁能先識，則廣大、精微，一齊悟透，其體段人而實天，以言乎至變而莫可拘矣；其應感物而惟

〔註75〕鄒東廓《鄒守益集·錄青原再會語》，頁443。
〔註76〕鄒東廓《鄒守益集·錄青原再會語》，頁443。
〔註77〕近溪學的特色重在日用工夫，對於本體論的探討已非重心所在，但並非對於本體論的問題無所警覺，詳見本文體用論章近溪部分。
〔註78〕羅近溪《羅汝芳集·近溪子續集·卷乾》，頁246。

我，以言乎至賾而不容紊矣。」〔註79〕就吾人爲學，必先求識仁，此仁即是仁體，並且若能夠眞正識得仁體，其體段雖在人而實則天道，正是說明吾人能透過體仁的工夫，最後達到天人合一的境界，從心所欲而不逾矩。故雖是凡人之軀，但其所展現的就是天理，就是仁體，借莊子之語，可說是目擊道存。因此識仁、求仁，是學者必然的工夫路向，而仁者是學者最後能夠達到的境界。

近溪又提及象山宇宙一心無外之語，乃是象山所言：「四方上下曰宇，往古來今曰宙。宇宙便是吾心，吾心即是宇宙。千萬世之前，有聖人出焉，同此心同此理也。千萬世之後，有聖人出焉，同此心同此理也。」〔註80〕在此象山雖以空間與時間的概念來解釋宇宙，但考索象山整體學問的特色，並非在成就一客觀的宇宙論，其價值仍是從主觀實踐進路出發，「心遍理遍，宇宙無窮，心亦無窮，理亦無窮。此是以踐履爲背景而來的洞悟，非思辨理性之知解問題」〔註81〕。就近溪的理解，象山之心即是明道所言之仁體，亦同於陽明之良知。在此可以看出近溪對於本體的思考是十分的深刻，並點出學者必先識仁，以及象山一心無外之語，故知近溪追溯陽明良知學爲孔、顏、曾、孟、明道仁體、象山心體以下，一脈相傳，在此或可借用陸九齡之語，即是古聖相傳只此心〔註82〕。故吾人應如何理解之？就近溪的思考來說，吾人能夠透過做工夫以達到仁者的境界，即是因人人皆有此良知本心，前述諸子對此論點皆同聲肯認之。但近溪之時，陽明學已風動天下〔註83〕，而陽明良知

〔註79〕羅近溪《羅汝芳集・近溪子四書答問集》，頁 310。
〔註80〕陸象山《陸九淵集・雜著》（北京：中華書局，2008 年 9 月），頁 273。
〔註81〕牟宗三《從陸象山到劉蕺山・象山之「心即理」》，頁 27。另外，象山亦有「萬物森然於方寸之間。滿心而發，充塞宇宙，無非是理」之語，亦可佐之。見黃宗羲《明儒學案・象山學案》，頁 1891。
〔註82〕黃宗羲《宋元學案・梭山復齋學案》，頁 1873。
〔註83〕「王陽明晚年時（嘉靖初年），陽明學雖受朝廷學禁的壓抑，卻仍繼續發展，其發展的重鎮也由江西蔓延至浙中、南直隸，這三個地區不僅是當時經濟活動發達的區域，也是人文薈萃的文化菁華區。從明代科舉資料顯示，此三地區正是明代進士人數最多的三個省份。這對於陽明學能夠在王陽明身後，繼續快速地發展，進而成爲明代影響最鉅的學術運動，關係厥偉。王陽明生前，其學問雖已成功地由個人思想層次被建構爲一舉國聞名的學派，但是此學派繼續發展爲一廣泛的學術運動，乃在王陽明死後的嘉靖中晚期。」（見呂妙芬《陽明學士人社群・學派的建構與發展》（臺北：中央研究院近代史研究所，2003 年 4 月），頁 63）考近溪年譜，生於正德十年，而嘉靖元年，近溪八歲，其年譜於該年下有：「父與師饒行齋論陽明功業學脈，在旁敬聽不倦。」（見

教的核心工夫即是致良知的工夫，在當時此工夫已出現流弊，即是光景問題，而此問題並非小小，故近溪之所以特別注意光景問題，有整體學術演變的背景。但是破光景之後，如何建立其工夫，就在仁體的思考下，提出孝弟慈的工夫，將仁體的工夫落實為日用的孝弟慈。另外近溪走向日用工夫，仍與光景有關，若是整日靜坐，追逐光景，此雖是致良知工夫，但並無實際的實踐義，故近溪有此日用工夫的思考，亦是因必須反省至此問題。故本文認為近溪受到濂溪、象山的影響，乃是在仁體的思考。

統括上述諸子對於陽明學的追溯，可以說都是從濂洛之學上溯至孔孟之學，其中或是有意直接從濂洛之學找到自身學問的立基點，如南野、東廓，或只是引述以說明學脈，對於濂洛之學只是引證之。但在此必須對濂洛之學採取一開放的態度，濂洛之學乃是一共識，可以說諸子在濂溪、明道所體證靜體、仁體的指點下，再以自身體證提出自己對良知的看法。

二、觀未發氣象

雙江與念菴有關學脈問題的觀點，亦是同聲肯認濂洛之學，但是不同於前述諸子處，乃是特別標榜明儒白沙，其義何在？以下將說明之。

（一）雙江之尊白沙

雙江對學脈的探源，除陽明之外，於明儒特重白沙，宋儒除濂洛外，取徑道南。其言曰：「夫子沒而微言絕，子思子憂道學之失其傳，而作《中庸》，明堯舜允執之中，乃喜怒哀樂未發之謂。知喜怒哀樂未發之為中，則知中節之和，位育之徵，皆無為之變化也。有宋諸儒乃有以多說淆之，為程伯子曰：『不睹不聞，便是未發之中。』又曰：『雖無所知所覺之事，而其能知能覺者自在。』知所知所覺與能知能覺不同，庶乎可以窺未發之蘊。『吾道南矣。』令人於靜中以體夫未發氣象，不一再傳而此意遂失。……陽明先生悼俗學之塗生民也。毅然以身犯不韙，倡道東南，而以良知為宗。蓋良知者，未發之中也，不學不慮，自知自能，故曰：『良知是未發之中，寂然大公的本體。』又曰：『有未發之中，便有發而中節之和。』又曰：『聖人到位天地、育萬物也，只從未發之中養來。』」〔註84〕在此雙江先點出子思作《中庸》，

方祖猷〈羅汝芳年譜〉，收於《羅汝芳集》，頁888）故可知近溪少時陽明學已風動天下，及其長，陽明學以成為一廣泛的學術活動。

〔註84〕聶雙江《聶豹集·復古書院記》，頁133。

特重喜怒哀樂未發之中，此中即是吾人之良知，對已發的理解，是發而中節之和，而天地位、萬物育皆是從未發之心體而來，在此可與雙江的體用觀結合。雙江以未發爲本體，已發爲其效驗，就其思考而言，若吾人從已發處做工夫，是從其末流，必重未發，故未發之時，雖不睹不聞，而無所知所覺，但不礙其能知能覺。順此，雙江特在濂洛之後，標榜道南學脈，其工夫重在令人觀未發之氣象，並認爲吾人若能眞正作到觀中的工夫，自此未發而發者，必然能夠發而皆中節〔註 85〕。承此學脈，雙江認爲陽明學亦是以未發爲本體，並養此未發，而已發自然中節。以上即是雙江對於陽明學脈的基本看法。

　　雙江又有「周程後，白沙得其精，陽明得其大」〔註 86〕一語，在此須先衡定「白沙得其精，陽明得其大」一語之確義。雙江於〈兩峰劉公七十壽序〉中，對白沙與陽明有如此評論，其言曰：「國朝稱理學者，亦多矣，惟白沙陳公，陽明王公獨領其要。涵養本原之學，燦然復明，而知白沙者鮮矣。惟陽明之學盛行於江右。」〔註 87〕所謂白沙得其精，乃是指其涵養本原之學，而陽明得其大者，即其學問風動天下。在此須說明白沙涵養本原之學，白沙自言其學入路爲：「爲學當求諸心，必得所謂虛明靜一爲之主，徐取古人緊要文字讀之，庶能有所契合，不爲影響依附，以陷於徇外自欺之弊，此心學法門也。」〔註 88〕白沙自言其學爲心學，吾人之心必求能虛明靜一，若取古人文字，在求能於心有所契合，不在使此心爲外物牽引〔註 89〕。然而涵養此心之工夫爲何？其言曰：「於是舍彼之繁，求吾之約，惟在靜坐，久之，然後見吾此心之體隱然呈露，常若有物。日用間種種應酬，隨吾所欲，如馬之御銜勒

〔註 85〕「道南以後，龜山傳之延平，每令學者於靜中以體夫喜怒哀樂未發之中，未發作何氣象，存此則自此而發者，自然中節。明道先生曰：『不睹不聞便是未發之中，才發便屬睹聞。』又曰：『此是日用本領工夫。』」見聶雙江《聶豹集・答曹紀山》，頁 311。

〔註 86〕聶雙江《聶豹集・留別殿學少湖徐公序》，頁 98。

〔註 87〕聶雙江《聶豹集・兩峰劉公七十壽序》，頁 528。

〔註 88〕陳白沙《陳獻章集・書自題大塘書屋詩後》（北京：中華書局，2008 年 7 月），頁 68。

〔註 89〕白沙實以自身經驗道出：「僕才不逮人，年二十七始發憤從吳聘君學。其於古聖賢垂訓之書，蓋無不講，然未知入處。比歸白沙，杜門不出，專求所以用力之方。既無師友指引，惟日靠書冊尋之，忘寢忘食，是者亦累年，而卒未得焉。所謂未得，謂吾此心與此理未有湊泊脗合處也。」見陳白沙《陳獻章集・復趙提學僉憲一》，頁 145。

也。體認物理，稽諸聖訓，各有頭緒來歷，如水之有源委也。」〔註90〕此處提點欲求吾人之心，必從靜坐求之，即至眞得此心，日用應酬，隨吾心之所往，則能無所不從。白沙透過靜坐工夫體證吾心之後，從吾心所發者，乃無不中節。若考索雙江之學，自可看出雙江與白沙學的關係〔註91〕。雙江工夫以靜坐始，認爲靜坐然後氣定，氣定而後見天地之心〔註92〕。就二子對於本體與工夫關係的體證，都認爲必致守吾心，「用心於內，根究性體以先立乎其大者」〔註93〕，而已發自是從吾心而發，在吾心之保證之下，莫不中節，在此須注意，雙江的已發，並非工夫義，而是一效驗義。

　　承上所論，可知雙江對於學脈的取向，將白沙與周、程、道南學脈關聯起來，本文認爲雙江有意識的在先賢之中，尋找以主靜爲工夫入路者，與自身學問相互印證。

（二）念菴之慕白沙

　　念菴對於自己與陽明的關係，雖說是後學，然並非及門，其長遊於李谷平之門，而徵以濂洛之學〔註94〕。就念菴對於濂溪學的理解爲：「嘗聞先生之學，以主靜爲要。言乎其靜，舉天下事物，概於其心，一無所欲也。夫耳目之交雖至細微，卒然遇之，猶或足以動其紛擾，而況舉天下之事物哉！彼事物之來，固未嘗紛擾也。然往往紛擾應之者，爲其未嘗先有主也。不爲主而爲役，則小大易；小大易，則盈耳目者無不可欲。」〔註95〕點出濂溪

〔註90〕陳白沙《陳獻章集・復趙提學僉憲一》，頁145。

〔註91〕「一念不起，便是未發之中，亦便是虛寂之體。前所謂致之、守之，亦只是於此處致之、守之也。致之極，守之篤，便見天地變化草木繁。往白沙先生答趙提學書中一段，已先得我心之同然。」（見聶雙江《聶豹集・答陳履旋給舍》，頁313）在此雙江明確點出白沙此書已先得其心之同然，其工夫只是在心上做，即在致守吾心之清明，若能時時持守之，則吾心與天地同體。

　　另外，林月惠亦主此說，其言曰：「至於明儒陳白沙，雙江更是忻慕不已。……可以想見的是，白沙『致虛之所以立本也』、『爲學須從靜中坐養出個端倪來，方有商量處。』也與雙江論學之旨趣相契合。」見《良知學的轉折・聶雙江『歸寂』說析論》，頁197。

〔註92〕「其功必始於靜坐。靜坐久，然後氣定，氣定而後見天地之心，見天地之心而後語學。即平旦之好惡而觀之，則原委自見，故學以主靜焉，至矣。」見聶雙江《聶豹集・答亢子益問學》，頁255。

〔註93〕聶雙江《聶豹集・白沙先生緒言序》，頁54。

〔註94〕「既長，遊谷平李先生之門，以濂洛之說自考。」見羅念菴《羅洪先集・答王敬所督學》，頁302。

〔註95〕羅念菴《羅洪先集・桂陽重修濂溪祠記》，頁127。

之學以主靜爲要，然而主靜必與無欲工夫關聯起來，吾人必定先求心體，即是心有所主，則事物之來，才能不動於心，自然無欲，若中無所主，則是物交物而引之，無物而不可欲〔註96〕。念菴對於明道學問，則是從識仁入，其言曰：「己私不入，方爲識得仁體如此，卻只是誠敬守之。中庸者，是此仁體現在平實，不容加損，非調停其間而謂之中也。急迫求之，總成私意。調停其間，亦難依據。惟有己私不入，始於天命之性，方能覿體言行皆庸，無有起作遷改之幾，乃歸一處，此即約禮，自不能罷。」〔註97〕以爲己私不入，方能識得仁體，若與濂溪之學合觀，己私不入，即是濂溪無欲之工夫，做到此工夫後，始能識得仁體，即是得其靜體〔註98〕。然而仁體就是此心之平實，如如之呈現，並非加損而後得之，故非強加探索，否則即是私意，並在得此仁體之後，全體言行，全由此仁體範圍不過。念菴在此雖以仁體稱之，實即心體良知無誤，故念菴之學取之濂洛處，在其本體與去欲之工夫。

　　念菴亦對於白沙學問十分傾心，其言曰：「白沙先生所謂『致虛立本』之說，眞若再生我者，方從靜嘿，願與之遊衍。」〔註99〕特別拈出致虛立本爲白沙學的宗旨。在此處所謂的致虛、立本所指爲何？虛、本皆是本體義，在

〔註96〕就念菴拈出濂溪學以「主靜」、「無欲」爲主，林月惠對於主靜與無欲之工夫，有一精闢的見解，引述如下：「吾心勿爲離畔、勿爲攀援、勿動欲歆羨而求取不義，即是『無欲』工夫。換句話說，吾心不爲外物牽引所累，而無一毫人欲雜染，一切（人欲）染不得，一切（人欲）動不得，如此才是『無欲』。此乃是著眼於『去人欲』的消極工夫。而與此相函蘊的，則是道德主體的覺醒，自作主宰，自立方向，自立道德法則，此即是側重『存天理』的積極工夫，故『主靜』而能『立人極』。因此，『無欲』與『主靜』儼然成爲念菴工夫論的雙軸。」（見《良知學的轉折・羅念菴思想的完成》，頁325）在此林月惠對於主靜與無欲工夫辨析甚爲精要，但筆者以爲就念菴工夫來說，或許其主靜工夫可說爲工夫論的首出，若無主靜之工夫，即求本體之工夫，則無欲是中無所主，故以爲對於念菴主靜與無欲之工夫，可作此思考。

〔註97〕羅念菴《羅洪先集・答張浮峰》，頁247。

〔註98〕林月惠亦提出：「如同念菴強調『無欲』、『主靜』的工夫論基調一樣，念菴認爲唯有從『己私不入』著手，才能眞正『識得仁體』。」見《良知學的轉折・羅念菴思想的完成》，頁350。

〔註99〕羅念菴《羅洪先集・答湛甘泉公》，頁237。
　　　　另外，念菴亦曾自言：「某自幼讀先生之書，考其所學，以虛爲基本，以靜爲門戶，以四放上下、往古來今，穿紐湊合爲匡郭，以日用常行分殊爲功用，以勿忘勿助之間爲體認之則，以未嘗致力而應用不遺爲實得。」見羅念菴《羅洪先集・告衡山白沙先生祠文》，頁911。

白沙處即是心體，考之念菴工夫即是心上之工夫〔註100〕，即是同於前述主靜、識仁之意。進乎此，念菴更點出白沙與陽明的關係：「白沙先生有見於是也，其言曰『學以自然爲宗』，言希天也。陽明先生曰『致良知』，良知者，自然之知，無二言也，皆所以致其命者也。」〔註101〕在此念菴以爲白沙學以自然爲宗，其所言之自然即是天，而陽明言致良知教，其良知即爲自然之知。承念菴此說，需先廓清念菴言白沙與陽明自然之意〔註102〕，此處之自然必在念菴整體學問之下來討論。念菴學問以道德爲首出，故此處所說之自然，並非指自然（natural）意，亦非道家言自然爲自己如此之義。在此之自然，仍是在儒家義理規範之下，但念菴言自然，吾人應如何理解之？應是言吾人之良知，出之於天，即不思不慮，無有增減，故其言自然之意在此。

　　前言白沙學與陽明學之間的關係，可有討論處。黃宗羲於《明儒學案》中指出：「有明之學，至白沙始入精微。其喫緊工夫，全在涵養。喜怒未發而非空，萬感交集而不動，至陽明而後大。兩先生之學，最爲相近，不知陽明後來從不說起，其故何也？」〔註103〕此論斷固有黃宗羲個人的學術視角，然而，就本節所討論諸子的學脈，只有雙江與念菴認爲陽明學承接白沙，其餘

〔註100〕林月惠曾提出：「因爲念菴與雙江對陽明『致知』工夫的了解與詮釋，皆受到白沙『致虛』之說的影響。……在念菴的實踐體驗看來，陽明的『致知』工夫，當依白沙『致虛』與雙江『歸寂』所強調的『立本』之義來了解。」見《良知學的轉折・羅念菴思想的中心課題與其思想的發展》，頁318。可知林月惠亦是認爲雙江與念菴以致虛來理解陽明的良知教無疑。

〔註101〕羅念菴《羅洪先集・天命說》，頁46。

〔註102〕湛甘泉曾於〈重刻白沙先生全集序〉中說明白沙自然之義：「夫自然者，天之理也。理出於天然，故曰自然也。」見陳白沙《陳獻章集・重刻白沙先生全集序》，頁896。

黃明同樣於《陳獻章評傳・自然哲學》（南京：南京大學，2006年6月，頁82）中點出白沙之自然有四個面向：「其一，陳獻章的『自然』，是『絲毫人力亦不存』的客觀自然，即天地萬物的自身存在和變化，沒有誰的『安排』，沒有誰的『作爲』，如日月之照、雲行水流、天花開放，紅的紅，白的白，其形與色無不是在自然而然中呈現；其二，陳獻章的『自然』，是其學術的內涵；其三，陳獻章的『自然』，便是『忠信、仁義、淳和之心』，便是『天理』；其四，陳獻章的『自然』，是理的天然的流露，是從『胸中』即心中沛然流出。」在此可知白沙之自然有四個層次的豐富意涵，而可以特別注意的，即是白沙之自然義有一客觀自然的層次，即是一客觀宇宙論的思考。但陽明對於自然的思考，必是從道德價值義上出發，故本文以爲陽明對自然的思考無此一層。

〔註103〕黃宗羲《明儒學案・白沙學案上》，頁78。

諸子對於白沙與陽明之間的關係，看法則未必同於雙江與念菴。例如龍溪對於白沙學的定位即與聶、羅二人與黃宗羲不同，其言曰：「愚謂我朝理學開端，還是白沙，至先師而大明。白沙之學，以自然爲宗，『從靜中養出端倪』，猶是康節派頭，於先師所悟入處，尚隔毫釐。」〔註104〕龍溪認爲白沙爲明代理學開端，但是此學必至陽明而大明，並認爲白沙學問的主旨爲「以自然爲宗，從靜中養出端倪」，也認爲白沙與陽明二子學問尚隔一層。在此須論及白沙學的宗旨，是以自然爲宗，此自然可謂是白沙之本體論；靜中養出端倪，此即是白沙之工夫。然而此處之靜，所指爲何？即是靜坐之工夫，在靜坐之中體證吾人之本心。以嘗試分別白沙與陽明對本體與工夫的看法，從幾個方面進行討論。

其一，白沙、陽明二子對於本體與工夫的首出概念爲何？陽明以良知爲本體，以致良知爲工夫，雖然陽明不能反對白沙學以自然爲宗，良知心體當然不違背白沙的自然義，但陽明良知之義，並不重在其自然，反而是重在此心人人具足即成色相同，所差別者只在分兩，若是從本體上說，陽明宗旨是良知。另外，陽明強調其學只是致良知而已，致良知可有兩個工夫路向，一爲致心上之知，一爲致良知於事事物物，陽明良知教包含此二工夫。但從陽明四句教出發來考索致知與格物的關係，其致知工夫必在格物上做，故陽明雖不廢靜坐之工夫，但是認爲靜坐是補小學一段工夫，工夫不停留在此，必進至格物，才是良知教法的完成。至於白沙所說靜中養出端倪，靜坐即其工夫重心，在靜中養出端倪，並以此工夫徵於事物，前追古聖。故白沙此處之靜坐，在養其未發之中，就未發指爲心體無誤，但就已發而論並無工夫〔註105〕，故陽明之學雖不與白沙學問站在對立面，然若就此認定陽明學承接白沙而來，乃是不解二子之學〔註106〕。

〔註104〕王龍溪《王畿集・復顏沖宇》，頁260。

〔註105〕龍溪對於白沙與陽明的學問，亦曾從工夫上說出二子學問不同，其言曰：「白沙靜中端倪之見，乃是堯夫一派，與先師致知格物之旨，微有不同。」（見王龍溪《王畿集・答馮緯川》，頁244）在此龍溪明白點出白沙從靜中所養出的求本體工夫，與陽明致知格物之學，已有不同，故以爲龍溪已能看出白沙與陽明學問不同，從工夫上可分辨甚明。

〔註106〕姜明允曾重新思考白沙與陽明之間的關係，點出：「二位心學大師從靜坐到悟道，見心體光景而直指善端良知，會得即功夫即本體，即體即用，即知即行的自得之學。從聖人可至，人人堯舜而立志誠，從糟粕陳篇，棄支離取簡易再回到稽諸五經，從『是陸非朱』，推崇大程而追溯思孟宗旨以得孔顏眞樂，

　　其二，此處白沙言在靜中養出端倪，吾人即可思考此中所謂端倪，是否會落入陽明及後學諸子所批評的光景問題？陽明後學對於光景問題，多有反省，認爲工夫必進至格物，才能破此光景，然而白沙此處所養的端倪，是否即是心體？或是此工夫容易導致光景的問題？皆是值得討論的問題。

　　其三，黃宗羲編纂《明儒學案》，自有其學術關懷，若從宗羲對陽明後學的評價，乃是抑浙中而崇江右，並以雙江、念菴爲江右學風代表，認爲江右之學乃是救正王學，以之爲正傳。又宗羲於《明儒學案》中，對白沙學術評論，多取雙江、念菴對白沙之評論〔註107〕，再加上雙江、念菴學脈溯源，將陽明與白沙關聯起來，在此雖無法直接論斷黃宗羲對陽明與白沙學問關係的判斷是否從此而來，但此線索亦可提供吾人理解黃宗羲此說的一種可能。

　　統觀後學諸子對學脈問題的思考，共同肯定濂洛之學，皆認爲陽明學脈「溯濂洛以達洙泗」，但是所差別者，即雙江與念菴認爲陽明學於明儒取法

重新規劃聖賢血脈，目的在扭轉頹敗的學風，拯救時代的弊病。」見《王陽明與陳白沙・從陳白沙到王陽明》（臺北：五南圖書，2007 年 6 月，頁 67）但筆者以爲此論斷有可再討論處。其一，此處從本體上說二子之學問實有相承，就本體上來說，陽明自不能外於白沙對心體的體證，但白沙與陽明之工夫明顯不同，陽明工夫以致良知爲主，靜坐是補小學之工夫，雖然陽明不反對靜坐之工夫，但靜坐並非其工夫首出，工夫必是致良知於事事物物上，才是眞正的良知教，只是於靜中體認端倪，陽明處必不以此爲良知教之究竟工夫。其二，其言二子透過靜坐工夫而見心體光景，吾人可知陽明必不以爲光景爲良知，而後學如緒山、近溪更是直接提出了破光景的工夫，怎會以爲光景乃是良知？其三，其言是陸非朱，以爲此言必愼出，白沙曾言：「宋儒之大者，曰周、曰程、曰張、曰朱。」（見陳白沙《陳獻章集・認眞子詩集序》，頁 5）認爲朱子乃是宋儒之大者。另外，陽明與朱子，歷來皆認爲二子學問乃是分屬於理學中的兩個不同系統，但是此處之非朱，其義實指爲何？故本文以爲此論斷可再加說明。

〔註107〕黃宗羲於《明儒學案・白沙學案》（頁79）中對白沙的論斷爲：「先生之學，以虛爲基本，以靜爲門戶，以四方上下、往古來今穿紐湊合爲匡郭，以日用、常明、分殊爲功用，以勿忘、勿助之間爲體認之則，以未嘗致力而應用不遺爲實得。遠之則爲曾點，近之則爲堯夫，此可無疑者也。故有明儒者，不失其矩矱者亦多有之，而作聖之功，至先生而始明，至文成而始大。」雙江對於白沙的評論有：「周程以後，白沙得其精，陽明得其大。」（見《聶豹集・留別殿學少湖徐公序》，頁98）念菴對白沙的評論爲：「考其學，以虛爲基本，以靜爲門戶，以四方上下、往古來今，穿紐湊合爲匡郭，以日用常行分殊爲功用，以勿忘勿助之間爲體認之則，以未嘗致力而應用不遺爲實得。」（見《羅洪先集・告衡山白沙先生祠文》，頁911）由以上可知黃宗羲對於白沙的評論文字，實出自聶、羅二子對白沙的評論。

白沙，以爲陽明之學亦是從靜中養出端倪。然應當注意陽明雖不能反對白沙的靜坐工夫，可是此靜坐工夫並非究竟，故從諸子對白沙學的觀點可以分判一二。

又可再更進一步思考，就龍溪、緒山、南野、東廓、近溪等對於學脈思考的目的爲何？龍溪、緒山、近溪爲一，南野與東廓爲一，此處之分判，乃是對學脈的看法不同，就龍溪、緒山、近溪而言，論及濂洛之學之目的，僅在點出學脈。相較於龍溪等人，東廓與南野對於學脈的思考，不只是在點出一學脈，更是要從宋學之中尋找遠源，因此談及濂洛之時，點出濂洛與自身學說相同處。故二子對於學脈的觀點，實在爲己說找一立基點。在此可見，董理諸子的學脈傳承，有助於理解王門後學的學問脈絡及其想法。

第三節　工夫論異同

在陽明時，已發明吾人良知心體，然而後學思考的方向，不再是格外物的問題，而是如何理解與實踐良知教法，故後學的工夫論在此宗趣之下展開。

一、致知誠意工夫的層次

統觀整體陽明後學的工夫論，可以明顯發現陽明後學的對話，已從陽明的致知，轉向關注誠意。在此大取向之下，以下將說明諸子致知與誠意工夫的層次問題。

就龍溪與緒山的工夫論中，皆重視誠意之學〔註108〕，若是從心與意的關係來說，意乃是心之所發，而二子對誠意工夫的思考，乃是在意念發動之時，即做一誠意之工夫，使不正以歸於正，故誠意之工夫，必定是在意念已動始有此工夫，則可說二子工夫仍是在四句教下展開。

南野與東廓之工夫則皆是在一後返之心上工夫之後，再向外推出作一格物之工夫，相較於龍溪與緒山重視誠意工夫，南野與東廓工夫皆首重心上之工夫。相較於誠意來說，二子對致知的問題有較深刻的體會，就誠意來看，乃是在格物過程中進行，即吾人之意念，是對應外物而起，但二子格物工夫皆在致心上之知後展開，在格物工夫的過程，誠意的工夫並不具有一特殊的地位，南野是以循良知展開格物，東廓是以戒懼工夫層層外推，可以知其格

〔註108〕就誠意的工夫來說，龍溪點出後天誠意之學，而緒山之工夫論，可說是結穴於誠意，詳見工夫論章。

物處是重在此良知本體所起的知善知惡之工夫，即是依此良知來格物，在此過程必有一誠意之工夫，但此誠意之工夫不顯〔註109〕。就龍溪與緒山重誠意之工夫，二子認為良知本體乃是本來澄明，有所不善是在於意有所偏失，若要此心無有偏失，必在誠意處下工夫，並且認為致知必在格物上，其格物工夫的思考，則是更進一步的使有善有惡之意，在動念之時，回到與心同體，故其格物工夫重在誠意無疑。

然而就雙江與念菴之工夫，可說是專在心上做工夫，即是求本體的工夫，但聶、羅二子認為格物無工夫，故可知二子工夫型態大異於王、錢、歐陽、鄒等人。聶、羅對心、意的思考，以意為心之所發〔註110〕，意既有善有不善，故工夫必不在意上做，致知才是根本工夫。若是在意上轉，乃是千頭萬緒，無從整理，是以聶、羅二子之工夫，重在求本體，認為誠意的問題，解決之根本在致知，若知致則意自誠，故對於誠意的工夫著墨不多。

統觀以上諸子對於誠意致知的觀點，龍溪與緒山認為良知本來清明，意有善有不善，四句教下，致知必在格物，故其致知之工夫，乃是一貫而下，可說是致知在格物。南野與東廓之工夫乃是先致心上之知，然後再做一格物之工夫，可說二子之工夫乃是致心上之知，再做一致良知於事事物物之工夫，故其格物有工夫義。雙江與念菴之工夫皆是指點出致心上之知，其格物無工夫，格物乃是致知工夫後所產生的效驗。此即對後學諸子工夫論的三大體系之大致分判。

二、對陽明學意義的反思

後學諸子所面對的問題與論題，皆是在陽明提出致良知之後，如何致此良知，此是諸子工夫的重心，或可以換一個角度來說，諸子雖以各自的體證，展開陽明良知教的工夫教法，各自豐富了良知教的內容，但此不同於陽明的體證，除了各人的經驗問題外，是否也隱含了對陽明學的反省？恐怕是肯定的，雖然諸子言必稱陽明，亦認為自身學說才是陽明正傳，但是諸子學問，

〔註109〕前文曾提及連接南野慎獨與循良知工夫的關鍵點在誠意，但是從其整體工夫論來看，其循良知的工夫，重心仍在良知有一貞定吾人行為之作用，循此良知則是使其不善以歸於善，是以南野雖有一誠意之工夫，但以為其循良知之工夫重心仍在良知無疑。

〔註110〕「知者意之體，意者知之所發也。」見聶雙江《聶豹集・重刻大學古本序》，頁48。

實已不全同於陽明，以致出現不同工夫型態，故王門後學具有反省陽明學的意義，以下將分別說明之。

先就龍溪來說，其工夫可分為先天正心與後天誠意，其先天正心之學，乃是以四無將良知學推至圓教的高度，可說是究竟了良知學的理論高度。雖然陽明亦自言其久有此意，隱而未出，但四無實代表龍溪建構自身學說的理論無疑。而後天誠意之學，在此與緒山誠意之學合觀，則是把工夫重心從致知轉向誠意，其思考已是從如何致良知於事事物物，格其不正以歸於正，轉向如何在起心動念之時，此意念已能夠達到與心同體的境界，這一工夫較之陽明，更可見其對良知思考細緻的程度。

再看南野與東廓，其工夫不同於陽明處，就是在慎獨與戒懼之學，在此並非說陽明揚棄此二工夫，但陽明所言之致良知，強調致良知於事事物物，就慎獨與戒懼之學，是一後返收斂的本心之學，所做的是心上工夫。但陽明認為，在格物的工夫歷程中，此心即可求，不必另有一後返的求本心之學，而二子工夫有此思考，或可說是對陽明學的修正，認為若先求心上之知，而不廢格物之工夫，在慎獨與戒懼之後的格物之學，吾心之知善知惡的道德判斷力，是否能更準確？並且此兩工夫互相迴還，可使此心更加清明，此為二子對陽明工夫路向的拓展。

羅近溪為王門三傳弟子，其工夫以破光景與落實日用工夫為主，破光景工夫主要針對歸寂說〔註111〕，日用工夫則可說是良知學的世俗化，即是良知學如何推廣於百姓，而非只是士大夫所獨享，此是近溪思考的出發點。

最後看到雙江與念菴，二子工夫皆在求心上之知，如何復歸本心，即是

〔註111〕「一友閉目養神，以求寂體。羅子曰：『此非聖功也。蓋維天之命，於穆不已，天命不已，則寂體、帝則，亦當不已。既寂體不已，又何間乎應感；既帝則不已，又何分於知識。若必待瞑目沉思，方為歸寂，則不惟聖訓不能融通，亦且於天命全來未透徹。』」見羅近溪《羅汝芳集‧近溪羅先生一貫編》，頁365。

另外，近溪與弟子問答中，有一段討論念菴不信當下的記載，節錄如下：「乾齋甘公問：『念菴先生不信當下，其見云何？』師曰：『除卻當下，便無下手，何可不信？』甘曰：『今人冒認當下，便是聖賢，及稽其當下，多不聖賢。此念菴先生所以不信也。』師曰：『當下固難盡信，然亦不可不信。如當下是怵惕惻隱之心，此不可不信者也；當下是納交要譽之心，此不可盡信者也。不可不信而不信之，則當下不識本體，此其所以不著察；不可盡信而苟信之，則當下冒認本體，此其所以無忌憚也。善學者，在審其幾而已。』」見羅近溪《羅汝芳集‧盱壇直詮》，頁402。

其工夫論核心所在。此思考認為，若非良知清明，其格物則無意義，因此未先致心上之知而格物者，容易淪為以情識為良知，故必先其立體，而後達用，此思考已不屬陽明的思考模式，這一工夫的意義，可以說是針對良知學可能產生的流弊，加以對治。

　　總括來說，後學諸子之間論學，皆祖述陽明，但從諸子與陽明工夫的不同而論，亦是與陽明的一種對話，也是對陽明良知學的反省與新內涵的不斷展開。

第六章　後學分派的再檢討

考察整體王門後學，吾人在面對龐大的後學諸子圖象時，多順著既有的成說理解之，然而舊說是否已經穩當切合，似乎有可以再思考的空間。本章奠基於前文對諸子工夫論的理解，擬重新檢討前人分派的觀點，並嘗試從諸子工夫論的不同出發，提出後學分派的看法。

第一節　前人分派檢討

對於王門後學的分派，首先是黃宗羲作《明儒學案》時，以地域分判諸子〔註1〕，此分法雖可窮盡王門諸子，然此非以義理的進路來反省後學諸子，故此分法只是一方便法。其次是林月惠整理目前學界對陽明後學分派的研究進路，提出了分類，分別爲「調和與判教」、「朱陸異同」、「矛盾說」〔註2〕的三大進路，本文擬順此分判作進一步的討論。

────────────

〔註1〕 本文所討論的王龍溪、錢緒山，黃氏以爲屬浙中派，聶雙江、歐陽南野、鄒東廓、羅念菴等人屬於江右派，羅近溪屬泰州派。

〔註2〕 此處分類爲林月惠在《良知學的轉折——聶雙江與羅念菴思想之研究》頁5～24分疏。但對於其間討論的先後順序則是有所更動。林月惠討論的先後乃是「矛盾說」、「朱陸異同」、「調和與判教」，此一順序乃是以「調和與判教」進路爲最適切的討論方法，在此亦認同之。但就分派的先後順序來說，主調合說的唐君毅、主判教的牟宗三，或是以朱陸異同爲主調的岡田武彥，其成書時間較早，後人分派，或借用前賢分派的觀念，或對前人分派反省後再進行整理，或借用其名詞，本文爲討論方便，對前人分派的分類乃是順著林月惠的分類方法，但討論的先後則有所不同。

一、調和與判教

以調和進路分判陽明後學者，以唐君毅爲代表此進路乃是站在調解王門後學之間的不同。相較於調和進路，牟宗三則是以判教爲出發點，其判準爲諸子學問是否能相應於陽明，並據此以分判後學的學問與陽明的遠近，以下嘗試分別梳理其分派的內容與意義。

（一）調和進路

此進路認爲陽明教法有二，即是「悟本體即工夫」與「由工夫悟本體」，並且認爲此兩種型態，雖是王門後學有所異同，但最終能並行不悖的原因。前者以王龍溪、王心齋、羅近溪爲代表，後者以錢德洪、鄒東廓、聶雙江、羅念菴爲代表〔註3〕，以下將說明唐君毅如何以此兩型態安頓諸子學問。

由工夫悟本體者，先從錢德洪來說，唐君毅認爲：「謹守其在天泉問答時謂『人有習心，意念上見有善惡在，格致誠正修，此正是復性體功夫』，而以爲善去惡即致良知者。故羅念菴謂『緒山之學數變，其始也，有見于爲善去惡者，以爲良知也』。此以爲善去惡爲致良知，即自心之善惡意念已發後，更發爲善去惡之念，故工夫全在已發。」〔註4〕直接點出緒山致良知爲爲善去惡，故其工夫全在已發。在此前提之下，更進一步說，則是：「自是始于工夫上爲善去惡；而終見至善良知之體，以不動于動，亦仍終結在工夫。」〔註5〕認爲緒山必有一爲善去惡之工夫後，才能夠見至善之體，故將緒山歸爲以工夫悟本體者。

東廓之工夫以戒懼爲主，「即由工夫之戒懼，以悟本體之不睹不聞、常虛常靈；則此中自以一道德生活之嚴肅義爲本，……亦是最能承陽明之致良知之教，初重存天理去人欲，言戒懼之旨」〔註6〕，此即是以戒懼爲致良知之工夫，即透過戒懼工夫，以悟得良知本體，並且就戒懼本身的工夫性格來說，具有一道德生活的嚴肅義，能時時警惕，更據此認爲東廓學問乃是最能夠承接陽明初重存天理去人欲之旨故對東廓學問的歸屬，唐君毅仍是歸在以戒懼工夫悟求本體一脈。

雙江與念菴亦是以工夫證本體者，其言曰：「此聶雙江之言『歸寂以通天

〔註3〕唐君毅《中國哲學原論：原教》，頁365～391。
〔註4〕唐君毅《中國哲學原論：原教・王學之論爭及王學之二流（下）》，頁368。
〔註5〕唐君毅《中國哲學原論：原教・王學之論爭及王學之二流（下）》，頁369。
〔註6〕唐君毅《中國哲學原論：原教・王學之論爭及王學之二流（下）》，頁371。

下之感』，其工夫，全在先掃除一般念慮。則于一切善惡念之省察，以至警惕戒懼之工夫，可暫不用；以先求自歸于一心之虛寂，以致得良知本體之充量呈現，更無蔽障。……雙江之倡此歸寂之說，獨爲羅念菴所深契。」〔註7〕在此說明雙江與念菴之工夫乃是掃除一切念慮之工夫，而致得本體之充量呈現，即是歸寂的工夫。但此工夫型態實與緒山誠意、東廓戒懼工夫不同，認爲若不至「歸寂以知止于一枯槁寂寞之境。依雙江念菴之意言之，則不經此境，以充滿心之虛明之量，則所謂能警惕戒懼之主宰，亦終作不得主宰也」〔註8〕。故雖將聶羅二子歸於以工夫悟本體，但就二子對戒懼工夫的理解爲，若未能回到一枯槁寂寞之境，其戒懼工夫之主宰，實未真能主宰。然而「此習靜之功，是否致喜靜厭動，則原無一定。而由心之本體能致得虛，亦自然能照能應，則原不當有此病。其有此病，乃靜而自著于靜」〔註9〕。就聶羅二子歸寂工夫，最易招致批評者，即爲喜靜厭動，但就此習靜工夫之本身，若不著於此，即是陽明所言補小學一段工夫，「亦最能針對人之思慮憧憧者之病痛」〔註10〕，即前所言能掃除一般念慮者。

　　從工夫悟本體的進路來說，可再粗分爲兩大類，即是以戒懼爲工夫進路悟本體者，另一即是以主靜歸寂爲工夫，二者皆歸在以工夫悟本體，此理解雖無誤，但此分類則有太過疏闊之虞。本文以爲雙方對本體與工夫的看法有明顯的出入，甚至相互詰難，若將二者籠統畫歸爲一類，單就以工夫悟本體者，即有明顯兩者的不同，故不可直接將緒山、東廓以及聶羅二子化約爲一類。

　　相較於以工夫悟本體者，另一進路爲悟本體即工夫，在此唐君毅以王門二溪爲代表。就龍溪來說，其雖言悟良知即工夫，但並非認爲悟得良知即不需做工夫〔註11〕，然而其言悟本體即工夫者爲何？乃是：「然實則龍溪言現成良知，乃悟本體，而即此本體以爲工夫；非悟本體後，更無去蔽障嗜欲之工

〔註7〕唐君毅《中國哲學原論：原教・王學之論爭及王學之二流（下）》，頁372。
〔註8〕唐君毅《中國哲學原論：原教・王學之論爭及王學之二流（下）》，頁376。
〔註9〕唐君毅《中國哲學原論：原教・王學之論爭及王學之二流（下）》，頁376。
〔註10〕唐君毅《中國哲學原論：原教・王學之論爭及王學之二流（下）》，頁377。
〔註11〕「以只須悟得現成良知，即更不須有致良知，以去私欲等工夫者。此在龍溪，並不以之爲然。……蓋人有其良知之呈現時，自此良知觀良知，其中自是無一般嗜欲，而不見嗜欲。依此不見，而自謂更無嗜欲待去，則縱橫在我，而皆可自謂是一任良知。然此則爲人之自視太高。故龍溪之爲凌躐之論。」見唐君毅《中國哲學原論：原教・王學之論爭及王學之二流（下）》，頁378。

夫者也。」〔註12〕可知悟本體的同時，工夫一時俱在，當下即本體即工夫，故悟本體即工夫之義在此。但龍溪之工夫並非只停留在此，悟本體之後，再以此本體進行去蔽障之工夫，落在龍溪的思考體系中，即是：「其要點只在悟先天心體之爲虛寂的靈明，而原自正，以爲先天正心之學。依此悟，以致知誠意格物之事，即其後天之誠意之學。此誠意之學，亦無異自運致此心體之虛寂，以至于其用之見于知意物者，皆無不虛寂。此工夫之『簡易省力』，在于本體能頓見頓悟，而更自信得及。」〔註13〕故在此認爲龍溪之工夫，乃在悟先天正心之學後而有一後天誠意之工夫，故其言悟本體即工夫，則是在悟得先天本體之後，吾人能夠自信本心得過，進至意知物之工夫，良知本體即是後天誠意工夫的根據。

　　另外，從近溪本體與工夫之間的關係來看，亦是悟本體即工夫，其言曰：「『以用功爲先者，意念有個存主，言動有所執持，不惟己可自考，亦且眾所共見聞。若性地爲先，則言動即是現在，且須更加平淡；意念亦尚安閒，尤忌有所做作。豈獨人難測其淺深，即己亦無從驗其長短』。又謂『若不認得日用皆是性，人性皆是善。蕩蕩平平，事無差別，則自己工夫，先無著落處，如何去通得人、通得物、通得家國，而成大學于天下萬世也哉。』此所謂性地爲先，即從現在言動平淡、意念安閒處，下工夫，更不別求工夫效驗之謂。而此所指者，則唯是于日用常行處下工夫。」〔註14〕故認爲近溪爲悟本體即是工夫者，乃在於若不先悟得良知清明，即作工夫，是先存一意念，而工夫所發，乃是從意而非從心，若如此，此工夫乃是意的工夫，從意而發，則此工夫不必然與良知同體，此理解若無誤，則近溪必認爲先悟本體後，其工夫教路才有展開的可能。二溪對本體與工夫之間的態度爲先求悟本體，並據此展開的工夫教路，才能夠是眞正的從心而發，而非隨意牽引，並且其格物皆有工夫。

　　就唐君毅之分類法，在此可以提出一個問題，即以工夫悟本體與悟本體即工夫來說，前者不易引起誤解，然後者悟本體即工夫，以王門二溪爲代表，是否易誤導二子除悟本體外無工夫？就悟後工夫來說，龍溪爲後天誠意之學，近溪則是將良知落實在日用工夫上，是以二子皆在悟得良知本體後，都

<hr />

〔註12〕唐君毅《中國哲學原論：原教‧王學之論爭及王學之二流（下）》，頁378。
〔註13〕唐君毅《中國哲學原論：原教‧王學之論爭及王學之二流（下）》，頁382。
〔註14〕唐君毅《中國哲學原論：原教‧王學之論爭及王學之二流（下）》，頁388。

有不同的工夫面向展開，其工夫皆非只是停留在悟本體，故以悟本體即工夫來概括二子，是否恰當？若從整體來討論此分類法，其出發點在調合後學工夫進路的不同，並不細分其間的高下。就此分類固可因其簡單，而將王門諸子劃分為兩大類，但正因其分判的標準過於粗略，反而無法適當的展現後學的學問特色。然唐君毅此分類的最大價值，在於點出了分判王門後學的標準，必著墨在本體與工夫上，而此乃是最核心的分判關鍵。

（二）判教進路

此進路以牟宗三為代表，其以陽明學說為判準，對王龍溪、羅近溪、聶雙江、羅念菴四家，做一判教之工夫〔註15〕，以下將分別敘述之。

牟宗三認為龍溪學問為：「他大體是守著陽明底規範而發揮，他可以說是陽明嫡系；只要去其蕩越與疏忽不諦處，他所說的大體是陽明所本有；⋯⋯他專主于陽明而不參雜以其他（此其他可只限于宋儒說）他只在四無上把境界推至其究竟處，表現了他的穎悟，同時亦表現了他的疏闊，然若去其不諦與疏忽，這亦是良知教的調適而上遂，並非是錯。」〔註16〕在此以陽明學問為一衡定標準，認為龍溪乃是陽明正傳，並且發揚陽明四句教，為良知學調適而上遂者，故龍溪本陽明學，而將良知教推至圓教的高度。

對近溪的理解為：「順泰州派家風作真實工夫以拆穿良知本身之光景使之真流行于日用之間，而言平常，自然，洒脫與樂者，乃是羅近溪。」〔註17〕在此認為近溪是真能傳泰州學風，並以破光景為其工夫特色。並進一步申說二溪如何承繼陽明學說，認為：「陽明後，唯王龍溪與羅近溪是王學之調適而上遂者，此可說是真正屬於王學者。順王龍溪之風格，可誤引至『虛玄而蕩』，順羅近溪之風格（嚴格言之當說泰州派之風格）可誤引至『情識而肆』。然這是人病，並非法病。欲對治此種人病，一須義理分際清楚，二須真切作無工夫的工夫。若是義理分際混亂（即不精熟於王學之義理）則雖不蕩不肆，亦非真正的王學。」〔註18〕此清楚可見牟宗三認為二溪是真能承繼陽明學者，乃是真正王學。亦點出二子學說易因人病所引發的問題，順龍溪之風格，易有玄虛而蕩之病。在此是指龍溪的四無說，易有過於偏重本體，而

〔註15〕牟宗三《從陸象山到劉蕺山・王學之分化與發展》，頁266～311。
〔註16〕牟宗三《從陸象山到劉蕺山・王學之分化與發展》，頁282。
〔註17〕牟宗三《從陸象山到劉蕺山・王學之分化與發展》，頁288。
〔註18〕牟宗三《從陸象山到劉蕺山・王學之分化與發展》，頁297。

忽略工夫之缺失，但此說是順著黃宗羲於《明儒學案》中對龍溪的評論。承前所論，牟宗三對龍溪學的理解，是從四無句出發，未見對龍溪後天誠意工夫的反省，故其玄虛而蕩的論點，是順黃宗羲的說法。另外就近溪來說，即是從整體泰州學派的風格考論，因其講求日用自然，而易有情識而肆之弊。但從整體學問來看，二溪學問之病痛，乃是人病，而非法病，並且雖有此病痛，不因病廢法，若是回歸牟宗三判立後學的基準點上，二子仍是王門正傳無疑。

順此，雙江與念菴雖不蕩不肆，但並非真能理解陽明者〔註19〕。二子的「主要論點是以已發未發之格式想良知，把良知亦分成有已發與未發，以為表現為知善知惡之良知是已發的良知，尚不足恃，必須通過致虛守靜底工夫，歸到那未發之寂體，方是真良知」〔註20〕。在此牟宗三認為聶羅二子未能真正理解陽明學，乃在於二子以未發已發二分的模式來思考陽明的良知學，認為未發為良知，但已發則非，此思考模式實已不同於陽明。並且以此思考模式質疑知善知惡之良知是否為真知，即是對良知的道德判斷力有所懷疑，更是認為此非真正的良知。吾人必透過致虛守靜之工夫，回歸到寂體，此寂體乃是真良知。若是從此思考出發，或有人以此主靜之工夫，是回歸陽明初期講學之方式，但「默坐澄心，收斂為主，是欲存養良知之體。此是人隨時當有之常行，此不能決定義理系統之方向」〔註21〕，故牟宗三認為聶羅二子非真能理解陽明者，二子之病不在其致虛守寂，其病乃在：「經過枯槁寂寞之後，一切退聽，而後天理煥然，此等于閉關，亦等于主靜立人極，等于靜坐以觀未發氣象。然經過此一關以體認寂體或良知真體，並不能一了百當，這不過是抽象地單顯知體之自己，並不能表示其即能順適地貫徹下來。」〔註22〕二子與陽明最大的不同點，即是只單顯一知體，並無法順此知體外推，若如此則如何致良知於事事物物？此即二子問題所在。

承上所論，牟宗三對後學諸子的衡定之標準，是以和陽明學說的相應與

〔註19〕「此二人于陽明生前未執弟子禮，或因無緣見面，或因無緣多見（雙江只一見），或因根本上未能相契，猶有隔膜，或簡單言之，根本未能了解。微諸其後來之議論，雖皆已稱門人，而實未能了解陽明之思路。」見牟宗三《從陸象山到劉蕺山‧王學之分化與發展》，頁298。

〔註20〕牟宗三《從陸象山到劉蕺山‧王學之分化與發展》，頁299。

〔註21〕牟宗三《從陸象山到劉蕺山‧王學之分化與發展》，頁300。

〔註22〕牟宗三《從陸象山到劉蕺山‧王學之分化與發展》，頁310。

否展開，就其討論的四子來說，認爲王門二溪不只是陽明正傳，更是從兩方面開展陽明學，不論是龍溪的四無說，將陽明學推至圓教的高度，或是近溪從拆穿光景出發，落實良知學於日用平常，以至人人日用而不知，在在都可看出二溪並非只相應於陽明學，更能透過己身的工夫與實踐，而豐富良知學的內容。相對於二溪，雖然雙江與念菴二子的學問性格，實不同於陽明而走上另外的路向，但二子的思考模式正好可以看出心學的另一路向，即是以未發已發展開，二子學問重在反觀視聽，亦可作爲二溪學問的參照系，雙方學問雖不同，但不影響各自實踐的內容與理論的完整性。只是牟宗三的判教以陽明學出發，則必以二溪近於陽明學，高於聶羅二子與陽明的不同型態。不過總的來說，牟宗三的判教進路，可以清楚看出聶羅二子並非王學嫡傳，翻轉了自黃宗羲自《明儒學案》以來，尊江右爲王門正傳的傳統學術觀點，啓發了後人對陽明後學研究的新方向。

二、朱陸異同

前人對王門後學的分派，有執朱陸異同的義理間架以理解之並據此分派者，此種分類法以日人岡田武彥爲代表，將王門後學區分爲三：現成派（左派）以王龍溪、王心齋爲代表；歸寂派（右派）以聶雙江、羅念菴爲代表；修證派（正統派）以鄒東廓、歐陽南野爲代表〔註23〕，以下將分別說明之。

現成派以龍溪與心齋爲代表，認爲：「把陽明所說的『良知』看作現成良知。他們強調『當下現成』，視工夫爲本體之障礙而加以拋棄，并直接把吾心的自然流行當作本體與性命。……這是直接在本體上做工夫，而成爲『本體即工夫』派。所以，他們輕視工夫，動輒隨任純樸的自然性情，或者隨任知解情識，從而陷入任情懸空之弊。」〔註24〕在此對現成派的理解爲良知即是現成良知，不犯手作工夫，更進一步認爲工夫妨礙本體，不需作工夫即可得到本體〔註25〕。而此之本體，並非如龍溪等人所稱說的具有道德義，反而更有任性情之可能，是以岡田認爲現成派易陷入隨任性情，更因不作工夫，其良知乃是懸空，或者更進一步說，其所謂的良知，乃是以性情爲良知，用性

〔註23〕岡田武彥《王陽明與明末儒學‧王門三派》，頁103。
〔註24〕岡田武彥《王陽明與明末儒學‧王門三派》，頁104。
〔註25〕岡田認爲龍溪與心齋的良知現成，有「視工夫爲本體之障礙而加以拋棄」的說法，在此雖可理解爲本體與工夫互有矛盾，但岡田分殊後學並非以本體與工夫的矛盾出發，仍是以朱陸異同爲首出。

情架空良知。

　　岡田既以朱陸異同分別王門後學，對現成派的理解爲：「他（象山）把揭示高遠的理想，堅持道的純粹性、客觀性，在現實中建立嚴格規範的朱子『性即理』說，當作陷于支離的東西，而提倡具體的、流動的『心即理』說，認爲『惡亦可以害心，善亦可以害心』，并尊崇心的自然性，指出有自家堂堂之心即主人公，還指出自我的自立與自信的重要性。」〔註26〕此即是岡田對朱陸學問的理解進路，但此處對於象山批評朱子學問爲支離的詮釋，可以再思考。象山的學問雖主心即理，但並不以心即理反對性即理，象山與朱子最大的分別乃在心即理與否，並非以心即理反對性即理〔註27〕。然而就心是否即理，岡田更進一步認爲發展了「陸子所宗的心之根本，而發展了『心即理』說的陽明，有現成之論就更是理所當然的了」〔註28〕，是以認爲二王承繼象山心即理的論點，出現良知現成的說法乃是有所本。在此有兩點值得討論，其一，就整體陽明後學來說，對於心即理，是同聲肯認，故就朱子與象山分別爲性即理、心即理而後以之分別陽明後學，實非一有效的參照系。其二，現成派並非以本體而取消工夫，或以良知爲隨任情識，岡田從此角度理解二王，實可再商榷。

　　歸寂派的代表人物爲雙江與念菴，「在陽明所說的良知中，有虛寂之體和感發之用的區別。這正如陽明自稱其致良知在于培養根本而使生意達于枝葉那樣。因而該派認爲，以歸寂立體并達體于用，即立體達用，是陽明致良知說的本旨，據此方能契合于程子所謂『體用一源，顯微無間』的主旨。所以，該派以陽明中年時代的主靜說爲致良知說的宗旨」〔註29〕，在此將陽明良知分爲虛寂與感發的區別。若從未發已發的角度來說，虛寂之體即是未發之中，感發之用即是已發，從雙江與念菴的學問出發，其已發乃是屬於情的層次，其未發已發割裂爲二。故其對體用的理解必是立體達用，本體立而後有發用

〔註26〕岡田武彥《王陽明與明末儒學‧王門三派》，頁106。
〔註27〕朱子論心與理的關係爲：「心與理爲認知的對立者，此即所謂心理爲二。理是存有論的實有，是形而上者，是最圓滿而潔淨空曠的；而心是經驗的認知的心，是氣之靈，是形而下者。因此，決定我們的意志（心靈）以成爲吾人之實踐規律者乃是那存有論的實有之理（圓滿之理），而不是心意之自律。」（見牟宗三《從陸象山到劉蕺山‧象山之「心即理」》，頁10）可知朱子之心爲氣質義，並非孟子、象山、陽明等本心義。
〔註28〕岡田武彥《王陽明與明末儒學‧王門三派》，頁106。
〔註29〕岡田武彥《王陽明與明末儒學‧王門三派》，頁104。

的可能，其體用一源說，是用從體的根據義所提出，是謂一源。因此雙江與念菴的學問性格出發，必取陽明主靜之說爲其立論基礎。

　　然而由朱陸異同如何分判之？岡田以爲：「歸寂派的思想雖然在開始時不免偏于靜，但後來便使用眞切的工夫去體認動靜一體的虛寂之眞體。然而，此派因爲以歸寂爲宗旨，所以必然遠離王學富有生命力的、流動的心學，而傾向于以靜肅爲宗的宋代性學。」〔註30〕此處認爲歸寂派雖遠離富於生命力的心學，偏向以靜肅爲宗的宋代性學。岡田此說即出現一大問題，因爲就雙江與念菴的學問來說，雖以未發已發的思考模式理解良知學，但仍不礙其爲心學的一支，故而在此以聶、羅傾向於宋代的性學，仍需再斟酌。

　　對於修證派的南野與東廓，岡田強調：「既要善于認識陽明所說的良知是本來意義上的道德原則，亦即天理，又要善于體認陽明所說的本體即工夫、工夫即本體的精神實質，而絕不能誤解陽明致良知說的本旨。此派學者致力于矯正現成派的流蕩和歸寂派的偏靜這兩種弊端。爲此，他們指出了天理和性的重要性，提倡用工夫求本體，實即『工夫即本體』說，從而不期而然地具有接近宋學的傾向。這就與歸寂派之說一樣難以適合王學的發展方向及時代思潮。」〔註31〕對修正派的理解爲調和二者，即是合本體即工夫與工夫即本體二者，是以能夠矯治現成與歸寂之弊端，因此派能夠同時注重本體與工夫。又點出「修證派指明了致良知就是本來意義上的窮理，窮理之外無良知可言這一點。是對朱子學者非難王學不講窮理的回答。他們特別強調良知是天理，致良知是窮理」〔註32〕。故岡田以修證派的致良知說明窮理的論題，論證修證派乃是調合朱陸之學，但前已言朱陸之間最大的差異並不在窮理上，其根源是在對心的理解上。而就岡田的分判標準來看，現成派代表陸學，工夫爲本體的障礙，相對於此，歸寂派代表朱學，傾向宋代性學，對修證派的理解則爲調和兩派，故必以爲修證派爲調和朱陸之學，並隱有朱陸會通的意味。

　　就岡田對修證派本體與工夫的理解來說，此兩大進路爲用工夫求本體與即工夫即本體二者，但吾人並非可以此分辨朱學與陸學。因爲就用工夫以求本體，乃是吾人求賢成聖的工夫進路，陸學非不用工夫，以此分別朱陸之學

〔註30〕岡田武彥《王陽明與明末儒學・王門三派》，頁104。
〔註31〕岡田武彥《王陽明與明末儒學・王門三派》，頁105。
〔註32〕岡田武彥《王陽明與明末儒學・王門三派》，頁144。

已不適切，而後學諸子亦非可以此兩進路規範之，故岡田以朱陸異同來分判諸子，並據此調和之，此論點穩不住。

從以上的分析來看，由朱陸異同來討論陽明後學的分派，實是以性學與心學分判之，但此分判方式，有幾點值得商榷處：其一，以朱陸異同討論，即是以性即理與心即理二者分別後學諸子。岡田的分派，將現成派視爲心即理系統，歸寂派視爲性即理系統，修證派爲中介調合而偏向性即理。但承前所論，後學學問的不同並非在此，他們所面對的挑戰乃是在陽明扭轉學風之後，如何去理解致良知的問題，在此大前題之下，諸子對於心即理皆是同聲肯認之，故以此爲分類標準不恰當。其二，在朱陸異同的架構之下，理解現成派爲即本體即工夫，歸寂派是用工夫以求本體，修證派是兼有二者，如此思考，必是以陸學爲即本體即工夫，陸學亦是一任本體不用工夫，而朱學是用工夫以求本體。但就本體與工夫的關係，乃是以本體開展其工夫教路，以工夫定其本體，本體與工夫必是相合，故以陸子爲有本體而無工夫，朱子爲重工夫，此說亦未切當。

故可知陽明學雖從朱學轉出，但其門弟子之分派，是否能以朱陸異同來區分，實有待商榷。岡田此一分類標準雖未能精當的分別王門諸子，但今人研究陽明後學，多從岡田此分派出發，並且明確分別出後學的三大體系，影響甚廣遠。另外吳震對陽明後學的分判方式，其思考脈絡隱有岡田武彥的分判影子 [註33]，只是其未直接提出朱陸異同的論點，在此特標誌之 [註34]。

[註33] 吳震於其〈陽明後學概論〉一文中，明確指出「筆者仍然傾向贊同岡田所提出的基於龍溪之說基礎上的『王門三派』說」，見該文頁110。

[註34] 念菴學問近於朱學而遠於王學的說法，亦可見古清美之評論：「念菴之學看起來是以濂溪、明道之說爲主，而以靜悟之方法向自己心上參究，卻鮮於稱述朱學。但他於明道之說多取於『必有事焉』、『物各付物』、『内外兩忘』這類重物則事理，合内外動靜的工夫，而對於明道講『心與理一』、『只心便是天』這類從一心當下印承、顯現天道或天命之性的說法更不多提，連『與物同體』在念菴都要經過多層嚴格的去欲工夫始可得道。此處便向朱子靠近。……念菴上承濂洛之脈，下啓朱學復興之機，他在此中扮演了一個相當重要的角色。」（見古清美《明代理學論文集・羅念菴的理學》，頁205）在此可明顯看出，古清美認爲歸寂派之羅念菴爲復興朱學、復興宋學的一重要角色，故本文在此判斷，古清美評斷念菴學問背後的義理根據，應同於岡田，是以朱陸學問不同的傳統分判之。由於古清美並未有專文討論王門後學的分派問題，故在此僅以該文對念菴的評論，判斷古氏對王門後學分判的基本態度。

三、矛盾說

所謂矛盾義，即是以本體與工夫之間的矛盾來進行後學的分派，此說以大陸學者楊國榮、錢明、鮑世斌等為代表，以下將分別說明其觀點。

楊國榮於《王學通論》中指出：「王陽明致良知說的二重性導致了王門後學的分化，而後者又將這種二重性進一步開展了。從總體上看，現成派（王龍溪、泰州派）對先天本體的作用作了較細致的考察，但同時卻由強調本體的見在性及誇大見在本體的制約性而表現出取消理性工夫的傾向，并由此將自覺等同於自發，從而導向了非理性主義；歸寂派（聶雙江、羅念菴）肯定致知工夫的必要性，並強調本體非見在，明覺非自發，但由此卻割裂了寂然之體與後天的感應過程，從而走向主靜歸寂、反觀內聽的神秘主義；工夫派（錢德洪、歐陽南野、鄒東廓）則從不同方面對工夫的作用及致知過程作了深入的考察，將致知活動理解為工夫與本體相互作用的動態統一過程，後者既展開為個體認知的前進活動，又表現為類的認識之歷史進展。」〔註35〕此處所謂陽明致良知說的二重性，即是認為陽明的良知，一方面具有先驗性，後天致知無法損益之，一方面吾人又需透過致良知的工夫以把握此良知〔註36〕，並且認為陽明後學的分別，可從其理論中本體與工夫之間的關係來分判。

〔註35〕楊國榮《王學通論·致良知說的分化》，頁133。
〔註36〕「王陽明的致知過程論以良知的先天預設為其邏輯前提，這就使它難以避免內在的理論張力：一方面，良知作為先驗之知，其內容不僅是通過天賦而一次完成的，而且具有終極的性質，後天的致知不能對它作任何損益；另一方面，達到良知（對良知的自覺把握）又必須經歷一個『無窮盡』的過程；『致』突出了過程性，而良知的天賦性又排斥了過程。王陽明通過強調主體對良知的自覺意識的過程性而掩蓋了良知本身的封閉性，從而暫時使這一矛盾隱而未彰，但這并沒有從根本上解決矛盾。事實上，在先驗論的範圍內，良知的天賦性（封閉性）與致知的過程性的矛盾是不可能完全解決的。正是先天之知與後天之致（致知過程）的以上張力，從另一個側面賦予王學以二重性，并最終導致了王門後學的分化。」（見楊國榮《王學通論·王陽明的心學體系》，頁85）在此陽國榮理解陽明的良知有兩個面向，即是良知的先驗性，此良知的先驗即說明良知乃是不假經驗外求，即理解良知為本體義。相對於良知的先驗義，點出致良知為工夫義。然而就陽國榮的理解，陽明的良知是後天致知工夫無法損益，而吾人如何透過工夫可以去把握良知，以為此二者乃存在根本不可消解的對立性。但是就陽明對於良知與致知的思考，本體與工夫並非一對立的概念，陽明曾以鏡喻其本體，此鏡若不清明，吾人即必須痛加刮磨之，就此痛加刮磨者，即工夫義，然此工夫乃是復歸其本體，並非損益本體，故以為陽國榮此說並不理解陽明致良知之工夫乃在去遮弊吾人良知者，而非在本體上增減。

　　楊國榮認爲現成派，即是龍溪與泰州學派，對於本體有多面性的考察，他認爲龍溪提出了先天之學，乃是將良知學推高圓教的高度，故楊國榮能看出龍溪對本體思考的特出之處。但是認爲現成派誇大本體，進而走向非理性主義〔註37〕，則有可討論之處。其言曰：「在突出本體作用的同時，王畿與泰州學派又以先天之知（本體）勾銷了後天之致（工夫），并由貶抑理性的工夫而在不同程度上走向了理性主義的反面。」〔註38〕此處直言現成派者，以本體取消工夫，有必要再斟酌。就龍溪的工夫論來說，雖點出一先天正心之學，但此工夫實是指點一境界，且龍溪工夫並不停在此處，更進而提出後天誠意之工夫，認爲本體與工夫之間的關係是：「用卻困勉功夫，以求復其本體，學者之事也。本體功夫，深淺難易，若有聖人、賢人、學者之不同，及其知之、成功一也。」〔註39〕由此可知龍溪論本體與工夫並非可兩分，未以本體取消工夫甚明。而泰州派以近溪爲代表，其工夫特色乃是破光景之工夫，即在破除吾人在接物應事之時，回想前時心體所露之光景，忽略當下心體之呈現〔註40〕。

　　另外，楊國榮認爲歸寂派主張歸寂之工夫，乃是致知的工夫，但對於主靜歸寂工夫的理解，乃是：「反對以本體爲見在、以明覺爲自發的同時，又通過隔離已發與未發、寂與感而賦予良知以超驗的形式。致知對象一旦被超驗化，在邏輯上即蘊含著兩種可能：或者將這種對象推向不可知的彼岸，康德的物自體的命運即是如此；或者雖然肯定它可以達到，但同時又把達到這一對象的過程歸結爲超驗的過程。」〔註41〕這種說法其大意爲：其一，認爲歸

〔註37〕對於泰州學派從強調本體，進而走向非理性主義，其言如下：「當他們由強調良知的現實性而將良知等同于吃飯穿衣之日用、由反對工于在的戒嚴而排斥自覺的『人力』時，非理性主義即由潛在的端倪而成爲現實的歸宿。」（見楊國榮《王學通論·致良知說的分化》，頁101）此說認爲泰州派將良知等於吃飯穿衣，爲非理性主義找到一現實的歸宿，本文以爲此說可再討論。承前對近溪工夫的討論可知，近溪對於良知教的思考，乃是走向日用工夫，故以爲此說並不能同情的理解泰州派日用工夫的意義。

〔註38〕楊國榮《王學通論·致良知說的分化》，頁101。

〔註39〕王龍溪《王畿集·《大學》首章解義》，頁176。

〔註40〕「不知此段光景原從妄起，必隨妄滅。及來應事接物，還是用著天生靈妙渾淪的心，此僅在爲他作主幹事，他卻嫌其不見光景形色，回頭只去想念前段心體，甚至欲把捉終身，以爲純亦不已。」見羅近溪《羅汝芳集·近溪子續集·卷坤》，頁270。

〔註41〕楊國榮《王學通論·致良知說的分化》，頁111。

寂的說法乃是反對良知見在。但就雙江與念菴對本體的看法，認爲吾人必透過作工夫才能夠回歸良知本體，是以其所反對的爲見在良知的說法，並非反對良知本有，所反對者乃不作工夫而言良知者。其二，認爲雙江與念菴隔斷未發、已發，是賦予良知一超驗的形式。楊氏所言之超驗，「即意味著無法用感知與理性思維去把握」〔註42〕，乃是將良知外推，將良知視爲一思辨對象，這種說法已經悖離中國哲學的實踐性格，本文以爲或可修正爲超越經驗層次。雙江與念菴皆以爲格物無工夫，工夫只在心上作，認爲經驗層次乃是吾人良知之效驗，是以工夫不在此處說，如此解釋才能切合雙江與念菴對良知本體的思考。從本體的角度可以說良知是超越經驗，縱使說超越經驗，也是良知自作主宰，不受經驗決定之意。但楊氏更進一步推論，認爲歸寂工夫下所體證的良知，會將良知推向不可知的彼岸，對良知的理解乃是向外推出，將良知當成一認知對象、一智思物。楊氏指出歸寂工夫所易導致的弊病，即是無法檢驗吾人透過歸寂工夫所體證的良知，此是眞良知否？或是落入良知光景而已？並且認爲：「歸寂說的這一歸宿也表明：僅僅肯定致知必須歷經一個過程，而不同時把這一過程與主體與客體、心與物的相互作用（感）關聯起來，則不可避免地將使致知過程非理性化。」〔註43〕此種隔斷心、物的前提下，吾人需思考歸寂派所謂的物，是否能在吾心良知的功化之下，無物不正？此點才是問題的所在。故楊國榮對於歸寂派的理解是，雖然標誌出一歸寂的工夫路向，但是「唯一的出路即是導向反觀內聽的神秘主義」〔註44〕，認爲歸寂之工夫乃是一非理性的過程，認定歸寂工夫只是一神秘工夫，無法徵驗。關於神秘主義的說法，若理解爲體證良知之不可言說性則可，若理解爲西方哲學的神秘主義，則是誤解二子的道德實踐之具體眞實性。因從西方神秘主義的觀點出發，必定會認爲雙江與念菴的本體與工夫存在一矛盾，即本體無法檢視，在工夫上出現兩個疑慮，一是做工夫能否致良知，二是若肯認此工夫實能致吾心之良知，但良知神秘無法檢驗，則此工夫夫亦成爲秘密工夫、秘密經驗，也因此會認爲歸寂派亦存在著本體與工夫的矛盾。

　　楊國榮評論王門後學第三種型態爲：「與王畿及泰州學派由天賦良知論走

〔註42〕楊國榮《王學通論・致良知說的分化》，頁111。
〔註43〕楊國榮《王學通論・致良知說的分化》，頁111。
〔註44〕楊國榮《王學通論・致良知說的分化》，頁111。

向現成良知說，聶豹、羅洪先以歸寂爲致知工夫不同，王門的另一些後學沿著工夫與本體相統一的方向，對王陽明的致知過程論作了發揮。這一派的主要代表有歐陽德、錢德洪、鄒守益、陳九川、張元（心卞）、尤時熙以及晚明的東林學者等。」〔註 45〕直接點出此型態乃是主張本體與工夫相統一，並且稱此派爲工夫派〔註 46〕，關於此點本文擬以錢緒山、歐陽南野、鄒東廓三人爲代表進行討論。

對於此派的工夫義，楊氏歸結如下：「良知展開于日履（感應過程）、于感應之中致良知、循本體（良知）而用工夫、因已知而更進于知在總體上表現爲一個工夫與本體交互作用的動態過程，而主體也正是在這一過程中對良知獲得了越來越自覺的認識。」〔註 47〕在此所說的良知展開於日履、於應感之中致良知、循本體而用工夫，即是致良知於事事物物的工夫，並且透過此本體與工夫交互作的動態過程，更能清楚掌握此知。故楊國榮對此派的理解爲本體與工夫的相互統一，能夠透過作工夫的動態進程，使本體與工夫相互增益。

以上即爲楊國榮以本體與工夫的矛盾，來處理陽明後學分派問題的梗概，但此分類方式有明顯的問題，因其預設陽明良知學本身，存在著本體與工夫在理論結構上的缺陷，即是良知與致良知之間可能與否的問題。但是就整體陽明學來說，工夫必定是對應著對本體，且徹上徹下，故本體與工夫並不存在著矛盾的問題，若是認爲本體與工夫有矛盾處，則道德實踐如何可能？因此楊國榮據以分派的標準，已經無法掌握陽明學之精義，更何況後學中的現成派與歸寂派，亦有其工夫，如現成派龍溪的後天誠意、近溪的破光景及日用工夫，歸寂派雙江的主靜歸寂、念菴的收攝保聚，諸子的工夫與其對本體的體證並未有矛盾處，王門後學的爭論重點，並不在本體與工夫的矛盾上。故而就楊國榮分派的標準來看，雖掌握到王門後學的不同，但對於本體與工夫其間的分疏，未必切當。

錢明分王門後學爲「兩大系統五個流派」，即現成系統與工夫系統，點出：「即使是傾向性比較明顯的『現成』與『工夫』之間，也並非絕然對峙，

〔註 45〕楊國榮《王學通論・致良知說的分化》，頁 111。
〔註 46〕「在如何致良知的問題上，以上諸氏儘管各有側重，但又有共同的特點，即突出後天的實際工夫，故可統稱之爲工夫派。」見楊國榮《王學通論・致良知說的分化》，頁 112。
〔註 47〕楊國榮《王學通論・致良知說的分化》，頁 122。

不只現成系統的人說『工夫』，而工夫系統的人也說『現成』。」〔註48〕在此可知錢明的分法，乃是以後學的學問性格，是凸顯本體一面，或是工夫一面。

　　錢氏在現成系統下分虛無派、日用派。虛無派的代表爲王龍溪，認爲此派的立學宗旨爲：「是在『無善無惡』之心體的統攝作用下，推定意、知、物的『無善無惡』。」〔註49〕此乃是龍溪的先天之正心之學，但龍溪學問並非只提點此境界，亦有誠意之工夫，然在此全然不提，豈非不見龍溪後天工夫的一面？又進一步指出此派有三個共同特點，「第一，該派所主張的本體虛無說與佛道的空無論相近」〔註50〕。龍溪所言心體無善無惡，並非認爲心體是一虛無的本體，其言無善無惡，乃是指良知本體不能以善惡言之。相較於佛道的空無論，釋氏言空，乃是取其無自性之義，故言空，而道家所言之無，乃是一作用義，即是無執無著。就龍溪言無善無惡之心體，並非認爲良知無自性，若言無自性，連本體都說不得，但儒家必定肯認一本體，爲正面展開的路向，不可能取消本體。道家言無，從作用義來看，無執無著，可以說是共法，但道家理解的無仍具有本體義，故認爲虛無派的本體與空無相近並不中肯。若從道家的無來說是共法，但佛家的空性，則是與儒家所肯認的本體相去甚遠，不可不明。「第二，由於該派出入二氏，精通禪理，故『三教合一之說，自龍溪大決藩籬。』」〔註51〕龍溪曾言：「良知兩字，範圍三教之宗。」〔註52〕認爲三教可統合在吾人良知之下，其立義並不在混三教爲一，乃是以良知教收攝二氏，良知仍是超越佛老二氏無疑，但此處言龍溪大決三教之藩籬，必從整體學術史來思考，此處暫不評論。「第三，由於這一派主張心之體的『無善無惡』和『自然流行』，因而很容易把人引向歧路，致使一些人放棄『爲善去惡』的修行工夫，漠視阻礙人之自然本性的封建禮法。」〔註53〕在此所點出無善無惡與自然流行易把人引向歧路，此乃是人病非法病，並且龍溪亦有後天誠意的工夫，並非放棄爲善去惡的修行工夫。另外，可再進一步討論，此處所言人的自然本性所指爲何？若其言自然本性是正面義，忽略或

〔註48〕錢明《陽明學的形成與發展‧分源別派》，注一，頁115。
〔註49〕錢明《陽明學的形成與發展‧各流派的主旨與糾葛》，頁133。
〔註50〕錢明《陽明學的形成與發展‧各流派的主旨與糾葛》，頁135。
〔註51〕錢明《陽明學的形成與發展‧各流派的主旨與糾葛》，頁135。
〔註52〕王龍溪《王畿集‧南遊會記》，頁154。
〔註53〕錢明《陽明學的形成與發展‧各流派的主旨與糾葛》，頁136。

漠視妨礙吾人本真的禮法，反而具有正面意義，執持禮教反而以禮殺人，此吃人禮教乃是眾所同去，故錢氏此處之理解其實存在著對王學之誤解。若統括以上錢明對虛無派的說明，其以虛無為名，易引導吾人有一負面之思考，並且在此全然忽略龍溪的工夫論，只以四無說衡定龍溪之學，是否有所疏漏？可再討論之。

本體系統的另一派為以王心齋、羅近溪為主的日用派，「王心齋以『百姓日用』指『事』，羅近溪以童子捧茶指『事』，認為『此捧茶童子，都是道也』。此具『道』意義的『事』，已超過道德實踐的範疇而貼近平民的日常生活。……因為這種被賦予本體論意義的『百姓日用』，所體現的是人的自然本能和生命價值，所以『百姓日用即道』的換一種說法就是『自然之謂道』或『樂即道』，因而得『道』的方法也應是『自自然然』」〔註54〕，在此指出心齋與近溪所謂的事，具有道的意義，認為在此意義下說的事，是超越道德實踐而貼近日常生活。承前所論，近溪認為道德實踐即是日用工夫，然而百姓日用，即是百姓日用而不知，但對於道德實踐與人的自然本能和生命價值之間的關係，可以討論。

自然本能要如何理解？必從良知是吾人不學而知上說，人之自然本能，不能理解為生理感官之自然本能，此自然本能必以道德價值理解，才具有後文所說的生命價值。是以良知乃是我固有之，從此而發的日用工夫，才是一自自然然，不假外鑠的得道，也才能夠樂道。然而錢明從道即百姓日用來說此派的特色是日用，對於仁體的解釋為：「建立在自然本能和快樂基礎的人類一般情感的自然流露。」〔註55〕可明顯看出將仁理解為人一般的情感，故百姓日用並不具道德實踐義，乃是人性自然，但是一般情感若有良知貞定和純任感情，其意義亦有不同。若依錢氏對於近溪一般情感的理解為人性自然，不依道德，必以為日用派之日用工夫乃是順人情而至，並不具有道德義。

虛無派與日用派同為本體系統，然而二者的差別為何？「王陽明言體用有兩條途徑：一是『即體而言用在體』；一是『即用而言體在用』。前者意指用為體之所發，并皆在體中；後者是指體為用之所存，并皆在用中。前者以體為主，而使用等於體；後者則以用為主，而使體等同于用。虛無派沿著第一條路，把現成良知與虛無本體糅合在一起，使『有』或『實』（百姓日用）

〔註54〕錢明《陽明學的形成與發展‧各流派的主旨與糾葛》，頁138。
〔註55〕錢明《陽明學的形成與發展‧各流派的主旨與糾葛》，頁140。

等同于『無』或『虛』（本體），并以『無』來規定和主宰『有』，從而把王陽明的『無善無惡心之體』說推到極端。而日用派走的是後一條路，把現成良知等同于百姓日用，『以日用見在指點良知』」〔註56〕，在此以體用的不同分別虛無派與日用派，認為虛無派言用在體中。但其言虛無派將現成良知與虛無本體合在一起，使有等於無，並以無來規定有，就此處所理解的有，是指百姓日用。但是從龍溪的體用論思考之，其言良知本體為虛、空、無，乃是一作用義，並非實指，其良知本體必定是從說，若是要將有與日用工夫結合，則龍溪此義不顯，執此說者以泰州派為主，故在此將有推到了百姓日用，從龍溪學的體用觀來說，必再斟酌。相較於虛無派，日用派則是言本體必在工夫上顯，陽明所言致知在格物，即可說明此義。後學諸子言格物有工夫者，必對此義無異議，因此錢明以此代表日用派的學問風格，只以格物有工夫來說明日用派學問，其間之區別不顯。

另外，從錢明對整體現成系統的理解來說，陽明言體用有此兩路向，分別代表虛無派與日用派，是否亦可以此分疏歸屬於工夫系統的諸子？若不可，是否可謂工夫系統無體用？故從陽明對體用的兩路向的說法，實無法區隔現成系統與工夫系統中對體用的思考。

錢氏將工夫系統分為主靜、主敬、主事等三派。主靜派以雙江、念菴、兩峰為代表〔註57〕，他認為主靜派的共同特色有三。其一，「主靜派堅持的是王陽明的『收斂』、『歸根』說，因而對現成派系統『只有發用無生聚』、『欠卻培養一段工夫』很是不滿」〔註58〕，在此點出雙江與念菴的工夫，乃是以收斂與歸寂為主，認為現成派只發用無生聚、欠卻培養一段工夫。然以龍溪為例，亦不廢靜坐，只是以此為補小學一段工夫，並非沒有培養工夫，且工夫不能只停滯於此，是以現成系統與主靜派的癥結點，應在格物有無工夫上。

其二，「主靜派與虛無派在承認本體虛寂這點上有相通之處，但主靜派割裂了體用及本體與工夫的關係，而虛無派則主張體用一源、體用相即。前者是向內收斂、寂而常定，而後者的目的則是順其自然、流行發用。因而在工

〔註56〕 錢明《陽明學的形成與發展・各流派的主旨與糾葛》，頁142。
〔註57〕 「該派以能推原陽明早年教法的聶雙江、羅念菴、劉兩峰等江右弟子為主要代表。由于其主將聶雙江由主靜而創歸寂之說，故又稱歸寂派。」見錢明《陽明學的形成與發展・各流派的主旨與糾葛》，頁144。
〔註58〕 錢明《陽明學的形成與發展・各流派的主旨與糾葛》，頁146。

夫論上，前者主張致虛守寂、收攝保聚，而後者主張寂感合一、動靜不分；前者用『無』來限制『有』，是爲了迴避『有』的現實存在，而後者用『無』來統攝『有』，則是爲了賦予『有』以合理之地位；前者通過對本體『無』的肯定，而轉向了對現象的『有』的消極否定，後者則通過本體是『無』這一肯定性命題，而導向了對現象『有』的積極肯定」〔註 59〕。在此首先提出主靜派與虛寂派皆共同承認本體虛寂。此說可再修正，應以雙方皆同意「良知是未發之中」，需從未發已發分疏。就龍溪來說，主靜派的本體只寂不感，必修正之。從主靜派來說，將未發已發隔斷，確實是割裂了體用，但在此對錢明所說主靜派亦割裂本體與工夫一語，本文則是持一保留的態度，就本體與工夫的關係，是以工夫求本體，以本體開展工夫，錢明以爲割裂本體與工夫，則是認爲本體與工夫之間產生斷裂，此說是否恰當？另外，錢明以有、無來分別主靜與虛無兩派，可先將無理解爲本體，有爲現象〔註 60〕。主靜派與虛無派的相同點是二者皆從無出發，對有的態度則不同，歸寂派對有是消極否定，但是虛無派是以無正面肯定有。在此前理解之下，從歸寂派來說，其工夫以歸寂主靜、收攝保聚爲主，但是並未否定現象，或者從另一角度來看，正是因爲歸寂派看到現象變化無窮，其後反收斂的工夫，意在找出一條以簡御繁的工夫路向，又或者可說歸寂派此種理解反而是正面面對現象的另一思考路向。

其三，「由于主靜派看到了現成系統的『自然流行』之弊，主張以『靜』止『動』，以『寂』抑『感』，以『收攝保聚』遏止『流行發用』，從而過份偏重于內在的『主靜』或『守寂』工夫，所以對王陽明的外在的『事上磨煉』工夫也不屑一顧」〔註 61〕。歸寂派對現成派的批評，認爲現成派只言本體，不言工夫，順其性情而發，即以此性情爲良知，從己私欲而動，而非良知本體，或可說其點出靜、寂，乃是指出本體的狀態，相對於良知的流行發用，並以此爲發用之主宰。是以在此思考之下，對於陽明事上磨練的工夫，則認爲格物是良知之效驗，故格物無工夫。

承上所論，錢明對主靜派的理解爲：「由于主靜派把認識活動和道德修養視爲純粹『向裡』的『歸寂』過程，使本來『活潑潑』的王陽明的良知本體

〔註 59〕錢明《陽明學的形成與發展・各流派的主旨與糾葛》，頁 147。
〔註 60〕此處之思考模式乃是轉化自康德現象與物自身。
〔註 61〕錢明《陽明學的形成與發展・各流派的主旨與糾葛》，頁 147。

還原爲『寂然不動』、『隱而未發』、毫無生命力和創造力的虛幻道德本體，這就明顯地違背了王陽明爲學的初衷，偏離了陽明學發展的方向，因而理所當然地遭到了王門諸子的詰難，使自己在當時處于十分孤立的地位。」〔註62〕在此將主靜派的良知本體，理解爲毫無生命力和創造力的虛幻道德本體，此種論斷有誤解之虞。主靜派的工夫，雖可說偏重於靜的一面，但若從本體乃是一虛幻的道德本體來看，則此歸寂工夫，易導向追逐光景，誤認光景爲本體。若考之雙江與念菴的體證本體的過程，可說皆是自家體貼出來的。但是就此處所說主靜派受到王門後學詰難處，其關鍵點乃是在對已發的界定與格物有無工夫上。

　　錢明所分工夫系統另一派爲主敬派，以鄒東廓、劉師泉、王塘南等人爲代表〔註63〕，不過此處以本文討論的鄒東廓爲主。錢氏認爲東廓「試圖通過『主敬克己』的工夫，達到良知本體的『主宰』作用：『主敬則能克己，克己則有主宰。』從而糾正現成派的『自然流行』之弊」〔註64〕，認爲東廓的工夫以主敬克己，並且此工夫能夠讓良知有一主宰之作用。細繹此說，可知良知必定透過此主敬工夫展開，並以主敬工夫，矯正日用派之弊。然而，錢明所理解的日用流行，並非純粹的道德義，因此東廓提出了主敬工夫對治日用流行之弊的意義在此。日用流行乃是由良知向外推，但主敬的手段只是在使此良知有主宰的作用，若從泰州派言工夫在日用平常，並不是不知中必有所主宰，而後向外推擴。更進一步點出：「鄒東廓認爲，主靜派只強調『未發之時』的『寂然之體』，因而偏于『內』；而日用派只重視『已發之後』的『百姓日用』，因而偏于『外』，惟獨『主敬』才能避免『偏內偏外之患』。」〔註65〕此說乃是認爲主靜派偏內，日用派偏外，惟有主敬才能乃兼具內外，但是仍未說明主敬如何避免偏內偏外。另外，此處即出現錢明分派的問題所在，若主靜派重在寂然之體，即是注重本體，但將其歸於工夫系統一派，則主靜派偏內的特色無法與其分類相合。

　　最後一派即是主事派，以錢德洪、歐陽南野爲代表〔註66〕，認爲「『但依

〔註62〕錢明《陽明學的形成與發展・各流派的主旨與糾葛》，頁148。
〔註63〕錢明《陽明學的形成與發展・各流派的主旨與糾葛》，頁148。
〔註64〕錢明《陽明學的形成與發展・各流派的主旨與糾葛》，頁149。
〔註65〕錢明《陽明學的形成與發展・各流派的主旨與糾葛》，頁149。
〔註66〕「該派較雜，有浙中王門的錢緒山、張陽和，又有江右王門的歐陽南野、陳明水等。因爲他們都傾向王陽明晚年的『事上磨煉』說，故稱主事派。」見

良知運用，安事破除。』在他看來，致良知工夫當以主事爲要，一切只要依靠良知運用，更無需作除去私欲之類的工夫」〔註67〕，在此認爲緒山之工夫以主事爲要，即是致良知於事事物物上爲其宗旨，但是就緒山是否不需作去除私欲工夫，可再討論。緒山亦區分意念有正念與私意之差別，故錢明以事用爲緒山工夫的特色則可，執此而忽略其去除私欲之工夫則不可。對於歐陽南野的理解則從：「離卻天地人物，則無所謂視聽思慮感應酬酢之日履，亦無所謂良知者矣。」〔註68〕是從其言吾人之良知不可離卻天地人物，即是事用，故將南野歸於事用派。然而良知不可離卻天地人物，乃是後學之共識〔註69〕，不可從此歸屬南野之分派。錢明統合事用派整體思想，提出：「從『事上磨煉』到『離卻天地人物，亦無所謂良知者矣』，這是主事派思想演變的必然邏輯。」〔註70〕在此須斟酌，自陽明提出事上磨練，即是致知在格物的工夫，故致知必進至格物才是完成，若是離卻事物，此並非眞正的良知，良知

錢明《陽明學的形成與發展・各流派的主旨與糾葛》，頁151。

〔註67〕 錢明《陽明學的形成與發展・各流派的主旨與糾葛》，頁152。

〔註68〕 南野此說爲錢明論斷的依據，見歐陽南野《歐陽德集・答羅整菴先生寄《困知記》二》，頁17。錢明《陽明學的形成與發展・各流派的主旨與糾葛》，頁154。

〔註69〕 對於良知不離事用，後學中可粗分爲兩類，即以格物有工夫者，如龍溪、緒山、東廓、南野、近溪；以格物無工夫者，如雙江、念菴。本文暫且不論格物有無工夫的差別，但是對良知不離事用則是同聲肯認。如龍溪：「日逐應感、視聽喜怒，那些不是良知覺照所在？應感上致此良知，便是格物。」（見王龍溪《王畿集・南遊會記》，頁156）、緒山：「知無體，以人情事物之感應爲體，無人情事物之感應則無知也。」（見錢緒山《徐愛 錢德洪 董澐集・錢德洪語錄詩文輯佚》，頁141）、東廓：「誠意、致知、格物，皆一時事。行遠自邇，登高自卑，學問之功，必從實地上做起，非懸空超脫可入。實地工夫，祇從孝弟眞切處學。」（見鄒東廓《鄒守益集・濮致昭錄會語》，頁773）、近溪：「學問與做人一般，須要平易近情，不可著手太重。如粗茶淡飯，隨時遣日，心既不勞，事亦了當，久久成熟，不覺自然有個悟處。蓋此理在日用間，原非深遠，而工夫次第，亦難以急迫而成。」（見羅近溪《羅汝芳集・近溪子集・卷射》，頁95）、雙江：「致知即致中也。寂然不動，先天而天弗違者也。格物者，致知之功用，物各付物，感而遂通天下之故，何思何慮，後天而奉天時也。」（見聶雙江《聶豹集・答亢子益問學》，頁256）、念菴：「致知者，至所知也。致知何在，在吾與天下感動交涉，通爲一體，而無有乎間隔，則物格知至得所止矣，知本故也。」（見羅念菴《羅洪先集・答蔣道林》，頁300）。在此可知，後學皆認爲知不離物，但其間關係的不同，在此暫不討論。

〔註70〕 錢明《陽明學的形成與發展・各流派的主旨與糾葛》，頁154。

並非是單提本體。此處將其理解爲主事派思想演變的必然邏輯，倒不如理解爲將事上磨練視爲一正面積極的工夫義。

另外，錢明對於主事派與日用派的理解，認爲二者皆重視事用，但其間的差別爲：「日用派是用本體統攝工夫，而主事派是用工夫復得本體。因此前者側重于對人爲修練方式的否定，不要求在個人修養上多作努力，而後者則致力于對修煉工夫的選擇與改造，不贊成在心上、意上用功。」〔註71〕承前所論，對於日用派的理解爲無工夫，只是一任本心流行。但就日用派來說，以近溪爲例，其日用工夫乃是站在反省良知學的立場，如何能使百姓不知亦能日用，其思考重心在此，因此並非不言工夫，或是以本體否定工夫。而主事派以工夫復得本體，但從心與意的關係來考察主事派的學說，並非不贊成心上、意上之工夫，若只言主事，即會出現一問題，只是從事上看，在現象上事呈現一正面義，無法逆推其是否具有良知本體的保證，其意念發動亦是從正面的價值出發，所謂不誠無物，不能以現象直接逆推本體，故錢明此說太過粗疏。

考論錢明論整體陽明後學，最主要的觀點爲：「兩大系統代表著晚明思想的兩大趨勢，即現成派的從體到用，工夫派的從悟到修。」〔註72〕承前所論，此兩種分派方式，本身即無法明確的二分，只可說是一權法，又就其分判的出發點爲本體與工夫的矛盾，對於本體與工夫之間的理解已產生斷裂，故此分類方法無法明確範圍王門後學的思想。相較於楊國榮的分類方法，將後學分爲現成派、歸寂派、工夫派三大類，錢明此分法即是將歸寂派歸於工夫系統之下，如此楊國榮的分法，則更可以將歸寂派思考模式的不同獨立出來。

鮑世斌已注意到王門後學研究，必以本體與工夫之間的關係爲討論重心〔註73〕，對於王門後學的分派，仍是從本體與工夫兩大派區別之〔註74〕，以

〔註71〕錢明《陽明學的形成與發展‧各流派的主旨與糾葛》，頁155。
〔註72〕錢明《陽明學的形成與發展‧各流派的主旨與糾葛》，頁156。
〔註73〕「本體──工夫理論是王學的基本理論結構，對它的討論決定著王學思想的基本走向。」見鮑世斌《明代王學研究‧王學的傳播與分化》，頁64。
〔註74〕「一種方向強調良知的自然發用流行，用自然致之的工夫，即陽明所言『致吾心良知所知之天理于事事物物，則事事物物皆得其理』，讓良知隨處充滿，使人的思想行爲都爲良知所範導，這就是『本體即是工夫』。而另一方向則主張世人良知多爲情欲所遮蔽，無法自然顯現知的至善性，因此要爲善去惡，糾正不暗的念頭，勝私復理，去除良知本體上遮蔽，由意誠而後心正，這就是

下將分別說明之。

本體派以龍溪、王艮等人為代表，對於二王的理解為：「二王對道德修養工夫表現出否定乃至蔑視的態度。……王畿取消了『致良知』之『致』，以『良知』言『致良知』，也就是取消了工夫。……二王這種不犯做手的工夫已經偏離了王陽明的立言宗旨。」〔註75〕在此對於本體派的理解，仍是認為現成良知取消了致良知的工夫，即是以本體取消工夫，此理解方式，未出楊國榮與錢明的觀點。

工夫派有錢德洪、鄒守益、歐陽德等，對於工夫派主要的論點為：「主張以工夫復本體，強調良知所蘊涵的『天理』這一道德內涵，在實踐中注重進行腳踏實地的道德修養，工夫即本體。」〔註76〕認為工夫派的重點即在以工夫復本體，然而良知所蘊涵的天理，順其脈絡，應為：「『以獨知為良知，以戒懼慎獨為致良知之功』的意義就在于凸顯了致良知說的道德之維，突出了良知知善知惡的道德判斷功能。」〔註77〕相較於本體派，對工夫派的認識，是以戒懼為致的工夫，並突顯良知的道德判斷，即以此工夫復歸本體，並且以為工夫派此思考是對本體派的「良知現成、直造先天本體思想的反動」〔註78〕，故從本體上看本體派與工夫派的分別，認為本體派是純任自然，不用工夫，而本體派所言的自然，有氣性的部份，工夫派為對治此，特別著重在本體的道德判斷，而不以本體派的任自然為本體，其本體必透過作工夫而得。

在本體派與工夫派之外，將雙江與念菴獨立成派，是為歸寂派。然而歸寂派何以介於本體派與工夫派之間？其言曰：「就本體而言，歸寂派與本體派一樣，承認『良知具足』，以未發為已發之根；就工夫而言，歸寂派與工夫派都認為良知本體須經實地鍛煉而後得，要通過工夫以復本體，宗旨也是要糾正本體派直任本體的弊病。本體、工夫兩派都認為良知本體上著不得工夫，而歸寂之學恰與此相反，要在心上做工夫。」〔註79〕在此從本體上說，認為

『以工夫復本體』。前一思想方向著眼于本體，而後者則著重于工夫，二者的思想路敬徑完全相反。」（見鮑世斌《明代王學研究・王學的傳播與分化》，頁64）在此仍是將本體派與工夫派兩系統對立，並認為兩派思想完全相反。

〔註75〕鮑世斌《明代王學研究・良知異見：王門諸子分論》，頁75。
〔註76〕鮑世斌《明代王學研究・王學的傳播與分化》，頁65。
〔註77〕鮑世斌《明代王學研究・良知異見：王門諸子分論》，頁83。
〔註78〕鮑世斌《明代王學研究・良知異見：王門諸子分論》，頁83。
〔註79〕鮑世斌《明代王學研究・王學的傳播與分化》，頁65。

本體派與歸寂派皆認爲良知具足。但是就雙江與念菴對本體的思考，良知乃是未發之中，未發爲已發之根。而龍溪與聶、羅二子，仍是存在著本質上的差異，龍溪以體用爲一，即體即用，未發與已發爲一，只在良知發動與否的差別，聶、羅則割裂體用，將未發與已發分別良知心體與氣的層次，兩者顯然不同，故此說可再斟酌。不過歸寂派與工夫派的相同點在於，都是透過做工夫以復本體，因此認爲歸寂派對本體的體認同於本體派，對工夫的理解同於工夫派，是二者之中介。

　　總結鮑氏之分類法，乃是同於楊國榮，將本體與工夫之間的關係對立，並且認爲：「王門後學就是沿著上述三種思想方向而展開的，王陽明思想中的各種因素和矛盾因此而得到充份的展現。」〔註80〕由此可知，對於王門後學的分派，乃是立基於王陽明思想的矛盾。但本體與工夫之間本並不存在著矛盾，是以其分判的基準與理據，恐怕有重新調整的必要。

　　統合從矛盾進路對後學進行分派的方式，其出發點是站在本體與工夫矛盾上說，並且認爲此矛盾的源頭乃是自陽明始。但本文以爲此種立場無法適當的理解陽明及其後學，因爲雖然陽明學問有隨其體證不同而有不同理解，但陽明學並非一矛盾的學說，故此論點並不恰當。此分類法已能正視王門之學必從本體與工夫出發，但是應將本體與工夫視爲一整體來對後學進行討論，而非將二者割裂。

　　另外，徐儒宗《江右王學通論》一書中，對王門後學的分類，則是：「歸結爲因其天賦所近而形成了偏於『狂者』和偏於『狷者』兩大趨向。」〔註81〕即是以天賦做爲區分陽明後學的標準〔註82〕，認爲王門後學可分爲偏於狂者與偏於狷者兩大類，「其所謂『執規矩者』，正是狷者工夫；而『語妙悟者』，實乃狂者旨趣」〔註83〕，認爲後學工夫入路，皆是順其氣質之所近而發。故而從此分類標準作爲基準，將前人之分類統合爲狂者、中行、狷者三類〔註84〕，而將王門後學分爲：「偏于『狂者』傾向的所謂現成派或狂禪派，係

〔註80〕鮑世斌《明代王學研究・王學的傳播與分化》，頁65。
〔註81〕徐儒宗《江右王學通論・江右王學概觀》（北京：中國人民大學2009年9月），頁17。
〔註82〕此書以氣質之性作爲分判標準，雖然不同於前述以本體與工夫的矛盾出發，但此一分派方式目前僅見於此書，故附於此小節。
〔註83〕徐儒宗《江右王學通論・江右王學概觀》，頁18。
〔註84〕對於前人分類的檢討，徐儒宗分爲兩派與三派，其間兩派分法以吳康與錢明爲代表，指出吳康：「『以收斂爲功』，實乃『狷者』工夫；『以發散爲事』，自

以浙中的王龍溪和泰州的王心齋以及二人的入室傳人爲主要代表；而偏于『狷者』傾向的所謂歸寂派或主靜派，其主要代表皆係江右王門學者；略近于『中行』之道的所謂正統派或主敬、主事派，其主要代表除錢緒山外也都是江右學者。若以二分法論，凡事重修持，重工夫，以收斂爲功的一派，僅除錢氏一人而外，盡屬江右學者。由是觀之，姚江王門後學的這種學術分流，不僅對江右王門的學派形成起有巨大的促進作用，而且又從整體上確定了『江右王門』的主要學術趨向，從而奠定了『江右王門』的總體特色。」〔註85〕在此可以討論幾個問題。其一，分類標準適切與否？以天賦作爲分類標準，是否即在先天上決定工夫路向？本文並非認爲個人之氣質傾向無法影響工夫的路向，但以此作爲分類標準，則隱有將天賦凌駕於其他條件之意。陽明提出良知教，其意是在眾人皆可透過做工夫，進而成聖，若是以天資作爲分類標準，是否即將人的氣質之性單純的分爲狂者、狷者，此是否合宜？其二，對於前人分派的理解，徐儒宗將之統合爲兩派、三派兩大類，但此理解實爲粗疏，並未看出前人分派背後的理論依據，只是單純的從表面現象上出發。如岡田武彥與嵇文甫雖都將王門後學分爲三派，但岡田背後的理據是從朱陸異同出發，而嵇文甫則是左中右三派，因此乍看之下，二者對王門後學的區分皆爲三派，其間分派的理論依據則實有不同，故此書對前人分類的理解是否恰當？可再討論之。

　　徐儒宗之書既名爲《江右王門通論》，其討論的重點自必在江右王門，書中分江右王門爲七派，分別爲「主敬」與「愼獨」派、「歸寂」與「主靜」派、「研幾」派、「主宰」派、「覺性」派、「止修」派、「明善」派〔註86〕，就本文所討論的江右諸子，爲「主敬」與「愼獨」派的東廓與南野、「歸寂」與「主靜」派的雙江與念菴。對「主敬」與「愼獨」的理解爲：「這一派以『未發即

是『狂者』志趣。」而錢明分類則是以本體與工夫兩大系統，「『發散』或『現成』這一系統，都可歸爲『狂者』一流；而『收斂』或『工夫』這一系統，都可歸爲『狷者』一流」。三派者，是以嵇文甫和岡田武彥爲代表：「嵇文甫所謂『謹守師門矩矱』或岡田武彥所謂『正統派』，大致略近于『中行』的規範；所謂向左發展的狂禪派或現成說，大都偏于『狂者』的傾向；而所謂向右發展的修正派或歸寂說，大都偏于『狷者』的傾向。」以上關於吳康、錢明之說法見徐儒宗《江右王學通論・江右王學概觀》，頁19；關於嵇文甫、岡田武彥之說見頁18。

〔註85〕徐儒宗《江右王學通論・江右王學概觀》，頁21。
〔註86〕見徐儒宗《江右王學通論・江右王學概觀》，頁35。

在已發之中』來理解『良知』，著重強調『良知』的知是知非、知善知惡的特性在人的現實行爲中的道德選擇作用。」〔註87〕在此對東廓與南野本體的理解爲未發即在已發中，強調良知的知，能起道德判斷的能力，若結合此處之分類爲主敬與愼獨，其主敬、愼獨之工夫，是以良知的知是知非之工夫爲主。對「歸寂」與「主靜」的理解爲：「這一派從『已發即在未發之中』來理解『良知』，著重強調『良知』和本心有其恆定之寂體，以追求此『寂體』作爲人實現其道德完善的最高目標。」〔註88〕此處認爲兩派在未發已發的問題上，是兩個相反的路向，一爲未發在已發中，良知即在吾人之道德判斷中，主一定向的作用，另一則是已發在未發中，追求寂體。但是聶羅二子對未發已發的思考，乃是以未發爲本體，已發爲效驗，故此說是否合宜？關於徐氏對諸子的理解，先就聶、羅二人來說，仍是不出其歸寂之說，但是對鄒東廓與歐陽南野學問的理解與說明，未能表達出二子在工夫論上的共同特色。又對江右王門的分派，一分爲七，是以各自工夫代表爲派別名稱，雖然能夠點出其學之特色，但此分別只平鋪說之，無法起一化約的作用以致分派繁多，分派的意義其實不大，並且東廓與南野同爲主敬與愼獨派，若以徐儒宗的分派理解，是否即可再分爲主敬派與愼獨派？都可再討論之。

　　統整以上各家對王門後學分派的看法，除調和與判教進路較能相應諸子的學問外，其他以朱陸異同、矛盾、甚至以氣質爲標準者，可說皆未能對諸子學問有一相應的理解，或是在其分判的大前提下，忽略了諸子學說中的部分面向，故前人的分類標準，吾人似可再作修正，不過前人之分類標準也明確提示了分判後學的標準，必著眼在本體與工夫。

第二節　分派新說的嘗試

　　王門後學之間學問上的差別，諸子亦有自覺〔註89〕，但明確對後學之間

〔註87〕徐儒宗《江右王學通論・江右王學概觀》，頁 35。
〔註88〕徐儒宗《江右王學通論・江右王學概觀》，頁 35。
〔註89〕陽明過世之後，諸子對於彼此學說之間的異同，亦有自覺，如東廓：「先師一生精力，提出『致良知』三字，本體工夫一時俱到，而學者往往分門立戶，尋枝落節，遂日遠於宗旨而不自覺，良可慨嘆！」（見鄒東廓《鄒守益集・答馬生達世瞻》，頁 557），另外在〈簡朱鎮山督學〉亦有此言，摘錄如下：「先師生平辛苦提出『致良知』三字，本體工夫，一時俱到。而學者各以資習所重，才藝所便，分門立戶，往往眩其宗旨，疑誤視聽。」（頁 615）、念菴：「今

學問不同進行說明者，以龍溪爲代表，後人即多依龍溪此說，對後學進行分派。以下將簡要說明龍溪對後學分派的意見：「凡在同門，得於見聞之所及者，雖良知宗說不敢有違，未免各以其性之所近，擬議攙和，紛成異見。有謂良知非覺照，須本於歸寂而始得。如鏡之照物，明體寂然，而妍媸自辨。滯於照，則明反眩矣。有謂良知無見成，由修證而始全，如金之在礦，非火符鍛鍊，則金不可得而成也。有謂良知是從已發立教，非未發無知之本旨。有謂良知本來無欲，直心以動，無不是道，不待復加銷欲之功。有謂學有主宰，有流行，主宰所以立性，流行所以立命，而以良知分體用。有謂學貴循序，求之有本末，得之無內外，而以致知別始終。此皆論學同異之見。」〔註 90〕在此龍溪將後學一分爲六，再加上龍溪自身對良知學的理解，實可分成七類。龍溪此分類法，可從以下幾點進行討論：其一，明確點出王門後學在當時的幾種形態，可以幫助吾人理解王門學說分歧的狀況。其二，此分類是從龍溪的角度出發，即是代表龍溪自身對後學理解的觀點。其三，若仔細檢點龍溪的說法，可發現此分法未有一明確的分判標準，即未針對同一論點進行說明，只可理解此分判的標準，是從龍溪所理解的良知教法出發，對各家良知學理解的呈現，或從工夫、或從本體，並無一定準，旨在呈現各家學說中最具特色與代表的部份。吾人或可據此將龍溪視爲最早對王門後學進行分派者，但是並未有統一的分判標準。

　　統括本文寫作之立意，擬由同一視察觀點上，對王門後學進行考察，期能如實呈現王門後學的學術圖象，故本文奠基在對王門後學學說的理解，以及前人學者對王門學說的分判之下，試圖爲王門後學的分派提供一個新的途徑，此入路即是以王門的工夫論做爲判準。

　　此處以工夫做爲判準，並非從本體與工夫的對立出發。相對於前人從本

先生之言徧天下，天下之人多易其言，而不知其處困之功與責志之教。故深於解悟者，每不屑於持守，而意見所至，即皆自是而不疑，嘵嘵然方且以門戶相持競譬。」（見羅念菴《羅洪先集‧移置陽明先生石刻記》，頁 139），又有：「學於先生者，或失則深，或失則易，或惟其言而不知其所以言，求其實，反之吾心，所以不異於夫子者，乃不數數，則又且奈何哉？夫相去不數十年，而傳述之謬，正自不免，乃欲求不異羲皇以來聖人之心，吾懼其難也。」（見羅念菴《羅洪先集‧答復古問》，頁 701）。在此須注意，其他諸子並非對學問異同無感，只是未整體論述之，對彼此學問之意見乃是散見於往來書信或是會語之中，故在此不列舉。

〔註90〕王龍溪《王畿集‧撫州擬峴臺會語》，頁 26。

體與工夫的矛盾著眼，本文的態度是認爲本體與工夫合一，本體與工夫並不存在著矛盾的問題。而從工夫論出發來衡斷諸子，是以教定宗的入路型態，故從工夫出發，不只是在分派的基準點上取得統一，更可以從各家學說的核心出發，找出彼此不同的關鍵。

本文主張從工夫的異同對王門後學進行分派，然而各家對工夫的理解進路不同，若以各自的工夫作爲分判，則是可以各自成家，如此便無分類的必要。在此認爲，對後學進行分派，其意義是對後學有一提綱挈領的作用，故本文對後學分派的思考，從工夫路向來進行說明，即可分爲外推、收斂、綜合三派。借用羅近溪的一段話對外推與收斂進行說明，其言曰：「大約求放心，是外以約之於中；致良知，是中以出之於外也。」〔註91〕在此近溪所言之求放心，以外約之於中，此工夫入路可理解爲收斂之工夫，其工夫的思考重心即是如何透過作工夫，回歸吾人本心。而致良知，即是致良知於事事物物，故其言中以出之於外者。此處所說的致良知，爲格物的工夫，相對之下，收斂爲求放心，重在如何復歸本體，本文的分派，即在此前提之下進行。而本文所討論的後學七子，可分判如下，外推代表爲王龍溪、錢德洪、羅近溪，主收斂者爲聶雙江、羅念菴，綜合者即是歐陽南野與鄒東廓，以下將針對各派進行討論。

一、外推派

此派以王龍溪、錢緒山、羅近溪爲代表，三人對工夫的思考皆是一外推的型態，由中以出之於外，認爲致良知即是一格物的過程，以下將分別說明之。

先就王龍溪來說，其工夫論可分爲先天正心之學與後天誠意之學，但先天正心之學乃是指點一境界，故本文論其工夫型態以後天誠意之學爲準。龍溪將工夫重心置於誠意，期望意與心同體，而物無有不正，最後回到先天正心的境界。在此討論的重點就落在誠意上，就意的義理性格來說，意爲心所發，對應到經驗世界的物，故有善有不善之別，是以龍溪對意的理解爲：「知者寂之體，物者感之用，意者寂感所乘之幾也。」〔註92〕知體必在意上呈現，故龍溪所言的致良知於事事物物，其重點在誠意，就在當下的誠意格物之工

〔註91〕羅近溪《羅汝芳集・近溪子集・卷御》，頁139。
〔註92〕王龍溪《王畿集・與陽和張子問答》，頁123。

夫，覺察吾人的良知，良知亦在工夫當下呈現，非只是單顯一知體，絕棄事物。然而黃宗羲評論龍溪學問爲懸空期個悟〔註93〕，即是認爲龍溪不言工夫，故後人順著黃宗羲批評，認爲龍溪講求悟本體而不做工夫，或是以悟本體的當下即是工夫。然此說並未從龍溪心意知物的脈絡來看，其所說悟本體必在應物的工夫系列之下，若可從此理解角度出發，對龍溪的學問乃能有新的看法。

承上所論，龍溪對良知的體證，必定是透過誠意的工夫體證本體，並且就著吾人之工夫愈精熟，對本體的掌握便能愈清楚，其誠意之工夫愈精純，以期最後使意與心同體，達到先天正心之學的四無化境。再扣緊龍溪對體用的看法，認爲良知並非分體分用、分寂分感，乃是一時俱到，一時俱現，就在做工夫的當下體證良知，本體在在與工夫相合。是以本文認爲，龍溪之學爲一外推的工夫型態，不只是體證良知必在工夫上，體證本體之後，亦必更進一步以此良知外推於事事物物，因此分判龍溪爲外推系統。

同爲浙中王門的錢緒山，其工夫結穴於誠意，認爲正心必在誠意上求〔註94〕，是以落在陽明學心意知物的系列之中，認爲工夫不只是良知的當下呈現即是工夫的完成，尚須透過良知的道德判斷之後，進一步爲善去惡，才是工夫的完成。再回到緒山對體用論的思考，其體用型態爲心體事用，即是認爲良知學必在事用上完成，即工夫必進至格物，故本文認爲緒山工夫爲一外推的工夫形態。

在此可以更進一步的討論，歷來對龍溪與緒山學說的看法，多認爲二子之間存在相當大的歧異，後人大多從天泉證道著眼，以龍溪主四無，偏重良知本體的一面，進而以四無說論斷龍溪無工夫，而緒山仍依四句教，直承陽明之學，爲重工夫的一派〔註95〕。但仔細考察，龍溪之言四無，是從良知學

〔註93〕「心齋言悟雖超曠，不離師門宗旨。至龍溪，直把良知作佛性看，懸空期個悟，終成玩弄光景，雖謂操戈入室可也。」見黃宗羲《明儒學案·師說》，頁9。

〔註94〕「正心之功不在他求，只在誠意之中，體當本體明徹，止於至善而已矣。」見錢緒山《徐愛 錢德洪 董澐集·錢德洪語錄詩文輯佚·語錄》，頁120。

〔註95〕此說法從黃宗羲《明儒學案·浙中王門學案一》（頁226）中即可看出對二子學問的分判，其言曰：「龍溪從見在悟其變動不居之體，先生只於事物上實心磨鍊，故先生之徹悟不及龍溪，龍溪之修持不如先生。乃龍溪竟入於禪，而先生不失儒者之矩矱，何也？龍溪懸崖撒手，非師門宗旨可繫縛，先生則把纜放船，雖無大得亦無大失。」在此黃宗羲是從天泉證道分別二子學問的不

的本體出發，將良知學的理論推向圓教的高度，緒山不出陽明矩矱，從四句教之說，是重在良知學必有工夫入路，故二者在天泉證道所指出的四句教或四無，是在初發角度上有不同，而造成異見，但本文在此從工夫的型態出發考察二子學說，則是認為二子皆屬於外推的工夫型態。

近溪之工夫以破光景與日用為主，在此可從兩路上說：其一，破光景必從日用上說，是以破光景後，工夫必落實在日用。其二，日用之工夫有百姓日用而不知的層次，但近溪對此工夫賦予一積極的解釋，雖日用而不知，無所覺察，但不礙日用工夫所具有的價值與意義。這是重在將良知學導向日用，不論良知覺察與否，而此日用工夫必是從良知所發無誤，故近溪的日用工夫，是非常明確的外推型態。

另外，在此需討論工夫起點的問題，陽明從成色分兩說明良知的普遍義，是從本體上定住凡聖皆同的意義，但是吾人應如何理解工夫起點？即是吾人的工夫教路當如何展開？工夫起點是悟的工夫，就在當下體證良知時，悟得此良知本體，當下呈現，不假任何工夫，然而由悟所體證的良知，即是後人所垢病龍溪的現成良知。悟的工夫並無定則，但所悟得的良知，乃是人人皆同，上與堯舜下與販夫走卒，無有不同，故此工夫可理解為唐君毅所言的即本體即工夫〔註96〕，就體證的當下即是工夫。若從外推的工夫系統來說，吾人愈做致良知的工夫，此本體即愈明，並非可將悟的工夫與外推斷為兩截。若以上的理解無誤，對於悟的性格又該如何歸定？悟的工夫可說是一共識，但不可將悟的工夫理解為一收斂的工夫。

若回到前人對王門後學的分派，多將龍溪與近溪歸為本體派〔註97〕，認

同。而後世學者對龍溪與緒山學問的理解，亦多從此進路，如張學智《明代哲學史・王龍溪的先天正心與錢德洪的後天誠意》，頁129～145，從標目上即可清楚得知對於龍溪與緒山學問的態度。錢明《陽明學的形成與發展》一書中，對王門後學的分派，將龍溪歸於現成系統，緒山分為工夫系統，即可知對於龍溪與緒山學問的基本態度。

〔註96〕「龍溪言現成良知，乃悟本體，而即此本體以為工夫：非悟本體後，更無去蔽障嗜欲之工夫者也。」（見唐君毅《中國哲學原論・原教・王學之論爭及王學之二流》，頁378）在此唐君毅亦認為龍溪之悟本體之工夫是悟得良知當下見成，仍需透過做工夫以去欲，並且認為龍溪與只言本體即工夫者不同，其言曰：「在以悟良知本體即工夫之王門學者中，其第一型態之思想，乃以只須悟得現成良知，即更不須有致良知，以去私欲等工夫者。此在龍溪，並不以之為然。」見頁377。

〔註97〕執此說者為岡田武彥，將龍溪、近溪畫為現成派，錢明、楊國榮、鮑世斌等

爲二子只重本體，並且以本體取消工夫，此推論恐有太過之嫌。龍溪與近溪皆有致良知之工夫，若言本體即工夫，從悟本體上說則可，若以此來規範二子的整體學問則不恰，二子並非無格物之工夫。另外對於緒山工夫的理解，本文所執的觀點與前人無太大的差異，以誠意之工夫爲主，是爲一外推系統無疑。總結外推派工夫論的基本論點，此派的工夫皆重在從本體向外推擴，即是貫徹陽明致良知爲致良知於事事物物上的宗旨。只是雖然龍溪、近溪、緒山三子同屬於外推，其間學問仍有參差。

二、收斂派

此派以聶雙江、羅念菴爲代表，二者對致良知的理解一致，主收視反聽，爲後反收斂的進路，故後人分派多稱之爲歸寂派，但本文以其工夫進路出發，稱之爲收斂派〔註98〕，以下說明之。

先從雙江與念菴的對體用的理解來說，是從未發已發的模式來理解良知學，將未發已發分屬於兩個層次，已發即是良知的發用，屬於本體的效驗，故工夫思考的重心，全在未發上說，求復歸吾人的良知，因若是本體不正，則發用如何保證？此派認爲良知必待吾人做工夫後，回歸到良知本體上，沒有外物干擾，此時之良知才是清明無礙，故此派認爲良知並非現成，若未透過工夫而求得之良知，必須痛加刮磨之，才得見吾人良知之清明。由於認爲良知非萬死工夫不能得，必定對龍溪言悟得此良知即是良知的當下呈現、不假修證的現成良知說，有所質疑，甚至大加非難，故主工夫爲收斂後返的雙江與念菴，定以爲龍溪以本體取消工夫，因爲悟的工夫不顯，並且無定法。聶、羅二子對良知的理解爲必以工夫求之，無工夫則無良知呈現的可能。對格物的理解爲，吾人的良知既非本來清明，何以格物，在此之下的格物，實無意義，而格物乃是吾人良知的效驗功化，若是未發清明，已發則無有不正，故主收斂者格物無工夫的說法，其意在此。

就收斂派的工夫來說，無論是雙江的歸寂主靜或是念菴的識本保聚，皆是一後返的收攝工夫，其工夫所思考的重心，都是在體證此良知本體之後，如何保任本心，保證吾人所體證的良知不退轉，可說如何致心上之知爲其核心。在此須注意一問題，工夫爲外推型態的龍溪等人與雙江、念菴皆有體證

人將龍溪、近溪分爲本體派，其分派理由詳參前節。

〔註98〕稱二子爲歸寂派者，計有岡田武彥、楊國榮、鮑世斌等人，而錢明對二子的理解是工夫系統中的歸寂派。

本體的工夫，但是二者之間存在著什麼差異？就龍溪等人體證良知來說，悟本體即是良知當下現成，並且就著外推的工夫型態，是在格物的過程中體證之，體證良知是一個動態的過程。相較之下，雙江與念菴對於良知的體證，則偏重在靜坐〔註 99〕，可說是以靜爲主型態。雖然龍溪亦不廢靜坐，但此只是補小學之工夫，並且認爲以靜爲主的工夫型態，易落入追逐光景的問題，此不可不愼。雖然體證良知爲共識，但因諸子的工夫路向不同，而有所差別。又因吾人做收斂的工夫，需到何種的工夫程度，才算是此心無有不正？能將已發皆統攝在吾心良知之下？

　　歷來對歸寂工夫的批評，多從其單顯本體，與物隔絕來說〔註 100〕，但是雙江與念菴的學問，並非略過事物。或可從其特別重視歸寂工夫，推知此派重視本體，並認爲物可以籠罩在吾人功化之下，無有不正。至於批評歸寂工夫是與物隔絕的論點，是從致良知的工夫上說，就外推派而言，其致良知是在格物上，而主收斂工夫者，是致心上之知，換句話說，即是持絕物之論者，以此立說。在此須討論客觀物是否皆可以統攝在吾人的主觀心意之下，這是值得思考的問題。若是主收斂工夫者，其已發的價值義，可理解爲純粹的道德價值，但從此角度出發，仍會出現一問題，以外推派來說，其致知工夫必進至格物才算完成，若單從道德價值上說，無有異議，但是此工夫若只是以格物爲效驗，則無法保證，或有減殺良知學在格物功化的疑慮。

　　統括以上所論，可知工夫入路爲收斂型態者，實與陽明良知學爲不同的

〔註 99〕　雙江對靜坐工夫的態度爲：「其功必始於靜坐。靜坐久，然後氣定，氣定而後見天地之心，見天地之心而後可以語學。即平旦之好惡而觀之，則原委自見，故學以主靜焉，至矣。」（見聶雙江《聶豹集·答亢子益問學》，頁 255），念菴則言曰：「靜坐收拾此心，此千古聖學成始成終句，但此中有辨。在靜坐識得本心後，根底作用俱不作疑，即動靜出入，咸有著落，分寸不迷，始爲知方。」（見羅念菴《羅洪先集·答王有訓》，頁 230）。在此可明確得知二子認爲靜坐是其工夫論的重心，並且必在靜坐中體證本心無疑。

〔註 100〕　此說法在龍溪與雙江對致知問題互相討論時，已爲龍溪所難，言：「知之與物，無復先後可分，故曰『致知在格物』，致知工夫在格物上用，猶云《大學》明德在親民上用，離了親民更無學也。」（見王龍溪《王畿集·致知議辯》，頁 133）。另外，今人主此論者，以牟宗三對雙江與念菴的批評爲代表，其言曰：「經過枯槁寂寞之後，一切退聽，而後天理炯然，此等于閉關，亦等于主靜立人極，等于靜坐以觀未發氣象。然經過此一關以體認寂體或良知眞體，並不能一了百當，這不過是抽象地單顯知體之自己，並不能表示其即能順適地貫徹下來。」見牟宗三《從陸象山到劉蕺山·王學之分化與發展》，頁 310。

學問系統，從本體上說，陽明認為未發已發為一，雙江與念菴則認為未發已發為二，可說二子是從朱子的思考模式來理解良知。從工夫上說，陽明工夫為致良知於事事物物，二子以收斂的反觀視聽為主，重在致心上之知，雖然陽明並不反對致良知有致心上之知的路向，但其重點並不停留在此，必定向前推進，推擴良知於事事物物，使此事事物物皆能各正其所，格不正以歸於正，此為陽明良知學的積極面。是以無論從本體或是工夫上考察，可知二子的學問型態不同於陽明。再者，二子對自身學問與陽明良知教的學脈溯源，亦是以主靜入，無論是從內在的義理性格或是自覺的回溯，都可看出二子與陽明學的已有不同。

三、綜合派

在外推與收斂兩工夫系統之外，本文對東廓與南野的工夫型態，理解為二子兼有收斂與外推兩部份，認為二子的工夫型態為外推與收斂的中介，具有綜合的性質。

東廓的工夫以戒懼之學為主，由戒懼於心、戒懼於意、戒懼於事，層層外推，南野之工夫以慎獨與循良知為主，二子各有其工夫教路。東廓所言戒懼於心與南野的慎獨，可理解為收斂的工夫，而戒懼於意、事與循良知，即是外推的工夫。就收斂的工夫來說，東廓言戒懼於心，對於戒懼有以下的說明：「良知一也，自其無昏昧謂之覺，自其無放逸謂之戒懼，自其無加損謂之平等，其名雖異，工夫則一。」〔註101〕故戒懼即是無放逸，但此處與求放心之間仍有差別，無放逸是吾人體證本心後，時時戒懼，而求放心則是求已放失的本心。東廓對良知的理解，是「古之君子，戒慎不睹，恐懼不聞，以求復其人生而靜之本體」〔註102〕，是以此戒懼於心的工夫，亦可理解為一復性後返的路向，但此收斂之工夫並非是以外以制中的型態〔註103〕，吾人必須注意。而南野的慎獨工夫，即是不欺其良知〔註104〕，求本體之清明，慎獨之工夫亦以是收斂為主。故戒懼與慎獨的工夫意義，在於對本體的時時警

〔註101〕鄒東廓《鄒守益集·答曾弘之》，頁522。

〔註102〕鄒東廓《鄒守益集·靜觀說》，頁466。

〔註103〕「向所謂不睹不聞即是獨，戒慎恐懼即是慎，謂由中以應外則可，謂制外以養中則不可。」見鄒東廓《鄒守益集·答龍雲東》，頁525。

〔註104〕「不欺其知，以致乎其知也。」見歐陽南野《歐陽德集·答楊方洲一》，頁46。

醒，如唐君毅所說，此工夫具有一嚴肅的道德義〔註105〕，時時檢點吾人良知
是否清明。而二子外推的工夫，立足在收斂的工夫之後，再向外推出，是以
外推工夫的判準就在收斂工夫。東廓之戒懼工夫向外推出，即是戒懼於意、
戒懼於事，在戒懼本體之後，致吾心之良知於事事物物。而南野在愼獨之後，
有一循良知的工夫，即是格物之學，二子工夫皆屬兩路向的工夫。做收斂工
夫以得良知之清明，外推即是在對本體的掌握下進行格物之學，更因爲此派
的格物具有工夫義，是以吾人作外推的格物工夫，不只是在致良知於事事物
物，亦可透過格物的工夫，對良知的掌握更加清楚，更因對本體的掌握愈明
確，其格物工夫愈眞切，故此型態的工夫，實互爲助益。

　　然而二子與以外推爲主的工夫有何異同？即在工夫立足點的不同。東廓
與南野的外推工夫，是在收斂工夫的基準下展開，而外推派之工夫，以悟爲
出發，此悟的工夫是即本體即工夫。綜合派則是先有一收斂的工夫，此是後
返的工夫，即具有時時警惕的意義，在此之後所做的外推工夫，在東廓與南
野的思考下，則是有本體保證的意義，而非只是已有不正而後格之，與外推
派的不同在此〔註106〕。

〔註105〕「然東廓之言，自是由流行以識主宰，即由工夫之戒懼，以悟本體之不睹不
　　　　聞、常虛常靈：則此中自以一道德生活之嚴肅義爲本。」見唐君毅《中國哲
　　　　學原論・原教・王學之論爭及王學之二流（下）》，頁372。

〔註106〕另外，楊國榮亦認爲東廓、南野之工夫具有雙向的互助作用，但其立論不同
　　　　於本文，以下將說明之，其言曰：「現成派在突出本體作用的同時，又把本體
　　　　與工夫相互制約片面地歸結爲本體對工夫的單向關係，從而否定了致知的過
　　　　程性，那末，工夫派則在突出工夫作用的前提下，將致良知理解爲由工夫而
　　　　得本體、循本體而更進於知的無限進展，從而在某種程度上觸及了人類認識
　　　　通過認識成果與認識活動的辯證互動而展開這一事實。儘管工夫派并不承認
　　　　本體形成于工夫，而僅僅將工夫的作用限制于體認天賦良知，但他們強調本
　　　　體與工夫的交互作用與動態統一，畢竟在理論上將王陽明的致良知過程（知
　　　　行統一的過程論）推進了一步。」（見楊國榮《王學通論・致良知說的分化》，
　　　　頁 123）在此可清楚得知，楊國榮以爲現成派本體與工夫的關係乃是本體單
　　　　向對工夫的關係，並在強調良知之下，以本體取消工夫，故否定了致知的過
　　　　程性。但就本文的立場來說，龍溪等人在悟本體工夫之後，其誠意工夫亦可
　　　　對本體的理解有所助益，故並不同意陽國榮對龍溪學問的看法。而楊國勞指
　　　　出工夫派以爲致良知乃是本體與工夫的雙向進展，即由工夫而得本體，循此
　　　　本體更能掌握良知，此結論與本文立場近似，但對於「人類認識通過認識成
　　　　果與認識活動的辯證互動而展開這一事實」之說法並不認同。良知學乃是一
　　　　成德之教，對於良知的體認，並不是透過外在的感知認識活動，並且言認識，
　　　　或可理解楊國榮認爲後學由工夫認識本體，此理解乃是有將良知外推，向外

順此，就南野與東廓的工夫系統來說，對於警惕本體的工夫，可說是近於收斂派，但雙方最大的不同，在格物有無工夫。收斂派認為格物無工夫，其格物乃是吾人良知的效驗，但南野與東廓皆認為格物有工夫〔註107〕，並且認為此外推的工夫，能在收斂工夫的保證下，讓此工夫更加準確，與收斂派的不同從此處說。

統括以上所論，可知南野與東廓的工夫系統，實介於收斂派與外推派之間。然而東廓與南野的工夫何以呈現此種特色，可從幾方面進行討論，若從地域上來說，南野與東廓和雙江、念菴同在江右，是以二子雖為陽明入室弟子，但從工夫上來說，與收斂派同有一後返的工夫，是否有因為地域關係而兼有兩路向的工夫不可得知。另外，從劉蕺山對龍溪與泰州派的批評來說，外推派的工夫起點從悟上說，進而造成玄虛而蕩與情識而肆的問題〔註108〕，是否有意修正外推派因人病造成的問題？本文無法對此問題進行討論，只以此兩點作為參考的資具。

在此本文試圖從工夫進路，來回應前人對王門後學的分派的看法。先就調合與判教來說，牟宗三以龍溪、近溪、聶羅二子之間與陽明學問的遠近來進行判教，並未進行分派的動作，而唐君毅從即本體即工夫與由工夫以見本體來分判之，但此分派僅是大略的分法。其中歸屬於由工夫以見本體者，計有聶羅二子與鄒東廓，但是就整體學問性格來說，東廓的學問與聶羅二子距離較遠，而近於龍溪，並且龍溪並非只言即本體即工夫，此點唐君毅亦知之甚明，故此分派雖從本體與工夫出發，但是未能清楚區別之。再就朱陸異同來說，此派將王門分為現成派、歸寂派、修證派，雖然其三派區別的人物同於本文，但其間的分派標準則與本文明顯不同，其以朱學與陸學的標準出發。其中歸寂派的學問性格，明顯不同於陽明，但都是在心即理的思考下出發，可說並無心是否即理的問題，應為心學的另一型態，又認為現成派以本體取消工夫，則是未見龍溪學的全貌，故本文認為以朱陸異同為根據的分派方式，無法對後學本體與工夫之間的關係有一清楚的說明。最後一大類是矛盾說，

求取的意味，在此並不認同，若言良知是由內在的體證則可，以為良知是由認識而得則不可。

〔註107〕至於本體、工夫與效驗的問題，詳可參本文第四章南野工夫論處。
〔註108〕黃宗羲《明儒學案・蕺山學案》頁1572：「今天下爭言良知矣，及其弊也，猖狂者參之以情識，而一是皆良，超潔者蕩之以玄虛，而夷良于賊，亦用知者之過也。」

以本體與工夫之間存在著矛盾，作爲分派的標準，分爲本體派、工夫派與歸寂派。但是就良知學來說，乃是以本體決定工夫，以工夫復歸本體，若本體與工夫矛盾，則道德實踐如何可能？就本文對王門後學的分派來說，皆是從工夫型態出發，而諸子對本體思考的偏重不同，則影響各自的工夫論，故而本文的分派方式，可說是使矛盾說一類不攻自破。以上即是從工夫論出發對各種分派方式的回應。

　　總結本文對王門後學分派的觀點，若從本體上說，外推派、綜合兩派對本體的思考，不出陽明的思考，未發已發爲一而主收斂的雙江與念菴，則是從未發與已發二分進行良知的思考，是以從本體上說，收斂系統的學問型態，實較近於朱子而遠於陽明。若從工夫上來說，其工夫入路的異同可分爲三派，但若從陽明致良知的意義，是致良知於事事物物上來看，格物具有工夫義，則可將外推派、綜合兩派歸爲一類，而收斂派以格物爲效驗者爲另一類，是以主收斂者亦與陽明工夫有顯著的差異。如此，可進一步思考，收斂系統的雙江與念菴，是否可從王學之中獨立出來，而不必列於王門〔註109〕？雙江稱陽明爲先生，但念菴只認爲自己是後學，不稱門人，念菴是否已自覺到己身學問與陽明之間的不同？承上所言，雙江與念菴雖稱良知學，但對於良知的理解實已不同陽明學的系統。此中或存有疑問，若認爲二子非王門，但其學說所討論的範圍，仍不出良知學，其故安在？應可理解爲，此現象是自陽明學出，對整體明代學風的影響所致，造成此亦稱述良知，彼亦稱述良知的學術氛圍。故本文對收斂派是否歸爲王門，採取一開放的態度，若從內部的義理結構來看，收斂派與陽明學實有明顯的不同，但若從外圍的討論內容來看，

〔註109〕古清美對於念菴是否爲王門後學的問題，亦有詳細的討論，可見《明代理學論文集·羅念菴的理學》一文，其中在頁206提出：「我們從學術史的角度看到念菴學問中兩個值得注意的問題：一是他列名江右王門，而實不是陽明門人，其學亦不屬王學型態，而竟被視爲能救王學之弊的傑出弟子。第二，念菴學說中所包含的別於王學的意見，在他之後越來越明顯地出現在學術思潮中，被注意、被發揮，並用以修正王學，而逐漸造成朱學重新被提倡、重視，而至復興之趨勢。因此，我們可以說，念菴上承濂洛之脈，下啓朱學復興之機；他在此中扮演了一個相當重要的角色，但這一點卻罕爲學者所注意。梨洲作明儒學案，將念菴列爲江右門人，且贊其爲陽明學的功臣，後人多信之不疑；卻未見念菴思想學說在承先啓後中實有如是微妙之契機。」在此本文並不取古清美對念菴學問是從王學走向朱學的論點，但是對念菴學與陽明之間的距離，以及念菴實與陽明不同，不必歸於王門的看法，則是與古清美相同。

二子仍以良知爲其學問宗旨，只是二子所理解的良知學異於陽明。又林月惠對聶羅二子的理解，視爲收斂派爲良知學的轉折〔註110〕，但本文因聶、羅學

〔註110〕「大體上，王門諸子對陽明立『良知』爲本體，皆無異議；但對於『致良知』（致知）工夫，卻有不同的入路，爭辯於是蠭起。因此，王學的分化甚或轉向，是環繞著工夫問題而發展的。然而工夫論的爭辯，必牽涉到對本體的了解，二者不僅在理論建構上環環相扣，也可相互檢證。而聶雙江的『歸寂』說與羅念菴的『收攝保聚』說，都是在肯認良知爲本體的前提下，詮釋『致良知』的兩種工夫理論。只是這兩種工夫論，都不是陽明所強調的『知是知非』尋求致知工夫的入路，而是取徑較迂迴。雙江的『歸寂』說是從程、朱理氣二分的思路，與延平觀未發之中的工夫體段，來詮釋『致良知』工夫。而念菴的『收攝保聚』說，則以濂溪的『無欲』、『主靜』爲工夫入路，並體究明道〈識仁篇〉、〈定性書〉之要旨，來重新詮釋『致良知』工夫。換句話說，雙江與念菴都從宋儒的思想中，汲取理論架構或工夫入路，來詮釋陽明的『致良知』工夫。而且，僅管他們一生學思歷程中，不斷與陽明思想對話，也頻與陽明親炙弟子論學交修，但雙江、念菴二人『歸寂』、『主靜』的論學旨趣，卻遠於陽明而近於陳白沙的學風。」（見林月惠《良知學的轉折·結論》，頁580）。在此林月惠明確指出雙江、念菴與陽明學問的不同，以爲二子學問取徑宋人，並且遠陽明而近白沙。不過林月惠對二子學說的評價是陽明學的轉折，而非歧出，提出以下的觀點，其一，「從『致知』到『知止』」（頁581），認爲：「自雙江、念菴以後，良知之『知善知惡』之義漸泯，轉而從『至善之心體』、『未發之中』（性體）、或不睹不聞之獨體（性體）來體會良知。由此可見，陽明之後，良知學的發展，徵諸《大學》的詮釋，正是由『致知』轉向『知止』！」（頁587）此說是從明儒對《大學》詮釋的轉向來看學術風氣的轉向。此處從明儒對《大學》的思考出發是一研究方向，但從同時王門諸子對同時代學風的影響來看，王門龍溪與泰州學派之影響實大於聶、羅二子，黃宗羲亦於《明儒學案》中提到，雙江無念菴，則是傷其孤另，又聶、羅二子的思想，是在明末反省陽明末流時，才受到重視，被特別標榜，故以爲此言聶羅二子將時代的學術風氣導向知止，對本體的討論轉向性體，以爲可再思考。其二，「立體工夫的強調」（頁587），其言曰：「雙江、念菴這種『立體』（見體）工夫，就「悟心體」當下而言，本質上是頓悟。但從工夫歷程來看，卻是經長期努力，漸漸入悟，是爲「漸悟」；而從工夫型態來說，與李延平之靜中觀未發之中的型態近似，是屬於『超越的體證』與直下『頓悟』，顯然較爲曲折、艱難，爲免有待，但卻也相對地保任住本體的超越性。僅管如此，與雙江、念菴同時或之後的明代儒者，漸漸從『本體義』來體認良知，『知是知非』竟成了『權論』，如是，明儒也越來越重視『立體』的工夫。」（頁595）此處所言立體的工夫，即是本文分判的收斂工夫，若以此處所說的工夫型態來說，或可將以收斂爲主的工夫，視爲悟前的工夫歷程，這明顯與陽明不同，已爲另一型態。其三，「靜坐的必要性」，其言曰：「陽明早期也曾以『靜坐』教學者悟入之功，使弟子們自悟性體。但陽明後來卻發現弟子漸有喜靜厭動、流入枯槁之病。故陽明五十歲以後，專提『致良知』爲工夫，認爲『只是致良知三字無病。』因此，僅管陽明晚年也未廢靜坐，龍溪也有論習靜坐

問系統的差異，認為二子應為良知學的歧出。而本文界定為外推系統等人，將陽明工夫重心從致知轉向誠意，從工夫論的意義上說，認為外推系統為良知學的開展。另外，鄒東廓與歐陽南野的綜合型態工夫，也展現了陽明學不同的延續脈絡。以上即是本文對王門後學的分派說明及所持的看法。

<hr>

的『調息法』，但在陽明、龍溪看來，就『致良知』教法而言，靜坐只是『權法』而已，甚至只要『良知明白，隨你靜處體悟也好，隨你去事上磨鍊也好，良知本體，原是無動無靜的，此便是學問頭腦。』一言以蔽之，『致良知』才是最究竟的工夫。在這個意義下，周、程、楊龜山、李延平、陳白沙以來的『靜坐』工夫，可以完全被『致良知』工夫取代了。然而，當『致知』工夫轉向『立體』（見體）工夫發展時，雙江、念菴所著重的『靜坐』工夫，卻漸漸受到明中晚期以後儒者的重視。」（頁598）聶羅提出靜坐的必要性，因二子工夫皆主收斂後反，是主靜的工夫理論。但就陽明致良知的工夫，雖不廢靜坐，但並不以此為究竟，故二子工夫實與陽明有相當的差異。以上所論即是林月惠判聶羅二子為陽明學轉折的論據。但本文認為二子不論是對本體的思考，或是工夫論的型態，整體思考模式皆不同於陽明，故判二子為歧出，而非轉折，若言轉折，從整體明代學術來說則可，但從陽明學內部的義理來說，則可再思考，因二子是否歸在王門，實有很大的討論空間。

第七章　結　論

吾人從《明儒學案》中，可知明代整體學術實以陽明學術爲代表，不止是宋明理學的理論高峰，更影響了明代中晚期的學風，陽明「門徒徧天下，流傳逾百年」〔註1〕，是以欲了解明代整體的學術風貌，必從陽明學入。陽明良知教可說是明代的顯學，但何以在陽明歿後，諸子對良知教產生了不同的見解，不論是在本體或工夫上，都有相當的歧見，彼此間曾進行多次的論難，以致於派別繁多，一分爲多〔註2〕，故陽明後學實爲極待開發的研究領域。

在此思考之下，如何董理後學諸子之間對良知異見的看法，乃是廓清陽明歿後整體學術紛擾的重要脈絡，是以本文即從王學分化的思考下，企圖從工夫論出發，作爲後學分化的觀察點之一，希望以此對後學的分流有另一個參考指標。

就王陽明學思歷程來說，江右之後，專提致良知教，「致良知」可視爲陽明學的核心概念，爲陽明學的總綱領。然而陽明對良知的思考，乃是轉化了從孔子以來，視仁爲核心的概念，以知體取代了仁體，但此知體並非只限於

〔註1〕　張廷玉等《明史》（北京：中華書局，2007年10月），頁7222。
〔註2〕　此可見王龍溪《王畿集‧撫州擬峴臺會語》，頁26：「凡在同門，得於見聞之所及者，雖良知宗說不敢有違，未免各以其性之所近，擬議攙和，紛成異見。有謂良知非覺照，須本於歸寂而始得。如鏡之照物，明體寂然，而妍媸自辨。滯於照，則明反眩矣。有謂良知無見成，由修證而始全，如金之在礦，非火符鍛鍊，則金不可得而成也。有謂良知是從已發立教，非未發無知之本旨。有謂良知本來無欲，直心以動，無不是道，不待復加銷欲之功。有謂學有主宰，有流行，主宰所以立性，流行所以立命，而以良知分體用。有謂學貴循序，求之有本末，得之無內外，而以致知別始終。此皆論學同異之見。」

孟子的是非之心，而是涵蓋四端之心。陽明之所以特別強調知體，是重在良知的道德判斷力。就陽明四句教來說，知善知惡是良知作為吾人行為的定盤針，必先能知而後能格其不正以歸於正，是以陽明轉化仁體為知體的意義即在此處顯。順此，陽明言致良知，可說有兩意，一為致心上之知，一為致良知於事事物物。就致心上之知，其作用在收攝心神，即所謂的補小學之工夫，與陽明對良知思考合觀，必認為良知並非只是單顯一獨體，必致良知於事事物物上，才算是致此良知，其良知的道德判斷力亦從此說。但考察陽明的學問歷程，實有不同時期的教法差異，滁陽時專教學者靜坐，工夫以收放心為主，而江右以來專主致良知。從陽明對本體與工夫的思考來說，論定陽明學問，必以江右後專主致良知為斷，此時雖不廢靜坐之工夫，但求心體不必待靜坐而得，即是靜不假坐、心不待澄，在致良知的過程中，此心即靜、此心即澄。但後學諸子對陽明學問體證的不同，進而造成良知異見，執定陽明不同歷程教法，各據所見，並援引之而互相論難。若依陽明所說，則是因不同時期教法不同，而隨機點撥，故在後學中造成各各皆有所本的情形。

就王門後學本身而言，陽明教法在後學中之所以造成分門別派，實肇因於諸子如何理解陽明良知教，其中原委有仔細討論的必要。若先從體用論來說，對於體用一源並沒有異見，但其間對體用的看法，仍可分為即體即用〔註3〕與立體達用〔註4〕。主即體即用者，仍承陽明江右之後的專主致良知，認為不需分別體用，體在用中見，格物具有工夫義。主立體達用者，則是強調收斂的工夫，本體未立，何有用可說？是以認為格物只為體立之後的效驗，並不具有工夫義。若從陽明四句教檢點之，主立體達用者取消了陽明為善去惡的格物工夫。再進一步從思考模式上來看，認為體用不二者，對本體的思考，多以整全的概念出發，不分動靜寂感、未發已發，是合的思考模式。主立體達用者，則以未發已發二分良知，此思考模式實是援引朱子未發已發二分的架構，不過仍是在陽明心學的向度下立說。從本體上來說，王門諸子學說不出良知之範圍，但是對體用的思考架構則有明顯的不同。

體用的觀念，亦可以從本體與工夫上說，本體既明，諸子的工夫教路即順此開展。王門後學在陽明致良知的工夫指點下，如何致此良知，成為後學的工夫論重心，陽明可說是扭轉朱子格物之學為致知的工夫，而諸子面對陽

〔註3〕主此說者有龍溪、緒山、南野、東廓、近溪等人。
〔註4〕以立體達用為體用觀者為雙江與念菴。

明的致知工夫，亦可順體用觀而分別說明之。主即體即用者，其工夫爲致良知於事事物物，在面對陽明致知的工夫之外，是否能夠對陽明的工夫進行更細密的思考，則是此工夫型態的轉變。就陽明的致知工夫來說，其心意知物爲一，是以有善有惡之意，而後有爲善去惡之格物，在此對意念的出現無法保證其善惡，故工夫轉到對治意念的方向，意念若能在一萌動之時，即與心同體，則此意所對應的物，即無有不善，不必待格物而始正〔註5〕。對於陽明學的推廣，必不能只在士大夫階層上，是以如何將此致良知工夫推廣至各個階層，亦是後學思考的另一面向，百姓雖日用而不知，但不因其不知而減殺其道德價值，更進一步說，如何使致良知成爲匹夫匹婦亦能行之的工夫，於是乎出現了日用工夫〔註6〕。另外，雖然致良知的工夫是靜不假坐，心不待澄，但若能在致知前先有一收斂的工夫，則有助於致知的工夫，故對工夫的思考，有兼重二者〔註7〕。若論及此思考與從誠意出發者有何不同，則有二說。其一，在工夫型態上的不同，轉向誠意者，仍是不出陽明致良知的工夫型態，但主心上做工夫與致良知二者兼重者，則是更重視收斂的工夫。其二，對陽明工夫的反省，主誠意者，思考重心在如何使此意念所發，一是皆良，而兼有二者的工夫型態，則是在收斂本體後，以期更能掌握此良知。不過二者對工夫論的思考，都著重在如何使此致良知的工夫更加細密。從意上思考，從誠意出發者雖然工夫型態較近於陽明，但工夫論重心已有所轉換。而兼有二者，雖然在工夫型態上，更重視收斂的路向，但其思考的出發點仍在心體上。另外，主致心上之知者，是順其立體達用的體用觀，工夫必在未發上，如何求此未發之中爲其思考核心所在，但主收斂工夫，不能只停留在收斂工夫上，如何保任此心，亦是思考所在，因爲此類的工夫型態，其用是依附在體上說，必求本體調暢而後枝葉繁茂，故得本體後，能夠保任之，才是能否發用的關鍵〔註8〕。

　　後學的工夫論在陽明致良知工夫後轉出，其工夫論是各有所立，然而觀照整體王學，可以從工夫論出發，以工夫路向之不同爲後學諸子進行分派。首先可分爲外推派，代表爲龍溪、緒山與近溪，三子的工夫論特色，皆可說是順著陽明致良知於事事物物的系統出發，其工夫爲外推型態，不過龍溪與

〔註5〕工夫論具有此意，並以誠意爲思考重心者，以龍溪與緒山爲代表。
〔註6〕主日用工夫者爲羅近溪。
〔註7〕此工夫型態以南野與東廓爲主。
〔註8〕主此工夫爲雙江與念菴。

緒山重視誠意的工夫，近溪則走向日用。另一派是以收斂爲主的雙江與念菴，工夫專主致心上之知，其思考皆在如何回復到良知本心的本來面貌，是以其工夫都是後返的路向，收視返聽。就外推派與收斂派的工夫路向，是兩相反的路向與思考。最後認爲收斂與外推並重者，是南野與東廓，二子認爲兩路向之工夫皆有必要，先有一致心上之知的工夫，更可以清楚掌握致良知的工夫，而亦在致良知的過程中，進一步體證良知，故此二工夫實有相輔相成之效。從工夫路向出發爲後學進行分派，可以廓清歷來對王門後學眾說紛紜的現象，若此分派標準可穩立，則更可據此標準對王門進行總體檢查。

　　總括整體王門後學來說，可以說除在回應陽明學外，更可說是在各自學問體證上，對陽明學進行修正，而本文對陽明後學分析的重心在工夫論，至於當時明代朱子學者對陽明學的疑難，以及明末出現三教合流的論題，亦由此衍申出來，若欲深論，則有俟於日後。另外，從劉蕺山對王門末流的評論爲：「猖狂者參之以情識，而一是皆良，超潔者蕩之以玄虛，而夷良於賊。」〔註9〕是以王門所引發的問題，並未完結，更可依據對王門後學的分判，進一步理解陽明到明末的整體王學學術發展的脈絡。

〔註9〕黃宗羲《明儒學案・蕺山學案》，頁 1572。

參考書目

一、陽明及後學著作

1. 〔明〕王陽明:《王陽明全集》,上海:上海古籍,2006 年。
2. 〔明〕王陽明:《王陽明全集》新編本,浙江:浙江古籍,2011 年。
3. 〔明〕王陽明,陳榮捷著:《王陽明傳習錄詳註集評》,臺北:學生,1998 年。
4. 〔明〕徐愛、錢德洪、董澐著,錢明編校:《徐愛　錢德洪　董澐集》,江蘇:鳳凰,2007 年。
5. 〔明〕鄒守益著,董平編校:《鄒守益集》,江蘇:鳳凰,2007 年。
6. 〔明〕歐陽德著,陳永革編校:《歐陽德集》,江蘇:鳳凰,2007 年。
7. 〔明〕王畿著,吳震編校:《王畿集》,江蘇:鳳凰,2007 年。
8. 〔明〕聶豹著,吳可爲編校:《聶豹集》,江蘇:鳳凰,2007 年。
9. 〔明〕羅洪先著,徐儒宗編校:《羅洪先集》,江蘇:鳳凰,2007 年。
10. 〔明〕羅汝芳著,方祖猷、梁一群、李慶龍編校:《羅汝芳集》,江蘇:鳳凰,2007 年。

二、古籍

1. 〔宋〕程顥、程頤:《二程集》,北京:中華,2006 年。
2. 〔宋〕陸九淵:《陸九淵集》,北京:中華,2008 年。
3. 〔宋〕朱熹:《四書集註》,臺北:鵝湖,2003 年。
4. 〔宋〕朱熹:《朱子全書》,上海:上海古籍,2002 年。
5. 〔明〕陳獻章:《陳獻章集》,北京:中華,2008 年。
6. 〔明〕劉宗周:《劉宗周全集》,浙江:浙江古籍,2007 年。

7. 〔清〕黃宗羲:《宋元學案》,臺北:華世,1987 年。

8. 〔清〕黃宗羲:《明儒學案》,臺北:華世,1987 年。

9. 〔清〕黃宗羲:《黃宗羲全集》,浙江:浙江古籍,2005 年。

10. 〔清〕張廷玉等:《明史》,北京:中華,2007 年。

三、專著

1. 方祖猷:《王畿評傳》,南京:南京大學,2001 年。

2. 左東嶺:《王學與中晚明士人心態》,北京:人民文學,2000 年。

3. 古清美:《明代理學論文集》,臺北:大安,1990 年。

4. 牟宗三:《圓善論》,臺北:學生,1996 年。

5. 牟宗三:《心體與性體》(一)、(二)、(三),臺北:正中,1999 年。

6. 牟宗三:《從陸象山到劉蕺山》,臺北:學生,2000 年。

7. 牟宗三:《中國哲學十九講》,臺北:學生,2002 年。

8. 牟宗三:《宋明儒學的問題與發展》,臺北:聯經,2003 年。

9. 牟宗三:《現象與物自身》,臺北:學生,2004 年。

10. 牟宗三:《智的直覺與中國哲學》,臺北:商務,2006 年。

11. 吳光主編:《陽明學綜論》,北京:中國人民大學,2009 年。

12. 吳震:《聶豹　羅洪先評傳》,南京:南京大學,2001 年。

13. 吳震:《陽明後學研究》,上海:上海人民,2003 年。

14. 吳震:《羅汝芳評傳》,南京:南京大學,2006 年。

15. 吳震:《泰州學派研究》,北京:中國人民大學,2009 年。

16. 呂妙芬:《陽明學士人社群——歷史、思想與實踐》,臺北:中研院近史所,2003 年。

17. 李明輝:《儒家與康德》,臺北:聯經,1990 年。

18. 李明輝:《康德倫理學與孟子道德思考之重建》,臺北:中研院文哲所,1994 年。

19. 〔德〕伽達默爾著,夏鎮平、宋建平譯:《哲學解釋學》,上海:上海譯文,2005 年。

20. 〔德〕伽達默爾著,洪漢鼎譯:《真理與方法》,北京:商務,2007 年。

21. 林月惠:《良知學的轉折——聶雙江與羅念菴思想之研究》,臺北:臺灣大學,2005 年。

22. 林月惠:《詮釋與工夫》,臺北:中研院文哲所,2008 年。

23. 林繼平:《明學探微》,臺北:商務,1984 年。

24. 林繼平：《王學探微十講》，臺北：蘭臺，2001 年。

25. 〔日〕岡田武彥著，吳光、錢明、屠承先譯：《王陽明與明末儒學》，上海：上海古籍，2000 年。

26. 侯外廬等主編：《宋明理學史》，北京：人民，1997 年。

27. 〔日〕島田虔次著，甘萬萍譯：《中國近代思維的挫折》，江蘇：江蘇人民，2005 年。

28. 唐君毅：《中國哲學原論：原性》，臺北：學生，1994 年。

29. 唐君毅：《中國哲學原論：原教》，臺北：學生，1994 年。

30. 容肇祖：《明代思想史》，臺北：臺灣開明，1975 年。

31. 徐儒宗：《江右王門研究》，北京：中國人民大學，2009 年。

32. 麥仲貴：《王門諸子致良知學之發展》，香港：香港中文大學，1973 年。

33. 〔德〕康德著，牟宗三先生譯註：《純粹理性之批判》，臺北：學生，1997 年。

34. 〔德〕康德著，牟宗三先生譯註：《康德的道德哲學》，臺北：學生，2000 年。

35. 〔德〕康德著，李明輝譯：《道德底形上學基礎》，臺北：聯經，2005 年。

36. 張立文：《宋明理學研究》，北京：中國人民大學，1985 年。

37. 張翔浩：《王守仁評傳》，南京：南京大學，1997 年。

38. 張學智：《明代哲學史》，北京：北京大學，2003 年。

39. 張衛紅：《羅念庵的生命歷程與思想世界》，北京：三聯，2009 年。

40. 嵇文甫：《左派王學》，臺北：國文天地：1990 年。

41. 黃明同：《陳獻章評傳》，南京：南京大學：2006 年。

42. 彭國翔：《良知學的開展——王龍溪與中晚明的陽明學》，北京：三聯，2005 年。

43. 楊祖漢：《儒學與康德的道德哲學》，臺北：文津，1987 年。

44. 楊祖漢：《儒家的心學傳統》，臺北：文津，1992 年。

45. 楊國榮：《良知與心體：王陽明哲學研究》，臺北：洪葉，1999 年。

46. 楊國榮：《王學通論——從王陽明到熊十力》，上海：華東師範大學，2003 年。

47. 蒙培元：《理學範疇系統》，北京：人民，1989 年。

48. 陳來：《宋明理學》，上海：華東師範大學，2004 年。

49. 陳來：《中國近世思想史》，北京：商務，2004 年。

50. 陳來：《有無之境——王陽明哲學的精神》，北京：北京大學，2007 年。

51. 錢明：《陽明學的形成與發展》，江蘇：江蘇古籍，2002 年。

52. 錢明：《王陽明及其學派論考》，北京：人民，2009 年。

53. 錢明：《浙中王學研究》北京：中國人民大學，2009 年。

54. 錢穆：《宋明理學概述》，臺北：臺灣學生，1977 年。

55. 錢穆：《陽明學述要》，臺北：素書樓，2001 年。

56. 蔡仁厚：《王陽明哲學》，臺北：三民，2007 年。

57. 蔡仁厚：《王學流衍》，北京：人民，2006 年。

四、學位論文

1. 黃漢昌：《羅近溪學述》，國立政治大學中國文學研究所碩士論文，1983 年。

2. 林月惠：《陽明「內聖之學」研究》，國立臺灣師範大學國文研究所碩士論文，1988 年。

3. 曾陽晴：《王龍溪思想研究》，國立臺灣大學中國文學研究所碩士論文，1989 年。

4. 王財貴：《王龍溪良知四無說析論》，國立臺灣師範大學國文研究所碩士論文，1990 年。

5. 林啓聰：《王龍溪哲學思想之研究》，文化大學哲學研究所碩士論文，1995 年。

6. 劉桂光：《王龍溪與聶雙江論辯之研究》，文化大學哲學研究所碩士論文，1995 年。

7. 翁泓文：《羅近溪理學思想之研究》，文化大學中國文學研究所碩士論文，1996 年。

8. 李得財：《羅近溪哲學之研究》，東海大學哲學研究所博士論文，1997 年。

9. 李慶龍：《羅汝芳思想研究》，國立臺灣大學歷史學研究所博士論文，1999 年。

10. 彭仰琪：《良知學的兩個路向——王龍溪聶雙江致知議辯研究》，國立中正大學中國文學研究所碩士論文，1999 年。

11. 蔡家和：《王龍溪思想的衡定》，國立中央大學哲學研究所碩士論文，2000 年。

12. 魏月萍：《羅近溪「破光景」義蘊》，國立臺灣大學中國文學研究所碩士論文，2000 年。

13. 藍蕙瑜：《百姓日用與聖人之道——羅近溪哲學思想》，國立中央大學哲學研究所碩士論文，2000 年。

14. 凌超煌：《歐陽南野心學思想研究》，國立中興大學中國文學研究所碩士論文，2001 年。

15. 蕭敏材：《羅近溪思想研究》，國立中央大學中國文學研究所碩士論文，2001 年。

16. 孟曉路：《儒學之密教——龍溪學研究》，中國人民大學博士論文，2000 年。

17. 劉姿君：《陽明入聖二變八階研究》，國立臺灣師範大學國文研究所碩士論文，2003 年。

18. 鮑世斌：《明代王學研究》，北京師範大學博士論文，2001 年。

19. 呂政倚：《王陽明「致良知」教之繼承與發展——王龍溪先天正心學之衡定》，國立政治大學哲學研究所碩士論文，2004 年。

20. 卓平治：《聶雙江對良知的體認及其論辯》，國立暨南國際大學中國語文學研究所碩士論文，2004 年。

21. 溫愛玲：《從聶雙江到羅念庵良知學之研究——以王門諸子「以知覺爲良知」與「分裂體用」的論題爲脈絡》，國立成功大學中國文學研究所碩士論文，2005 年。

22. 朱湘鈺：《平實道中啓新局——江右三子良知學研究》，國立臺灣師範大學國文研究所博士論文，2006 年。

23. 周知本：《聶雙江思想析論》，國立中興大學中國文化研究所碩士論文，2006 年。

24. 李沛思：《從工夫論看羅近溪思想之特色》，國立中央大學中國文學研究所碩士論文，2006 年。

25. 高瑋謙：《王龍溪「見在良知」說研究》，文化大學哲學研究所博士論文，2007 年。

26. 顏瑞均：《歐陽德及其思想研究》，國立中央大學歷史研究所碩士論文，2007 年。

27. 鄭洪曉：《王龍溪心學思想研究》，山東大學博士論文，2006 年。

28. 簡凡哲：《陽明學的異質發展——聶雙江「歸寂說」之研究》，臺北市立教育大學中國語文研究所碩士論文，2008 年。

29. 陳儀：《聶雙江歸寂思想研究》，國立中央大學中國文學研究所碩士論文，2008 年。

30. 孫金城：《羅近溪思想研究》，南昌大學碩士論文，2008 年。

31. 吳疆：《論聶雙江「歸寂」思想》，湖南師範大學碩士論文，2008 年。

32. 阮春暉：《歐陽德良知學探析》，湖南師範大學碩士論文，2008 年。

33. 陳利維：《王畿心學思想探析》，湖南師範大學碩士論文，2008 年。

五、期刊論文

1. 方祖猷:〈王畿的心體論及其佛老思想淵源〉《鵝湖學誌》,第 16 期(1996 年 6 月)。

2. 方祖猷:〈王畿與聶豹關於本體良知之辯——兼論牟宗三先生《致知議辯》一文的補充和商榷〉《寧波大學學報》,1997 年第 1 期。

3. 方祖猷:〈「自然為宗」:王畿哲學的基本特徵——兼論中純夫先生王門三派說質疑〉《寧波大學學報》,1999 年第 3 期。

4. 方祖猷:〈評牟宗三先生之論羅近溪〉《中共寧波市委黨校學報》,2005 年第 1 期。

5. 方國根:〈王畿心學思想的走向和發展——兼論王畿與王陽明後學的異同〉《中國文化研究》,1999 年第 2 期。

6. 王財貴:〈儒學判教之基型——有關王龍溪四無圓教義之探討〉《鵝湖學誌》,第 13 期(1994 年 12 月)。

7. 古清美:〈羅近溪悟道之義涵及其工夫〉《臺大中文學報》,第 16 期(2002 年 6 月)。

8. 何佳駿:〈羅欽順與王門書信往來探析——以其中所涉格物致知思想為論述焦點〉《鵝湖》,第 350 期(2004 年 8 月)。

9. 吳震:〈陽明後學概論〉《中國文哲研究集刊》,第 47 期(2002 年 9 月)。

10. 吳震:〈羅近溪的經典詮釋及其思想史意義——就「克己復禮」的詮釋而談〉《復旦學報》2006 年第 5 期。

11. 李沛思:〈復以自知——羅近溪的體證工夫〉《當代儒學研究》,第 2 期(2007 年 7 月)。

12. 周志文:〈鄒守益與劉宗周〉《佛光人文社會學刊》,第 1 期(2001 年 6 月)。

13. 周群:〈從陽明到卓吾的中介——論羅近溪思想的定位〉《南京大學學報》,2004 年第 4 期。

14. 周群:〈論近溪對明道「一體論」的遠祧與變異〉《福建論壇》,2008 年第 1 期。

15. 季芳桐:〈論羅近溪仁學思想與道德修養論〉《湖北社會科學》,2005 年第 1 期。

16. 林月惠:〈本體與工夫合一〉《中國文哲研究集刊》,第 26 期(2005 年 3 月)。

17. 林月惠:〈陽明後學「克己復禮」解及其工夫論之意涵〉《法鼓人文學報》,第 2 期(2005 年 12 月)。

18. 林月惠:〈論聶雙江「忽見心體」與羅念庵「徹悟仁體」之體驗——一種

「現象學的描述」之理解〉《鵝湖》，第 260 期（1997 年 2 月）。

19. 夏傳仕：〈羅念庵致虛主靜思想探析〉《科技信息》，2008 年第 19 期。

20. 高瑋謙：〈「明儒學案‧浙中王門學案」中錢緒山與王龍溪思想之述評〉《鵝湖學誌》，第 27 期（2001 年 12 月）。

21. 高瑋謙：〈王龍溪「見在良知」說下對良知本體的特殊洞見〉《揭諦》，第 14 期（2008 年 2 月）。

22. 高瑋謙：〈王龍溪「見在良知」說析論〉《鵝湖學誌》，第 38 期（2007 年 6 月）。

23. 張九海：〈「無工夫中真工夫」──論王龍溪工夫說對王學的發展〉《撫州師專學報》，2003 年第 1 期。

24. 張克偉：〈羅汝芳理學思想析述〉《河北師範大學學報》，2000 年第 1 期。

25. 陳寒鳴：〈羅洪先的儒學思想及其生命精神〉《中國哲學史》2008 年第 2 期。

26. 彭國翔：〈王龍溪的「中鑑錄」及其思想史意義：有關明代儒學思想基調的轉換〉《漢學研究》，第 39 期（2001 年 12 月）。

27. 曾明泉：〈姚江之學，惟江右得其傳乎？──以羅念庵為例〉《鵝湖》，第 352 期（2004 年 10 月）。

28. 黃文樹：〈泰州學派的人物特徵〉《鵝湖學誌》，第 20 期（1998 年 6 月）。

29. 黃文樹：〈陽明後學之社會作用與歷史影響〉《中國文化月刊》，第 238 期（2000 年 1 月）。

30. 黃文樹：〈陽明後學的成員分析〉《中國文哲研究集刊》，第 17 期（2000 年 9 月）。

31. 黃文樹：〈陽明後學講學內容之探討〉《人文社會學科教學通訊》，第 65 期（2001 年 2 月）。

32. 黃泊凱：〈論王畿對於佛教的統攝〉《當代儒學研究》，第 3 期（2008 年 1 月）。

33. 黃敦兵：〈黃宗羲學案體範式的問題意識與現實意義──以《王畿學案》為例〉《鵝湖》，第 385 期（2007 年 7 月）。

34. 楊祖漢：〈王龍溪對王陽明良知說的繼承與發展〉《鵝湖學誌》，第 11 期（1993 年 12 月）。

35. 楊祖漢：〈從王學的流弊看康德道德哲學作為居間型態的意義〉《鵝湖學誌》，第 33 期（2004 年 12 月）。

36. 楊祖漢：〈羅近溪思想的當代詮釋〉《鵝湖學誌》，第 37 期（2006 年 12 月）。

37. 楊祖漢：〈心學的經典詮釋〉《興大中文學報》，第 21 期（2007 年 6 月）。

38. 楊祖漢：〈羅整菴、李栗谷理氣論的涵意〉《中央大學人文學報》，第 31 期（2007 年 7 月）。

39. 楊祖漢：〈論蕺山是否屬「以心著性」之型態〉《鵝湖學誌》，第 39 期（2007 年 12 月）。

40. 董平：〈陽明後學研究回顧與瞻望〉《中共寧波市委黨校學報》，2004 年第 1 期。

41. 董平：〈王畿哲學的方法論與本體論〉《學術月刊》，2004 年第 9 期。

42. 董素琴：〈論王畿工夫論的三個層次〉《寧波大學學報》，2004 年第 5 期。

43. 趙偉：〈羅汝芳與祖師禪〉《普門學報》，第 21 期（2004 年 5 月）。

44. 劉姿君：〈鄒東廓「慎獨說」之衡定——以王陽明「良知教」為理論判準的說明〉《中國學術年刊》，第 29 期（2007 年 9 月）。

45. 劉桂光：〈論江右王門羅念庵之思想〉《鵝湖學誌》，第 14 期（1995 年 6 月）。

46. 劉麗華：〈王門別支——論聶雙江歸寂之學在王學中的地位〉《學術月刊》，1999 年第 2 期。

47. 蔡世昌：〈羅近溪的格物說——從「格物」之悟談起〉《中國哲學史》，2006 年第 2 期。

48. 蔡家和：〈從羅近溪分別「體仁」與「制欲」之工夫進路見心學與理學之不同〉《華梵人文學報》，第 1 期（2003 年 7 月）。

49. 鄧克銘：〈王龍溪之虛寂說的特色〉《文與哲》，第 5 期（2004 年 12 月）。

50. 鄭曉偉：〈論鄒守益的戒懼說〉《安徽文學》，2006 年第 9 期。

51. 錢明：〈陽明教法與王學之裂變〉《孔子研究》，2003 年第 3 期。

52. 錢明：〈陽明學派的門戶特徵〉《中共寧波市委黨校學報》，2006 年第 4 期。

53. 錢明：〈關於錢德洪的文獻學調查與研究〉《中國文哲研究通訊》，第 69 期（2008 年 3 月）。

54. 戴景賢：〈論姚江學脈中之龍溪、心齋與其影響〉《臺大中文學報》，第 22 期（2005 年 6 月）。

55. 戴璉璋：〈湯顯祖與羅汝芳〉《中國文哲研究通訊》，第 64 期（2006 年 12 月）。

56. 謝金林：〈論羅洪先思想發展進程〉《井岡山學院學報》，2004 年第 2 期。

57. 鍾彩鈞：〈聶雙江心體觀探究——以《幽居答述》為中心〉《湖南大學學報》，2008 年第 4 期。

58. 羅永吉：〈王門二溪與佛教思想之交涉〉《鵝湖》，第 365 期（2005 年 11 月）。